中南经济论丛

ZHONGNAN JINGJI LUNCONG

熊 毅 著

幸福行为经济学

XINGFU XINGWEI JINGJIXUE

经济科学出版社
Economic Science Press

图书在版编目（CIP）数据

幸福行为经济学/熊毅著 . —北京：经济科学出
版社，2016.5

（中南经济论丛）

ISBN 978 - 7 - 5141 - 6802 - 0

Ⅰ.①幸… Ⅱ.①熊… Ⅲ.①经济学 Ⅳ.①F0

中国版本图书馆 CIP 数据核字（2016）第 071945 号

责任编辑：周秀霞
责任校对：刘　昕
版式设计：齐　杰
责任印制：李　鹏

幸福行为经济学

熊　毅　著

经济科学出版社出版、发行　新华书店经销

社址：北京市海淀区阜成路甲 28 号　邮编：100142

总编部电话：010 - 88191217　发行部电话：010 - 88191522

网址：www. esp. com. cn

电子邮件：esp@ esp. com. cn

天猫网店：经济科学出版社旗舰店

网址：http://jjkxcbs. tmall. com

北京财经印刷厂印装

710×1000　16 开　15.5 印张　220000 字

2016 年 6 月第 1 版　2016 年 6 月第 1 次印刷

ISBN 978 - 7 - 5141 - 6802 - 0　定价：45.00 元

（图书出现印装问题，本社负责调换。电话：010 - 88191502）

（版权所有　侵权必究　举报电话：010 - 88191586

电子邮箱：dbts@ esp. com. cn）

| 目　录 |

第一章

开 宗 明 义

经济学作为一门社会科学应该研究什么，这个问题恐怕比自然科学更为重要，这直接决定着它的致用性，能否推进社会进步，能否增进人民幸福。毫无疑问，任何社会科学最终都应利用自己的实证研究成果，启迪政策制定，幸福芸芸众生。

第一节　经济学需要研究幸福

在光怪陆离的大千世界中，如果要问这样一个问题：想不想生活幸福？回答恐怕都是千篇一律的，这也许是世上所有问题中答案最为一致的。答案的高度一致，意味着人生追求的极度相同，这是天性使然，也是人性呼唤。

一、幸福是人生的终极目标

先哲亚里士多德（2003）如是说："幸福是人类存在的终极目标。"

班布里奇研究生院创始人吉福德·平肖（Gifford Pinchot，2010）这样道："如果不是为了生活幸福，我们发展经济和拼命工作的目的何在？"

温家宝同志在 2010 年春节团拜会上强调，我们所做的一切，都是为了让人民生活得更加幸福、更有尊严。

……

如果一定要说世上存有什么硬道理，那么这个硬道理就只有一个，就是生活幸福。不过，有人可能并不同意这种观点。对此，苏黎世大学著名幸福经济学家弗雷（Bruno S. Frey，2008）一针见血道："如果这个问题从反面提出来，我们就可看得更加清楚：试想有谁在生活中真的愿意不幸福呢？"君不见，在生日的聚会上，在结婚的典礼中，在新年的祝词里，在亲朋的别离时，在书信的结尾处……人们说得最多的，听得最多的，就是声声的、深深的祝你幸福!!!

正是因为幸福快乐在人生中的极端重要性，所以它理应成为国家治理追求的一个目标。美国独立宣言就把"追求幸福"称为人的一项"不可剥夺的权利"，并将拥有这项权利视作不证自明的公理，而且还将这种权利与生命权和自由权等量齐观。20 世纪 80 年代后期，不丹（Bhutan）第四代国王吉莫·辛吉·旺楚克（Jigme Singye Wangchuck，1974）也明确表示，要将增加"国民幸福总值（Gross National Happiness）"作为指令性原则在国家加以执行。

然而，长期以来，面对幸福这样一个天大的民生问题，却没有得到经济学应有的关注，实为可惜。从经济学的演变来看，在经济学孕育之初，经济学还与人的幸福相依为伴，这点有史为证。

在经济学的孕早期，经济思想基本为哲学家提出的，主要研究家政管理，如理想妻子的标准是：白天忙里酬外，晚上人见人爱。经济学一词出自色诺芬的《经济论（Oeconomicus）》，意思就是家政管理，色诺芬也被认为是最早的经济学家。在其思想中，经常可以见到有关幸福的分析。例如，"吃饭的人看到桌上摆放的盘子越多，他就越容易产生吃饱了的感觉。快乐持续的时间也是如此，面前有许多道菜的人，不如中等生活人的情况好。"

在经济学的孕晚期，经济思想开始偏离了对个人幸福的关注。16 世纪后，具有极强民族主义、保护主义和军国主义色彩的重商主义，实行损人损己的奖出限进政策，强调通过不公平的贸易积累更多的金银。

在经济学诞生之时，也就是18世纪末古典主义产生之际，"政治经济时代"替代了"道德哲学时代"，大唱国内自由生产、国际自由贸易高调的政治经济学，被视为政治家或立法家的一门学问，目的是富国裕民（Adam Smith，1994），而非国民的生活幸福。

到了19世纪后期，边际主义革命兴起，经济研究也从关注客观财富转为主观幸福，其后职业经济学家也开始出现。边际主义革命是经济研究转变的一个重大里程碑。个中原因少有研究但又非常奇妙，也就是财富的价值不再用生产耗费的资源来衡量，而是用消费得到的效用来衡量。效用的基础是个人主观偏好。尽管边际主义强调了经济的主观性这一真理，但是，它却将人假设为严格遵守程式（理论）的理性人。该假设忽视了人类活动的千姿百态，人类情感的千变万化。这种人成为了森（Sen，1977）所言的"理性的傻瓜"。

再到后来具有极强政府干预色彩的凯恩斯革命，关心如何减少失业和避免萧条。坚决反对政府干预的货币主义，则关心如何控制通胀。然而，两者的目的也并非完全是基于国民幸福的考量。

由此可见，经济学自诞生之日起，就没有重点或持续关注过人们的幸福，这不能不说是经济学科一个极大的缺憾、现实社会的一个很大不幸。

经济理论与幸福生活的疏离，致使经济世界怪象万千，信手拈来的就有：为增长而增长的"破窗理论"、"通胀无害论"等理论滥调；有增长但无发展的"拉美病"、无福利的"东亚病"、无幸福的"伊斯特林悖论"等现实不幸。在我国，地方政府疯狂的GDP拜物教，致使"政绩形象工程"屡禁不止，重复建设施工长期不绝，暴力拆迁层出不穷，招商引资疯狂不断，甚至到了缺德无底线的地步。如2014年8月6日《羊城晚报》批评的××招商广告："××人民欢迎您来投资，你们来剥削得越多我们就越开心"；"来帮我们投资的是恩人，来投资我们的老板是亲人，能打开招商局面的是能人，影响投资环境的是罪人"；法治环境的目标是"老板怎么安心怎么办"、服务环境的目标是"老板怎么开心怎么办"、人文环境的目标是"老板怎么舒心怎么办"……其实，面对如此公开、疯狂地践踏伦理及人权的事例，正好表明了这点，也就是如果经济理论失去了人文情怀，经济政策忽视了国民情感，那么，即使经济增长了，人们也不会幸福。

因此，正是普罗大众痴心于生活幸福，因而也要求经济学家痴迷于研究幸福快乐。这是经济学的目的，也是经济学家的责任。

二、人们温饱后的客观需要

美国《独立宣言》作者托马斯·杰斐逊说过：一旦达到物质满足的程度，美国人就应该把注意力投向幸福和最终启迪。幸福经济学研究也表明：当人均收入超过 15000 美元后，收入与幸福的相关性就很小了，百万富翁的快乐也只比普通百姓的多一点点（Diener et al.，1985）。

如此，微观经济学研究资源优化配置时，就应以幸福感是否最大为标准，杜绝市场失灵所致的负外部性对幸福感的影响，例如，既无效率也无公平的收入分配悬殊，既惹人嫉妒又让人愤恨的炫耀品消费，既背人性又伤天理的封建等级和垄断特权恣意，同样，宏观经济学研究经济稳定也要以幸福感是否最大为标准，例如，价格稳定和充分就业，而非以投资膨胀为动力，唯 GDP 增长的马首是瞻，结果致使国民经济难以稳定，国民生活难以幸福。

通常以为经济增长了，人们自然也就幸福了，因而拼命追求经济增长。然而，增长与幸福关系是否紧密？一位和蔼可亲、温文尔雅的英国经济学家——理查德·莱亚德（Richard Layard，2005）说过，经济学将一个社会幸福程度的改变与它的购买力画上等号（或大致而言如此）。我从来不接受这种观点，过去 50 年的历史也证明并非如此。

从现实看，在不同国家和不同发展阶段，增长与幸福的关系存有差异。在缺衣少食的农业社会，增长与幸福的关系较为紧密，收入水平对寿命有着很大的影响。学者对苏格兰格拉斯哥墓碑的研究表明，墓碑越昂贵、越高大，不仅显示出主人越富有，而且证明了存活的寿命也越长（Carroll et al., 1994）。即使是在当今的苏格兰、美国和加拿大，贫困者早逝的概率也远高于富裕者。贫困是致命的，贫困意味着面临压力、消极情绪和有害环境危险性的增加（Adler & Snibbe, 2003；Gallo & Matthews, 2003）。在人类的近亲灵长类动物中，当感染了类似感冒的病毒时，那些控制能力最低的更容易感染病毒（Cohen et al., 1997）。

然而，并非衣食无忧了人们就幸福了。在丰衣足食的工业社会，增长与幸福间的关系则有疏有密。少数国家呈现出高收入高幸福，如号称北欧乐园的丹麦、芬兰、挪威和瑞典。多年《福布斯》调查显示：它们的幸福感排名一直都是名列前茅。多数国家呈现出高收入低幸福。其实，原因也很简单，运用比较和适应效应可以很好地解释，即使在一个落后的社会，只要处于相对富裕，人也会感到幸福；相反，在一个富裕的社会，由于人们对这种富裕的适应，加之收入差距巨大所致的相对贫困，人们也不会感到幸福。另外，按塞托夫斯基（Scitovsky, 1976）的观点，富裕社会过度的舒适和无聊无趣，生活缺乏变化和刺激，也使得人们的幸福感不高。多年来，尽管中国经济高速增长，但是多项国内外调查却显示，居民幸福感并不高。

以上事实说明，经济增长了但人们并非就幸福了，两者的疏离成了一个极为重要问题。然而，长期以来，学者对此研究的却不多。这个问题往大道理说，就是一个社会如何形成一个经济增长与国民幸福相互促进的机制，它决定了经济社会如何协调发展。而往小知识讲，则是一个人如何正确认识自己和有效调节生活，它决定了个人生活是否幸福。这些大事小情都是非常值得研究的重要问题。这就是幸福经济学诞生的一个重要原因和行为经济学研究的一个主要内容。

下面就简单介绍一下这两门新兴学科，幸福经济学以幸福研究为己任，而行为经济学的很多内容则为人们的幸福提供了知识借鉴。

第二节　幸福经济学和行为经济学简介

个人幸福很重要，幸福研究很必要。目前，幸福研究需揭示的首要问题，就是人们丰富多彩的行为和他们幸福感之间的关系。这种研究构成了经济学和心理学领域的一个重要部分，在这部分存在着两个朝气蓬勃的学科——幸福经济学（Economics Economics）和行为经济学（Behavioral Economics）。

一、幸福经济学简介

（一）幸福经济学兴起

在长达数个世纪里，幸福问题一直都是哲学研究的中心。长期以来，幸福的经验研究也一直属于心理学的领域（Argyle，1987；Csikszntmihalyi，1990；Michalos，1991；Diener，1984；Myers，1993；Ryan & Deci，2001；Nettle，2005）。期间，社会学家（Veenhoven，1993，1999，2000；Lindenberg，1986）和政治科学家（Inglehart，1990；Lane，2000）对此也做过一些重要贡献。20世纪后期，心理学与经济学开始联姻，诞生了幸福经济学。引人注目的是伊斯特林（Easterlin，1974）的开创性贡献，然而，当时的追随者极少。同样，塞托夫斯基（Scitovsky，1976）极富思想性、开创性的著作《无快乐的经济》（The Joyless Economy），也未引起学者的高度关注。

直到1993年在伦敦召开了一次研讨会，情况才有所改变。在这次会议上，如何测量人们自陈的主观幸福感，幸福感取决于哪些因素等诸如此类问题，激起了经济学家的极大兴趣。后来，研讨会的会议记录发表在《经济杂志》（Economic Journal）（Frank，1997；黄有光，1997；Oswald，1997）和其他地方（Clark & Oswald，1994，1996）。在20世纪90年代后期，经济学家开始大规模发表幸福决定因素的经验分析，这种分析事关不同国家和不同时期的幸福状况。

幸福研究横跨了多种学科，对于经济学家来说，他们特别感兴趣的是这样一个方面，决定幸福的经济因素和经济政策引起的后果，然而，他们的研究已远远超过了这个方面。与此相似，心理学家虽说专注于心理过程，但是，他们在经济因素（特别是收入）影响幸福感的研究方面，也做出了重要贡献（例如，Diener & Biswas – Diener，2002）。

目前，幸福研究成果颇丰，学者众多。比较著名的有莱恩（Lane，2000），弗雷和斯塔特勒（Frey & Stutzer，2002a），黄有光（Yew-kwang，1978），迪纳、苏、卢卡斯和史密斯（Diener，Suh，Lucas & Smith，1999），伊斯特林（Easterlin，2004），迪纳和塞利格曼（Diener & Seligman，2004），迪特利亚和麦卡洛克（Di Tella & MacCulloch，2006）。也包括很多非常有用的论文集（Strack，Argyle & Schwarz，1991；Kahneman，Diener & Schwarz，1999；Easterlin，2002；Hupper，Kaverne & Baylis，2004；Bruni & Porta，2005，2007）。还包括专注于经济幸福研究的重要专题论文（Graham & Pettinato，2002a；van Praag & Ferrer-i-Carbonell，2004；Layard，2005；Bruni，2006），这些论文涉及幸福研究的各个方面，包括发表在很多不同期刊上的研究成果，特别是在《幸福研究杂志》（Journal of Happiness Studies）上的成果。

（二）幸福经济学成果

当今，幸福经济学的研究已经繁花似锦、硕果累累，这些言之有理、有趣、有用的成果，揭示出众多经济之外的因素如何影响幸福，以下选取几个比较重要的加以介绍。

1. 比较效应。人是一种喜欢比较的动物，这可从两方面表现出来。

（1）时间比较，即一个人的现在状况与过去状况比较。两者的数量大小决定了幸福和痛苦感觉的强弱。由奢入俭难，今不如昔就会让人感到痛苦。

（2）社会比较，即自己的财富与他人财富的比较。众多研究一致表明，在收入达到一定水平后，物质财富增加并没有让人幸福。在物质财富竞赛中，重要的不是自己拥有什么东西，而是自己拥有的东西他人没有，或者没有自己拥有的多。人们喜欢进行物质财富的比较，但却很少进行精神享受的比较，这就为政府政策促进幸福提供了用武之地。

运用社会比较可以解释收入差距何以让人不幸福。因为巨大的收入差距存在，意味着社会大多数人在社会比较中都是失败者，失败让人体验到的是耻辱、愤恨、无能、无助，也会感到社会极端的不公。1994年，中国基尼系数就已超过国际公认的 0.4 警戒线，2007年更是高达 0.48。2006年世界银行报告就称，美国是 5% 的人口掌握60% 的财富，而中国是 4% 的人口掌握了 70% 的财富，因而存在严重的两极分化。如果中国绝大多数人收入在人均线之下，相对贫困就会让大多数人不幸福。

2. 适应机制，即缺乏变化的状态会让人感觉迟钝、僵化。生活需要变化，否则，人们就会逐渐适应，习以为常，麻木不能。塞托夫斯基的研究表明，脉冲式变化带给人的刺激，能让人幸福。即使一个人生活优越，但如果生活长期一成不变，他也会感到生活枯燥、乏味、烦闷。长期看，舒适并不是决定幸福的重要因素，如果一个人的生活水平不高，但如果存在舒适的脉冲式变化，他的幸福感也会提高。

3. 程序效用，即人们在一种制度实施的过程中所产生的幸福感。这种制度实施过程不仅增进了人们积极的自我感，而且也满足了人们的自主、关系、胜任等内在心理需要。程序效用意味着人们不仅重视结果，也重视结果形成的条件和过程（Frey et al.，2004；Benz，2004，2005）。程序效用作为一种分析人们幸福感的方法，它与标准经济学中运用的方法完全不同。现在广泛运用的效用概念是一种结果导向：个人效用被视作一种成本和收益计算的结果，这些收益和成本都与功利性结果相联系。与此相反，程序效用是指非功利性的幸福过程。

程序效用的作用可用程序公平加以说明。林德等人（Lind et al.，1993）分析了一个仲裁案例，在仲裁程序结束后，当事人双方面临着是否接受仲裁庭的裁决。如果拒绝这个裁决，还可申请法院继续审理。经济学家对此的分析是：当事人是否接受裁决取决于仲裁结果是否有利。不过，林德等人的分析却发现，是否接受裁决取决于程序是否公平，程序公平性比功利性结果更为重要。如果仲裁当事人认为仲裁程序是公正的，那么，他们就更可能接受裁决，而不管结果是否有利。之所以如此，是因为程序给双方传达了一种重要的信息，并因此影响到人们的幸福感。人们认为公正的程序是能让人们"发出声音"的程序，对于人们关心的事情给予一个说话的权利，可以给予人们程序效用。程序效用关注过程而非结果，由此说明社会公平公正对于幸福感的重要影响，一个正直的人更关注结果的形成过程，如竞争是一个过程，只要是符合三公的竞争，即使失败了人们也会心服口服，而不会有太多的痛苦。

以上这些实实在在的成果，对于调节自己生活和制定政府政策有着非常大的帮助。其实，以上成果在行为经济学中同样得到了很好的证明。这是因为幸福经济学与行为经济学为近亲，两者都从心理学的沃土中汲取了丰富的养分，而且幸福是行为经济学研究的一个重要的领域。鉴于此，完全可以将两者融合起来，共同探寻、传授幸福之道。当然，本书采用的方法是在心理学的沃土之上，将幸福经济学的绿枝嫁接到行为经济学的树干上，以期绽放美丽芬芳的幸福行为经济学之花。不过这种尝试是初步、粗浅的，更多地是反映出一种研究的方向性探索，还需要更多深耕细作的研究。

二、行为经济学简介

长期以来，以新古典经济学为代表的标准经济学，以理性人的期望效用最大化假定为理论基石，尽管据此也可分析大量的生活现象，但却无法分析现实中存在的多姿多彩、五光十色的生活异象，进而遭到经济学界内外学者的广泛质疑，正是对这些异象的研究，才出现了以行为经济学为名的学科。

（一）行为经济学引入

行为经济学的横空出世，与标准经济学假定存在的问题密切相关，甚至可以说，行为经济学的存在，主要就是以批判理性人假定为己任，揭示人们认知和行为选择的错误。

理性人也称经济人，此人有以下几个特点：（1）利己的，只追求自身期望效用最大化，完全不考虑他人的效用；（2）按贝叶斯概率（主观概率）选择；（3）时间偏好不变；（4）收入与资产具有完全替代性。

然而，如果像标准经济学假设的那样，人们的行为充满了理性，那么标准经济学也就无法解释以下这些现象：

* 为何对罪犯长期监禁的效果并不如意？

* 为何人们常常会买一些没有用的商品？

* 为何卖家对于商品的评价要比买家高？

* 为何人们老觉得只要一洗澡电话就响？

* 为何收取会员费的超市生意还特别好？

* 为何铜牌获得者要比银牌获得者快乐？

* 为何考试惨败后拜佛成绩还真提高了？

* 为何人们愿推迟与好莱坞明星的接吻？

* 为何妇女解放运动后幸福感并未增加？

* 为何瘫痪后并非人们想象的那般痛苦？

……

上述问题中，标准经济学要么解释的与事实不符，要么根本无法提供解释。然而，如果运用行为经济学的成果，上述问题都可得到较好的解释。关键原因在于标准经济学的理论假定过于简单，忽视了人的行为受经验、情绪、记忆、印象、社会诉求等心理因素的影响。按照这种简单的假定，人沦落为了一台只会精打细算，精于计较的冷冰冰机器。然而，人不是机器，机器的行为是预设、自动、无意识的，尽管机器也有自己的大脑（电脑），但是，它没有自己的心灵（情感），而一个有血有肉的人，不仅有自己的大脑，还有自己的心灵，并且还有各种各样复杂的感觉，并且这些感觉很大程度上都是主观的，下面的实验就最好地证明了这点。

瑞戴尔梅耶和卡尼曼（Redelmeier & Kahneman, 1996）做过一个肠镜检查的实验，结果证明，人们对舒适（或不适）的客观度量与主观感受之间存在差异。实验中，二人要求病人对最近每分钟所感受到的疼痛程度，依据 0～10 分的标准打分，检查时间为 69 分钟。结果表明：病人对疼痛的评估由两部分决定——最疼痛的一次（无论出现在何时）和最末 3 分钟的平均疼痛，这个发现就是著名的峰终定律（peak-end rule）。后来凯茨等（Katz et al.，1997）又做了一次研究，在做完肠镜检查后，在一半的病人中，将肠镜在体内多停留 1 分钟，结果表明：尽管不适的时间延长了，但感受的疼痛并不强烈，而且评价还更为乐观。由此可见，通过一定的策略操纵，就可影响人们的感受。要想给初次见面的人留下一个好印象，聊天就要在最热烈的时候结束，以便对方感到意犹未尽，渴望再聊，这种渴望感就会变成对你的好感。相反，聊天在平淡的时候结束，对方对你的印象也就一般了。

由峰终定律可知，当重刑犯经历了最初的极度痛苦之后（研究表明，监狱自杀事件一半发生在入狱首日），待到刑满释放之时，罪犯对服刑初期感受到的对未来恐惧、悔恨、绝望以及失去自由的窒息感基本消退，这不免会影响到刑罚的效果，累犯和惯犯数量的大量存在，不能不说与此没有一点关系。

在人们各种复杂的感觉中，幸福感就是其中最为重要的感觉。

本书幸福感的含义很简单，就是莱亚德（2005）所言：幸福是一种感觉。感觉好就是幸福，感觉坏就是痛苦。

（二）行为经济学兴起

行为经济学诞生于 20 世纪 70 年代末期，标志性事件是两篇著名文献的发表。一篇是 1979 年由两位心理学家丹尼尔·卡尼曼（Daniel Kahneman）和阿默斯·特沃斯基（Amos Tversky）共同撰写的《前景理论：风险条件下的决策分析》（Prospect theory：An analysis of decision under risk），该文于发表在具有权威性的技术类经济学期刊《计量经济学杂志》（Econometrica）上。尽管在此前的 1974 年，二人在《科学》（Science）上也发表过题为《不确定条件下的判断——启发式和偏差》（Judgment Under Uncertainty：Heuristics and Biases）

的文章，揭示了启发式直觉得出的概率判断与统计原理不符。但在1979 年的著名文章中，他们提出了一些非常重要的概念，如参考点、损失厌恶、主观概率判断等，这些概念已成为当今行为经济学的基本概念。另一篇是芝加哥大学的经济学家理查德·塞勒（Richard Thaler，1985）在其具有里程碑意义的论文《心理核算和消费者选择》（Mental accounting and consumer choice）中，首先运用了心理账户分析人们的行为选择。

由于行为经济学在解释标准经济学无法解释的异象方面表现突出，2002 年 10 月 9 日，瑞典皇家科学院宣布，将该年度的诺贝尔经济学奖授予美国心理学家丹尼尔·卡尼曼和实验经济学之父弗农·史密斯（VernonL. Smith），以表彰他们在行为经济学和实验经济学研究方面所做的开创性工作。

卡尼曼的行为经济学融合了心理研究和经济学成果，特别是在不确定状态下人们如何做出判断和决策方面，其研究将利己动机与心理因素结合，从而突破了经济学完全理性的假设，拓展了经济学的研究范围和解释能力。其理论可以用来解释很多标准经济学理论无法解释的异象。正如凯莫勒和洛文斯坦（Camerer & Loewenstein，2004）的精辟论断：行为经济学通过提供更为现实的心理基础，进而增加了经济学的解释力。

近年来，幸福已成为行为经济学研究的一个前沿领域。卡尼曼、黄有光、奚恺元（Christopher K. Hsee）等学者的研究一致表明，经济和社会发展到一定阶段，收入增长与幸福的关系可能渐行渐远。人们的幸福感越来越多地表现为对事物的体验，而不是事物本身。芝加哥大学奚恺元教授指出，人们最终目的不是追求财富最大化，而是追求幸福最大化。为此他提出一种新的理论，研究如何让人们的幸福最大化，他把这种理论称为幸福经济学。由此表明，幸福经济学与行为经济学有着共同倚重的方法——心理实验，有着共同研究的主题——增进幸福，这就为两者结合起来提供了的可能，本书就是这方面的一些初步尝试。

（三） 行为经济学、实验经济学、神经经济学

介绍行为经济学时，不免会涉及实验经济学和神经经济学。三者同属经济学大家族中的年轻成员，年龄也不相上下，在各自的发展中，彼此又互有交叉，因此，很有必要对三者间的关系做一简单介绍。

实验经济学由弗农·史密斯首开先河，他坚信实验的方法可使经济学的内涵更为充实，实验法具有的可控性、可重复性的特点，可更深入地洞察人们的心理过程，得到比观察法更明确、更可靠的结论。

在经济学的大家族中，理论经济学犹如敦实的树干，例如，过去的政治经济学①，现在的经济学；部门经济学则如纤细的树枝，侧重于经济理论的运用，例如，法律、交通、气象、教育、环境、家庭等经济学。实验经济学不同于经济学家族中的其他成员，它既不研究基本的经济理论，也不研究某一个领域或行业的资源配置，它只是一种可用于任何领域研究的方法，显然，实验经济学具有极强的工具属性，如同数学或外语在经济学中的地位，它并非一个研究专业或方向。然而，实验经济学对于行为经济学又特别重要。由于行为经济学是研究人们心理过程的，而这种过程又不能通过显示性偏好直接观察到，因此，需要通过受控实验，或是通过对被试的设问，来揭示人们的心理活动过程。

神经经济学是依据与人大脑活动有关的经验证据，解释其经济行为的原因。神经经济学的兴起与脑部扫描和脑成像技术发展密切相关，如 PET（正电子发射断层扫描）、fMRI（功能性磁共振成像）、EEG（脑电图学）以及 rCBF（区域性脑血流标记法）等，这些方法通过观察电活动或血流增加的情况，对大脑特定区域进行检测，进而解答行为经济学家感兴趣的问题。

---

① 在经济学中，政治经济学名称有三种含义：一是作为古典经济学的常用名。古典经济学家（如李嘉图、穆勒、马尔萨斯等人）常将自己的作品命名为政治经济学。二是作为马克思经济学的专有名。他的政治经济学是研究生产关系的，目的是为无产阶级斗争提供理论指导。三是布凯南创立的政治经济学的现代名。他运用经济方法分析了政客的行为。

　　人的快乐和痛苦是由脑部的不同部位记录和处理的（Cacioppo et al.，1999），这两种情感可以同时激活，彼此抑制。研究表明，观看令人愉快的美食图片或婴儿微笑图片，可减轻人们对噪音的反感。相反，观看令人作呕的图片则会加剧人们对噪音的反感（Lang，1995）。

　　运用脑成像（Brain Imaging）方法，还可测量出人们效用的大致数量。该法依靠 fMRI 技术，运用血液氧合在磁性能方面产生的变化，跟踪人脑中的血液流动（Camerer et al.，2005；Zak，2004；Fehr et al.，2005）。测量结果表明，幸福的人显示出一个特有的电皮质活动图形。他们的左前额叶皮层的活动，比右前额叶皮层的活动要大（Davidson，2003；Pugno，2004b；Urry et al.，2004）。

　　行为经济学家在研究时，会运用实验经济学方法和脑部影像技术，探知人们的认知和行为选择，以便为自己的研究奠定坚实的科学基础。

第二章

认 知 偏 差

标准经济学认为，人们认知事物时是完全理性的，也就是说人们是在经过全面、仔细的思考之后，再做出自己的判断和决策。然而，卡尼曼和特沃斯基 1974 年在《不确定条件下的判断——启发式和偏差》一文指出，人们认知事物时并非是完全理性的，人们受到直觉（heuristic）思维的驱使，启发式直觉得出的概率判断并不符合统计原理。人们在经验、情绪、记忆等直觉引导下，做出的简单、快速判断和决策，有时难免不会出现偏差。

第一节 认 知 偏 差

直觉在人们的认知中起着非常大的作用，这种认知方式不能说不好，但也常常会犯错误，直觉往往也就成了错觉，这种认知偏差也就是行为经济学所言的启发式偏差。

一、直觉认知

2004 年 8 月 8 日，在北京举行的第 28 届国际心理学大会上，卡尼曼向众人发问："棒球棍和球拍合计 1.1 美元，其中棒球棍比球贵 1 美元，请问球多少钱？如果你的答案是 10 美分就错了，这就是'直觉决策'的失误。"卡尼曼认为："人们在决策时思维往往是僵化的，仅在掌握部分数据的情况下就妄下结论。"

卡尼曼指出，在人的大脑中同时运作着两个系统：系统一，潜意识层面的直觉判断系统；系统二，意识层面的逻辑思维系统。两个系统都会对认知产生影响。其实，人们对此非常熟悉，例如，在买东西时，人们经常会遇到这种情况，乍一看很喜欢（凭直觉判断）："这个东西好！我要买。"不过很快冷静下来一想（凭逻辑思维）："这个东西不耐用，不耐看，不耐脏……"最终做出与直觉不同的判断。在两个系统中，他认为："直觉判断系统十分强大，它几乎无所不能。正是因为这种系统的存在，人们才能几乎不用耗费脑筋的说话，产生想法，并做很多事情。而逻辑思维系统是核心的，它帮助我们思索未来并制定决策。然而，这两个系统都不完美，但如果据此就说人类是低效的生物，那么，你就必须指出一个更高效的物种，我认为这样的物种并不存在。"

心理学家对无意识信息加工过程的研究证明，人们对自己头脑中正在发生的事情所知甚少（Bargh，1994；Greenwald & Banaji，1995）。在我们的思维中，只有一小部分是受控制的、有意识的、反应性的、深思熟虑的，其余的很大部分是自动化的、无意识的、冲动的、无需努力的。麦克雷和约翰斯顿（Macrae & Johnston，1998）认为："几乎对每一件事来说（例如，开车、约会、跳舞），我们的行为在开始时就必须与效率低下的（例如，缓慢、序列处理、耗用心理资源）、受意识控制的工作方式相分离，否则，我们就什么也干不了。"

以上说明，直觉认知的作用非常大，这一部分将介绍直觉认知是如何左右人们愿意承担的风险，影响人们的最终决策，决定人们最终获得的心理满足。直觉认知或判断往往受到经验、情绪、记忆的影响。

（一）经验性直觉

直觉与经验密切相关，很多直觉都是建立在经验基础之上的，典型的就是拇指规则（rules of thumbs）。该规则原指木匠不用尺子量木材尺寸，而用拇指量尺寸，由此比喻人们依靠经验做出直觉评判，这种直觉可称为经验性直觉。老年人生活经验丰富，他们的思维多是出于直觉，很难改正，因而也被称为"老顽固"。

人类思维是先天和后天共同作用的产物，生物本性和生活经验共同造就了人们的思维。巴奇和沙特朗（Bargh & Chartrand, 1999）认为："对于绝大部分人来说，他们的日常生活既不是由有意识的目标决定的，也不是由深思熟虑的选择决定的，而是受到内部心理过程的控制，这种过程通过对环境特征的主观加工，决定了自己的行为反应。"生活中存在着大量的凭借经验的无意识启动，例如，当看到交通路口信号灯变为红灯时，人们就会下意识地踩下刹车，又如，看见路旁有一根井绳，人们就会猛地一惊。这些就是经验性直觉的典型体现。

经验性直觉有着重要的生物进化意义。思维的生物目的首先是要能够生存下来，其次才是保证正确性。人们常常会遇到这种情形，就是要在十分有限和宝贵的时间内同时处理很多信息，此时人们就要依靠经验认知，快速形成印象，做出决定，生成解释。在日常生活中，对于像简单的喜欢、厌恶、恐惧、危险等判断就是如此，这些认知不涉及一个严谨的分析过程。尽管经验性直觉做出的反应并不一定符合严密的逻辑分析，然而，从适应生存的角度来说，这种直觉思维有时是非常有效的。想象一下人类的祖先正在密林中觅食，忽然听到旁边的树上有动静，当然有可能是风吹树摇，也有可能是虫鸣鸟飞，但如果是毒蛇猛兽发出的声响呢？在紧急情形下出于直觉，匆忙急促地做出概括，例如，那是非常危险的、可怕的，是有其适应意义的，这种本能反应可让人更好地生存下来，并将这种基因传给后代。

如果人们能够积累起足够的专业知识，形成丰富的经验，有关情境线索的信息就会存储在人们记忆当中，如此，经验性直觉思维就能提供解决问题的答案。例如，在打电话时，只要对方一开口人们就能知道对方是谁，然而，人们却并不知道自己是如何做到这一点的。又如下棋时，国际象棋大师往往就是凭借直觉抓住有利棋型的，屡战屡胜，而新手只会让其从眼前溜走。再如在打球时，球员就是依靠长期经验建立起来感觉——脚感和手感，应对各种瞬息万变的局势，也就是跟着感觉走，此时根本就没有时间让人冷静、仔细的思考和决策。其实，经商也是如此，商人凭借的是敏锐的直觉而非理论，嗅到市场盈利机会的，这种经验来自家族经营环境的潜移默化和"生活大学"的学习。罗伯茨（Roberts，1991）的研究表明：子承父业而成为企业家的人数占绝对多数，当然还有女承父业。实际上很少有企业家在公司成立前进修过商业课程。

（二）情绪性直觉

冲动是魔鬼，说的就是情绪对决策的影响。人不是无血无肉的计算机，而是有爱有恨的生物体。人的思维不仅取决于客观情境，还取决于自己的主观情绪建构。情绪化在生活中广泛存在，大到政府小到个人都难以摆脱，例如，外交场合经常听到的"我们绝不屈服任何压力"，又如，不幸福的伴侣往往会将配偶的刻薄言语："你就不能把这东西放回原处吗?"归咎于配偶的品行问题："他总是这样的凶狠。"而幸福的伴侣，则会将配偶同样的言语归咎于外部因素："他一定是今天遇到了烦心事。"如果不能有效的控制情绪，那么，不受控制的情绪就像决堤的洪水影响人们的认知，这可以称为情绪性直觉。情绪反应通常是立即、迅速的，在人们进行深思熟虑之前就已经表现出来。

情绪性直觉对认知的影响非常大。对于正在享受世界杯获胜的西德人（Schwarz et al.，1987）来说，或者刚看完一场温馨电影的澳大利亚人（Forgans & Moylan，1987）来说，人们似乎都是热心肠，生活仿佛美极了。1990 年在美国，当亚拉巴马队与奥本队的橄榄球比赛结束后，获胜的亚拉巴马队球迷认为战争爆发的可能性更低，潜在的破坏性也更小（Schwarz et al.，1992）。

情绪对于简单思维与复杂思维的影响还不同，对于后者的影响要更大。情绪对于简单思维的影响，部分是通过将与情绪相关的经验带入到自己的大脑之中，并给自己的所见所闻着上不同色调。因此，当某种情绪被唤起——高兴或生气，人们就更可能仓促间做出决定，或者根据刻板印象评价他人（Bodenhausen et al.，1994；Paulhus & Lim，1994）。

情绪对于复杂、"有意控制"思维的影响，要比简单、"自动化"思维的影响大（Hartlage et al.，1993）。因此，福格斯在1993年就认为，当我们评价的是与众不同而不是普通的人时，当我们解释的是复杂而不是简单的人际冲突时，我们的思维更可能受到情绪的影响。我们思考的越多，思维受情绪的浸染也就越多。

快乐或悲伤的情绪对行为的影响非常大（Myers，1993，2000）。悲伤的人往往就会显得无精打采，尤其是失去亲人或患抑郁症的人，他们的社会行为会退缩，甚至变得非常脆弱。与此相反，快乐的人往往精力充沛、果断、富于创造力和合群。与不快乐的人相比，快乐的人也更有责任心，更信任人，更可爱。尼斯和鲍迈斯特（Leith & Baumeister，1996）研究表明，心烦者更容易冒愚蠢的风险，如购买中奖率极低的彩票。然而，在选择之前，研究者让心烦者冷静思考1分钟时，此时尽管心烦者的心绪依然未平，但却表现出更加厌恶风险。显然，不良情绪会影响人们的风险判断，这与凯恩斯的思想不谋而合。在一个不确定的世界中，投资是有风险的，而投资正是在人的情绪不稳状态下发生的，而不是冷静思考的产物。仔细谨慎的算计只会让人瞻前顾后，前怕狼后怕虎，结果也就不会有多少投资。所以凯恩斯（1936）就认为，投资是受到血气或动物性本能的驱使，所谓的血气就是紧张、歇斯底里、消化不良，也就是人们心绪不平的状态。他认为正是这种投资的不稳定导致了经济的不稳定。

很少有人会不受情绪的影响，但一个幸福的人应如意大利教授莫泰尔里尼所言：一个理性的人，并不是没有感情的人，而是能够很好地控制自己感情的人。

（三）记忆性直觉

早在17世纪，法国哲学家、数理学家帕斯卡尔曾指出："心灵的活动有其自身的原因，而理性却无法知晓。"经过3个世纪后，科学家证实了这一观点。人们对一些事物的记忆是外显的，有意识的，如事实、经验、名字；而对于其他一些事实的记忆则是内隐的，不需要意识所知晓，意识也无从知晓。直觉的大量存在，最好地说明了这一点——人们知道的比人们意识到自己知道的多得多，因为后者只包括记住的，而前者包括了记住的和记不住的。

记忆会对直觉思维产生影响，人们在直觉上会过分相信自己的记忆力，这就是记忆性直觉。这种直觉同样可能导致认知错误。

记忆不是记录，而是对现实的重构。人的记忆往往会受到各种信息的影响，记忆里的很多细节其实是大脑通过其他信息来源填补进来的，这些虚构出来的记忆碎片，通过大脑拼在一起，形成了不真实的记忆。对于这种不知不觉中进行的记忆重构，人们不可能意识到，当然也就无从控制。

记忆还会受到情绪的影响。在愉悦情绪的感染下，人们会觉得世界更友好，做决策似乎也更简单，也更愿意回忆那些好消息（Johnson & Tversky，1983；Isen & Means，1983；Stone & Glass，1986）。摘下玫瑰色的眼镜，戴上铅灰色的眼镜，坏的心情就会启动人们对消极事件的记忆（Bower，1987；Johnson & Magaro，1987）。感觉自己的人际关系恶化了，自我意象下降了，未来的希望黯淡了，他人的行为看起来似乎也包含了更多的恶意（Bower & Taylor，1986；Mayer & salovey，1987）。

澳大利亚新南威尔士大学的约瑟夫·福格斯（Joseph Forgas，2008），被抑郁者的"记忆和判断跟随情绪的色调而变化"现象感到震惊。为了解释这种"情绪侵入"，他为此做了一个实验。想象你正处在这样一个实验环境中，福格斯通过催眠引发你愉悦或抑郁的心情，然后，让你看一盘录像带，它是前一天录制的你与他人的谈话。如果你正处在快乐的情绪中，你就会对自己看到的感到非常满意，并且从中能够证实自己的自信、兴趣和社会技能。相反，如果你处在一个抑郁的情绪中，同一个录像带好像揭示的不是你，你总是那么拘谨、紧张和口齿不清。考虑到情绪在很大程度上会影响判断，在实验结束之前，研究者又将你唤回到愉悦的情绪中来，由此，你又为事情变得光明而感到安心。令人惊奇的是，罗斯和弗莱彻（Ross & Fleteher，1985）指出，人们并不将这种认识转变归结于情绪的改变，而是相信世界的确看起来不同。

以上介绍说明，人的认知会受到经验、情绪、记忆的影响，由于这些影响常常不为人的意识所知，也就无法控制，因而也就经常表现出一种直觉认知，在大多情形下，这种省力的快速认知是能够满足人们需要的，然而，在一些特别情形下，当准确性显得非常重要时，就需运用批判性思维抑制直觉冲动，以保持必要的谨慎，做出冷静、客观、全面的分析。否则，常常就会犯错误，直觉往往也就成了错觉，这就是下面要介绍的认知偏差。

二、启发式偏差

启发式偏差（heuristic bias）意为任何一个心智正常、学养良好的人，在直觉认知的作用下，往往也会做出一些错误的认知和决策。

日常生活中，人们往往是借助两种方法认知事物：算法（algorithm）和启发法（heuristic）。算法是运用一套现成的规则，依照一定的逻辑形成对事物的认知。如果一个问题存在着算法，那么只要依照规则进行操作，就可以找出问题的答案，如供求分析、求极值。启发法是人们凭借直觉认知事物，它是一种思维捷径，具有快速、简便的特点。

费斯克和泰勒（Fisker & Taylor，1991）认为，人类是"认知吝啬鬼（cognitive misers）"，也就是说人类总是力图节约认知能量，将复杂的问题简单化。因此，遇到下面几种情况时，人们往往不会进行理性思考，而是采用快速启发法：

（1）当人们没有充分时间去仔细思考一个问题时，或者说采用算法耗时太长时。

（2）当人们缺乏或者说不存在可靠、有用的信息或算法时。

（3）当人们拥有的信息太多，以至于无法充分处理这些信息时，或者说有些情况下算法过于繁杂，以至于无法运用时。

（4）当人们遇到的问题不是很重要，以至于不需要太多思考时，特别是在面对非常复杂但又不需要精确认知的事物时。

"认知吝啬鬼"策略常常也是有效的，因为简化认知可以很好地利用有限的认知资源，处理无穷无尽的信息。在平凡的生活中，人们既不拥有爱因斯坦的大脑，也不是快速如飞的电脑。一个人无论多么严谨，他也不可能遇事就去《百科全书》查找，或者运用计算器计算。人们的认知能力是有限的，遇到很多棘手的问题，或感到束手无策时，就会采用启发法。但是，该策略往往也会产生认知偏差，戴着有色的眼镜看待事物。因此，了解直觉认知中存在的局限和偏差，有助于人们更好的认识自己，更好的认知世界。

卡尼曼和特沃斯基认为，在一个不确定的世界中，人们的判断依赖于作用有限的启发法，这种判断启发法可分为三种：代表性（representativeness）启发法、可得性（availability）启发法、锚定与调整（anchoring and adjustment）启发法。采用这三种思维方式，既可以得出正确的结论，也可以导出错误的推论。错误的推论以认知偏差的形式表现出来，这就是所谓的启发式偏差。

第二节　代表性启发法

生活中，人们都会选择性的注意、解释和回忆某些事件，以便支持自己的观点。实际上人的判断往往是一个融合了观察、期望、推理和热情的混合体。

代表性启发法是指在不确定情形下，人们仅根据事件具有的代表性特征直接推断结论，而不考虑这种特征出现的真实概率，以及同这种特征相关的其他因素。人们运用代表性启发法时，往往喜欢将事件分为几个典型的类别，然后，过分强调这种典型类别的重要性，而忽视存在其他证据的可能性。这种认知偏差导致的一个直接后果，就是在证据明显是随机的情况下，人们还是倾向从中找出所谓的规律，并对此深信不疑，颇为自信。

一般说来，运用代表性启发法也可以得出正确的结论，但是，有时也往往会出现严重的认知偏差。以下介绍几种代表性启发法所致的错误。

一、代表性错觉

代表性错觉（representativeness heuristic）是指人们在进行评价时，在直觉的引导下，对具有代表性特征的事件属于某个类别的快速判断，一般说来这种判断也不错，代表性特征通常也是事件的真实体现，然而，有时却并非如此。具有代表性特征的事件，其存在的多少或出现的可能性大小都与概率有关。

先验概率是指事件还没有发生，人们根据以往的经验得到的概率。先验概率对人们能否形成正确的认知具有极大的影响。请看卡尼曼的两个著名实验。

（一）职业实验

实验一：弗兰克，男，45 岁。已婚，有子女。在经历了两次离婚之后，将他大部分时间消磨在乡村俱乐部里。在俱乐部与人交谈的过程中，他的话题总是集中在对自己的悔恨，悔恨自己过去一直追随自己尊敬父亲的足迹。他将大量时间花在做学问这个苦差上，而他本可以利用这些时间学会在与人交往，懂得在交往中不要那么争强好胜。

问题：弗兰克作为一个律师而不是工程师的概率有多大？

回答之前，假设弗兰克来自于一个由工程师和律师共同组成的样本群，然后，分别告诉两组被试不同的先验概率。一组被告知工程师人数为样本的 30%，律师为 70%；另一组被告知工程师人数为样本的 70%，律师为 30%。最后，询问被试弗兰克很可能从事的是何种职业？

结果表明，80%以上的大学生认为弗兰克肯定是一位律师。甚至在告知被试样本中工程师占到70%时，学生们的答案依然没有变化。显然，学生的猜测根本没有考虑到工程师和律师的基础比率，也就是先验概率，在他们的思维中，弗兰克具有更多的律师特征。由此说明，人们只是根据语言描述的代表性做出判断，全然不考虑先验概率的影响。

上述实验中，如果只给出基本比率信息，而不给出任何其他信息，结果又会怎样呢？如果将陈述改为没有信息含量的表述，如"弗兰克是一个美国人"，结果会怎样？显然，此时人们会根据基础比率信息做出判断。

实验二，琳达，31岁，单身。性格外向，哲学专业，在学生时代积极关心歧视问题和社会公平问题，同时参加过反核抗议示威活动。请问琳达更有可能为何种人，下列是按照可能性大小的排序，1代表最可能，8代表最不可能。

（1）她是一所初级中学教师。

（2）她在一家书店工作并参加瑜伽课程。

（3）她在女权运动中非常活跃。

（4）她是精神病治疗的社工。

（5）她是妇女选举团的一名成员。

（6）她是银行出纳员。

（7）她是保险推销员。

（8）她是银行出纳员并热衷女权运动。

实验结果为，80%～90%的被试认为（8）比（6）更有可能。

显然这是错误的。概率论告诉我们，联合事件的概率不可能比单一事件的大。例如，一个意外中了巨奖的幸运者，在领奖途中又意外地被雷电劈死，这个联合事件的概率显然就要小于单一事件的，也就是中巨奖或被雷劈死。然而，人们的直觉却常常违背了这个概率论常识，认为联合事件比单一事件具有更高的可能性，这种现象被称为联合谬误。

如果将被试分为三组：（1）文化较低（幼稚）（来自哥伦比亚大

学和斯坦福大学的本科生，没有学过概率或统计学课程）；（2）中等
程度（来自斯坦福大学心理学、教育学以及医学的研究生，学过概
率与统计课程）；（3）知识结构完备（来自斯坦福大学商学院决策科
学项目的研究生，学过概率与统计高级课程）。

实验表明，三组被试选择的结果几乎相同。事实上，（8）比
（6）出现的概率要小得多，也即琳达作为一个热衷女权运动的银行
出纳员的可能性，要远小于作为一个银行出纳员的可能性，然而，人
们却认为（8）更符合对琳达的描述，这就是人们运用了代表性启发
法，大部分被试之所以做出了错误的判断，原因就在于夸大了代表性
的作用。

（二）认知偏差

生活中，人们很容易依据事件具有的代表性或典型性做出判
断，结果出现了认知偏差可能自己还不知道。例如，对于历史上的
才子佳人、帝王将相，他们在灯红酒绿的风流韵事中遭遇的不幸，
人们总是心怀怜悯、感伤。然而，对于历史上人祸天灾中成千上万
平民的饿死、病死、冤死、战死，人们却少有悲愤、哀伤。死一个
人是一个感天动地的悲剧，而死成千上万的人却是一个平淡无奇的
数字，这种认知偏差所致的怪相难道不应发人深思吗？人们"执著
于代表性"就很容易被一个生动的悲剧打动，而对枯燥的数字却
无动于衷。不是吗？律师在进行说服训练时就是如此，律师会对
细节进行渲染，以增加说服性。例如，同一个意思有两种表述方
式：（1）被告离开事发现场。（2）被告害怕招来不幸，匆忙离开
了现场。你认为哪一句更有说服力？作家在训练写作技巧时，常常
也会渲染情节。（1）公主离去，王子死了。（2）公主飘然仙去，
王子潸然泪下，终日郁郁寡欢，终于归天西去。你认为哪一句更有
感染力？MBA 案例教学中，生动有趣的个案分析极具感染力，但
又有谁会思考它的代表性几何呢？谁又会去思考其中蕴含的合成
谬误？

学习了代表性偏差，就应明白根据代表性做出的判断并非一定正

确，在判断时，如果时间和信息条件许可，最好还是应作全面、冷静
的评判。

二、随机事件认知错觉

在美国，很多学生不喜欢统计学，除了微积分和有机化学外，统
计学在任何一所大学的到课率都很低，然而，人们生活中无时无刻都
离不开统计学，任何一个人都会受到"可能性"的操纵。

人们过分注重代表性时，常常就会忽视样本的大小，由此，就
很容易导致两方面的错误：一是从随机事件中知觉出规律；二是以
为小样本与大样本具有相同的代表性。两者都是对随机事件的认知
错觉。

（一）错觉相关

人们非常容易在一个没有相关的地方看到相关。当人们期望发现
某种联系时，往往就会将各种随机事件联系起来，从而导致一种错觉
相关（illusory correlation）。

在日常生活中，人们喜欢看到秩序、规律和意义，而不确定、不
可预测和不稳定会让人感到不快、不安甚至威胁，这是人的本性。因
此，人们喜欢在无秩序的事件中看到秩序，在偶然的信息中发现必然
的规律。神经科学也表明，人们在怀疑时，大脑就会不适，怀疑的程
度越高，人们的不适感也越强。人们有一种倾向，喜欢看到现实世界
中的秩序，当这种倾向非常强烈、不受控制时，人们就会在根本不相
关的事件中觉察到相关性，并将这种倾向的产物当做既定事实，最终
人们就会相信那些根本就不存在现象的存在。

沃德和詹金斯（Ward & Jenkins，1965）向人们报告了一个假想
50 天造云的实验结果。他们告诉被试这 50 天中哪几天造云了，哪几
天下雨了。这些信息只是一堆随机信息的混合，有时造云之后下了
雨，有时造云却没有下雨。尽管如此，被试仍然确信造云和下雨之间
存在相关性。

还有一些实验证明，人们很容易将随机事件视为支持自己信念的证据（Crocker，1981；Jennings et al.，1982；Trolier & Hamilton，1986）。如果人们相信事件之间存在相关，就更可能注意到和回忆出一些支持性证据，相反，人们却很少注意到和回忆出并无关系的证据。例如，当我们突然想起或非常想念一个朋友时，而恰好这时他正好打来了电话，我们就会注意和记住这个联系。相反，我们却不会注意和记住，我们经常想起某个朋友，而他却没有打来电话，或者我们也不会注意和记住，不是我们想念的朋友打来的电话。

（二）控制错觉

将随机事件视为有联系的倾向，往往容易产生一种控制错觉（illusion of control），也就是认为自己能够控制随机事件。控制错觉是驱使赌徒不断赌下去的动力，也是驱使一般人为许多根本不可能完成之事盲目努力的原因，注意：努力并非一定成功。

多达50多个实验都表明，人们往往容易认为自己能够预测和控制随机事件（Presson & Benassi，1996；Thompson et al.，1998）。兰格（langer，1977）做过一个赌博实验，证明了控制错觉的存在。同那些由他人来分配彩票号码的人相比，自主决定彩票号码的人出售彩票时，他们的要价是前者的4倍。当赌博面对的是一个笨拙、紧张的对手时，自己下的注要比面对一个精明、自信的对手多得多。与此类似，当面对一个穿着破衣烂衫的对手时，下的注要比面对一个衣着整洁的高47%（Kahneman et al.，1982）。

学者对现实中赌博的观察，同样证明了上面实验的结论。掷骰子的人希望掷出小点数时，他的出手就会相对轻一些，反之，希望掷出大点数时，他的出手就会相对重一些（Henslin，1967）。事实上，博彩业正是因为赌徒的控制错觉才兴旺起来的。赌徒一旦赢了，就将原因归功于自己的技术和预见力，相反，一旦输了，就会认为"差一点就赢了"或者"真是倒霉"，对于赌球的人来说，则会归咎于裁判错判或足球的一个诡异反弹（Gilovich & Douglas，1986）。

美国《赌博研究》（Journal of Gambling Studies）曾刊载过一篇论

文，研究者研究了 2700 万名网络扑克专家，发现他们赢牌的次数越多，赚的钱就越少。之所以出现这种情况，是因为玩家赢的次数虽然多，但每次赢的钱数并不多，为了赢得更多的钱，玩家就会不停的玩，而玩的次数越多，惨败的概率也就越大。事实证明，即使玩家惨败的概率不大，但总会出现几次，而只要经历几次惨败玩家就会亏本。玩家不明其理的是，几次小赢之后就误以为自己掌握了规律，就能赢大钱，其实真正的赢家是庄家，这是统计数据表明的客观结果，也是久赌神仙输的真实写照。当然这一结论不适于少数大赚一笔后金盆洗手的幸运儿。最后研究者给出的箴言是：赌场上"赢钱"的唯一方法就是，停止赌博，早点回家。

（三）小数定律

人们往往错误地以为小样本与大样本具有相同的代表性，例如，掷 10 次硬币，出现 5 次正面和 5 次反面的可能性，与掷 1000 次出现 500 次正面和 500 次反面的可能性相同。忽视样本大小意味着，当人们不知道数据产生的过程时，就会根据很少的数据很快的得出结论。这种认为小样本可以反映总体现象的错误，特沃斯基将其称为"小数定律"（law of small numbers）。小数定律与大数法则不同，后者是科学，而前者是错觉，是一种心理偏差，这种偏差反映在人们错误地认为小样本与大样本具有相同类型的概率分布。人们在不确定情况下，往往会抓住一个问题的某个特征直接推断结果，而不考虑这种特征出现的真实概率，及其与特征有关的其他因素。由于人们相信小样本可以代表整个随机过程的特征，因此，人们就很容易从一个小样本中推测出大样本的概率分布，即使专家学者也很容易犯这种错误。

特沃斯基曾经问过同事约翰·杜伊教授这样一个问题：有两家医院，较大的医院每天有 70 个婴儿出生，较小的医院每天有 20 个婴儿出生。在 1 年时间里，男孩出生超过 60% 的天数两家医院都做了记录，你认为哪家医院 1 年中这种天数会更多一些？

众所周知，生男和生女概率都为 50%。然而，每天的概率会有所波动，有时会高于 50%，有时又低于 50%。而大数法则告诉我们，随着样本的增大，随机变量与平均量的偏离会减少。由此可知，大医院的波动要小一些，天数也少一些。这一统计规律与常人的直觉明显不符，杜伊教授也难免其俗，他认为大医院男孩出生超过 60% 的天数要更多一些。一个整天向学生灌输大数法则的人，竟然自己都忽视了大数法则的作用。由此说明知行合一有多么不易，教授不能免俗，常人又会如何呢？

特沃斯基又将这一问题做了严格的实验。结果表明，22% 的被试认为较大医院有更多的天数，56% 的被试认为两家医院具有相同的可能性，只有 22% 的被试认为较小医院有更多的天数。由此再次证明大多数人都犯了小数定律的错误。

小数定律在赌博中表现得特别明显，这就是赌徒谬误（gamblers fallacy）。

（四）赌徒谬误

常识告诉我们，掷硬币时，出现正面和反面的概率是相等的。那么在连续 8 次出现正面以后，第 9 次会出现什么结果呢？或者说出现反面的概率有多大呢？很多人以为出现反面的概率很大，因为此前一直没有出现反面，显然，这种判断是错误的。实际上，第 9 次出现正面或反面的概率依然是 50%，第 9 次的结果与前 8 次的结果逻辑上没有任何关系。这种判断错误就是赌徒谬误。赌徒谬误就是指一个事件的结果连续重复出现以后，人们就会自然的预期将出现一个相反的结果，进而做出错误的判断。赌徒谬误与小数定理密切相关，都是以为小样本与大样本具有相同的概率。

生活中类似的赌徒谬误很多，在爱情的结晶方面，在出现了女—女—女之后，人们就会以为生男孩的可能性要大，换言之，人们认为出现女—女—女—男的可能性比女—女—女—女的大。又如赛马中，赌客往往会将赌注下给连续输的马，赌客认为，没有常胜将军，也没有常败将军吧，这匹马也该胜了。赌徒谬误是驱使赌徒持续不断赌下去的动力，尽管连续的输钱，赌徒还是会有这样的心理，人不会一辈子都倒霉吧，风水轮流转，总还是会有时来运转的时候吧。对于这种认知偏差，行为经济学将其称为"自我矫正错觉"，也就是认为同类事件不会持续出现的判断，这也是代表性启发法中的一种典型认知偏差。

对于赌徒谬误，进化心理学家平克（Pinker，1999）是这样解释的，在人类的进化过程中，人们常常认为在连续出现了一系列某种结果之后，这种状况将会随时改变，另一种相反的结果将会随时出现，当然这个系列期望的长度视环境而定，像雨或晴这种天气转换尤为如此。

与赌徒谬误这种认知偏差正好相反，有时人们也会固执地认为同类事件会持续的出现，这就是热手效应（hot hand）。

（五）热手效应

美国职业篮球运动员沃尔德·弗里曾说过："投中第 1 个球真的非常重要，特别是空心球。接着我就能投中第 2 个、第 3 个……然后就会觉得自己无所不能。"沃尔德的看法表达了喜欢打篮球者的一个共同观念，那就是确信篮球场上存在着"热手效应"，也就是在球场上成功或失败倾向于自我推广或维持，连续投中几球后，就觉得找到了感觉，就会变得放松、自信，随之的胜利也就自然而来。反之，连续投失几球后，觉得找不到感觉，就会变得紧张、犹豫，随后的投篮就很难命中。

然而，行为经济学泰斗吉洛维奇（Gilovich，1991）的分析告诉人们，球员投篮时并不存在热手效应。

吉洛维奇分析了费城 76 人队 1980～1981 赛季的投篮记录，结果表明，前 1 次投失后，接着投中的可能性更大。球员前 1 次投中后再次投中的概率为 51%，而前 1 次投失后再次投中的概率为 54%；连续 2 次投中后再次投中的概率为 50%，而连续 2 次投失后再次投中的概率为 53%；连续 3 次投中后再次投中的概率为 46%，而连续 3 次投失后再次投中的概率为 56%。以上数据分析有力的证明，球员一次特定的投篮表现与之前的投篮结果并无关联（然而，费城 76 人队中的一些球员也坚信能够连续投中）。前面的分析没有考虑炙手可热的球星可能被盯得太紧，或投篮难度增加，而这两者都会影响命中率。为了排除这两者的影响，吉洛维奇又分析了波士顿凯尔特人队两个赛季的罚球记录，因为罚球可以排除防守压力和投篮难度的影响。结果表明，连续罚球的结果并不相关，平均来说，球员第1次罚中后再次罚中的概率为75%，第1次罚失后再次罚中的概率也为75%。

那么，为什么生活中人们又相信存在热手效应呢？心理学家发现，人类对机会序列的形态存在着一种强大的直觉，这种直觉会在没有任何理论的支持下，让人不由自主地去找寻规律。人们对随机序列的误解是产生热手效应的重要原因，吉洛维奇对此做过一个实验加以验证。首先，给一组篮球迷观看由"√"和"×"构成的几组排列组合，并且告诉被试，"√"代表投中，"×"表示投失。然后，请被试评价，是否看到连续投中（或投失）的记录。例如，一组排列的组合如下："×√√√×√√√×√√×××√××√√××"，在这个组合中，球员投中和投失的顺序完全是随机的，尽管如此，依然有62%的被试认为其中包括了连续投中（或投失）的记录。看出连续投中或投失者，是从小样本中看出来一种趋势，这也是统计学上的"堆积幻觉"（clustering illusion），也就是在随机"堆积"的数据中看到规律或因果关系。

以上分析证明，篮球比赛中并不存在热手效应，由此推广到人生中，成功并非一定孕育成功，失败也并非一定造就失败。

卡尼曼（2008）认为篮球中的热手效应或者是CEO连续兼并成功的数字，都不过是统计学上常规数据的连续变化，与技术毫无关联。卡尼曼认为，在像华尔街那样的大型金融市场里，常常有人声称自己擅长选取股票，我不相信他们，就像我不相信有人说他们能准确预测长期政治政策，我觉得人们给予了这类人太多的信任。

三、回归谬误

在统计学中，有一个非常重要内容就是"均值回归"（mean regression）。身材高的父母倾向于生出身材高的子女，但子女的身高常常又不会超过父母的，而是向平均身高趋近，这是一个简单的统计事实。

在一个随机变化的过程中，变量的变动只有两种情况，要么按照随机游走分布，要么符合均值回归趋势。然而，人们有时受到短期结果的影响，往往会出现过度推断的倾向，导致对均值回归的误解。回归谬误（regression fallacy）指的就是人们忽视统计回归的作用，用因果论进行错误的归因。生活中，有些信息具有的预测作用有限，而人们却喜欢利用这些信息，并采用简单的、线性的方式预测和推断，也即"非回归预测"（non regressive predictions）。然而，现实中由于众多复杂因素的影响，事物的发展趋势具有回归倾向。均值回归是一个常见的统计现象，生活中也经常可以见到这种现象。

一次考试发挥超常，得了一个很高的分数，下一次就倾向于得到一个低于此分的正常分数；反之，一次考试发挥失常，得了一个很低的分数，下一次就倾向于得到一个高于此分的正常分数。究其原因，超常和失常这些异常情况都不可能大量出现，它们都要向正常情况回归。

吉洛维奇为此进行过专门分析，对象为一个人的学术能力评估测试成绩，考虑到提高或降低成绩的偶然因素，例如，某些答案完全是猜的，结果竟然猜对了；考场可能不同平常，过分安静或吵闹；考前睡得很好或不好；等等。分析表明，对于取得的非常好的成绩，它通常是真实能力在偶然有利因素作用下的结果，而不是非凡真实能力在偶然不利因素作用下的结果。原因很简单，事实上，非凡能力极为少见。结果，一个时期非常好的成绩，到了下一时期可能就不那么好了，原因是不大可能再次遇到如此有利因素的结合。

一次考试得分最低的学生，在以后的考试中，成绩很可能就会提高。然而，在考试失败后，如果那些得分最低的学生寻求了老师的辅导，当成绩提高后，老师就会认为自己的辅导发挥了作用，实际上，这只是均值回归而已，老师的辅导或许根本就没有起到任何作用。

事实上，由于均值回归的作用，当事情处于最低谷，或者坏到不能再坏时，人们所做的任何尝试，例如，喝红牛，吃喜饼，上教堂，烧高香，穿红衣，心理咨询，总结经验……这些行为无论是相关还是不相关都会促使结果改善。均值回归的存在使得任何事情都不可能持续的保持一个极好或极坏的状态。

在美国，体育界流传着"《体育画报》封面魔咒"。很多体坛人士都相信，上了《体育画报》（Sports Illustrated）封面就会倒霉。例如，在1976年奥运会之前，前奥运奖牌获得者雪莉·巴巴肖夫（Shirley Babashoff）就曾拒绝为《体育画报》拍摄照片，因为她害怕由此带来霉运。其实，运动员在不同时期的成绩差距并不完全相关。由于回归效应作用，在一次超常表现之后，随后的表现可能就会正常。运动员登上《体育画报》封面时，一般也是体育成绩最为出色时。因此，在登上封面前几周的出色表现过去后，随后几周成绩可能就不理想。显然，登上封面后出现一段运动生涯的低谷期，原因不是封面魔咒所为，而是均值回归所使然。

20世纪60年代，卡尼曼和特沃斯基在以色列服兵役。在部队中，教官训练飞行员的方式引起了卡尼曼的极大兴趣。一个教官根据自身的经历对年轻的卡尼曼说："很多时候，在我称赞飞行学员漂亮地完成了一些飞行动作后，当他们再次尝试时，完成的动作就会非常糟糕。如果我经常对着表现差的学员咆哮，一般来说，他们下一次的表现就会很好。所以请不要告诉我表扬有用而惩罚没用，因为实际情况恰恰相反。"事实上，根据这些经历，那些教官还制定了一项特别的培训措施，即无论飞行员表现如何，教官都必须批评他们。卡尼曼并没有受教官貌似有理说辞的影响，他认为教官在此犯了一个错误，也就是将均值回归的统计学现象理解成了因果关系。卡尼曼在中国回答《经济观察报》的问题"你认为哪种方式对学生或者员工更有效，批评失败还是表扬成功"时，曾如是说：在大多数情况下鼓励比批评更有用。批评有时是很好的催动力，但是它并不使人接受教训。总体上说，得到积极的对待会更加催人奋进。

沙夫纳（Schaffner，1985）通过模仿奖励和惩罚的作用，还揭示出均值回归与控制错觉的关系。他邀请鲍登学院的学生参加实验，实验是训练一个想象中名叫"哈罗德"的四年级学生，让其早晨8：30

到校。在总共 3 周时间里，计算机会显示出"哈罗德"每天的到校时间。通常"哈罗德"的到校时间在 8：20 ~ 08：40 之间。接着让学生针对"哈罗德"的到校时间选择强烈的批评或表扬。很容易设想，"哈罗德"8：30 之前到校，学生会表扬他，相反，8：30 之后到校，学生就会批评他。由于计算机生成的"哈罗德"到校时间是随机的，因此，受到批评后"哈罗德"的到校时间通常都会改善，原因在于向 8：30 回归，例如，"哈罗德"8：39 到校遭到了批评，而在随机选择的情形下，第二天到校时间很可能会早于 8：39。因此，尽管学生的批评对于计算机不可能起任何作用，然而，实验做完以后，绝大部分学生依然相信自己的批评是有效的。这个实验证明了卡尼曼和特沃斯基富有挑战性的结论：自然就是如此这般的运作，我们经常因为奖励别人而感到自己受到惩罚，因为惩罚别人而感到自己得到奖励。

回归谬误也会影响父母和教师的教育理念。心理学家认为，在一个人的行为塑造过程中，奖励可取行为要比惩罚不可取行为更有效。然而，一般人很难接受这个观念，大多数父母都认为，惩罚是首选的管教措施，所以西谚有云：闲了棒子惯坏了孩子。那么，大众的观念与心理学家的观念谁对谁错呢？运用均值回归就可做出正确回答。均值回归会降低奖励的真正效力，相反却会增加惩罚的表面效力。通常，一个人在非凡表现之后会获得奖励，然而，均值回归告诉我们，此后的表现必然出现些许退步。如此看来，奖励似乎没有发挥出应有的作用，甚至还起了相反的作用。与此相反，一个人表现不佳后，随后的表现就会改善。因此，惩罚令人失望的表现似乎发挥了作用。由此看来，均值回归发挥了这样一个作用，就是"惩罚了奖励措施的执行，奖励了惩罚措施的执行。"

生活中，在决定如何摆脱厄运或延续好运时，回归谬误和堆积幻觉还会联合起来发挥作用，促使人们会坚信一种错误的观念。吉洛维奇以他在以色列旅行的一个小插曲为例，对此进行了说明。在以色列东北部，由于自然原因引起了一系列死亡事件，导致人们产生了恐慌情绪，结果人们就简单的推测存在着异常危险。此时，人们没有分析死亡率的增加是否在正常的波动范围之内，相反，一些法师却将问题归咎于妇女参加葬礼，妇女的这种行为被认为是悖理逆天的，以前是完全禁止的。于是，应对措施马上就出台了，就是颁布法令严禁妇女参加葬礼。结果法令实施后，异常死亡还真的减少了。如此，该地区的居民就很容易认为是应对措施发挥了作用，而根本不会想到均值回归的作用。

第三节　可得性启发法

生活中，人们在做出各种判断时，经常会借助记忆中容易得到的相关事件。事件越是容易得到，也就越容易作为判断的依据。简单地说，可得性启发就是人们认知时很容易受到自己易见到、易找到、易想到熟悉事件的影响，结果也很容易导致认知偏差。

一般说来，能够轻松回忆起来的事件，大多也是经常发生的事件，因此，在大多数情况下，事件回忆的难易程度也确实与事件发生的概率正相关，可得性启发法往往也是有效的。然而，事件回忆难易程度并非是决定事件发生概率的唯一因素，可得性启发法做出的判断也可能是有偏差的。这可以表现在以下几个方面。

一、记忆可得性偏差

卡尼曼和特沃斯基研究发现，人们常常过度重视容易想起的信息，因而判断推理过程也就受到记忆可得性的影响，倾向于认为容易想起的事件比不容易想起的事件更常见。一般说来，人们记忆中容易捕捉到的信息，也是过去经常碰到的信息。事件出现的频率确实会影响到记忆中的"可得性"。

（一）字母序实验

试问，在英语中，是第一个字母为 r 的单词多，还是第三个字母为 r 的单词多？

由于人们往往是按照字母排序的方式记忆单词，因此人们很快就能回忆出以 r 字母开头的单词，如 red、read、real……虽然人们也知道很多单词的第三个字母为 r，可是要从字典里查出来，或是从大脑中回忆起来却不容易。因此，人们就很容易认为第一个字母为 r 的单词要比第三个字母为 r 的单词更多。然而，事实正好相反，后者要比前者多得多。

除了可得性之外，显著性或生动性也会对记忆产生影响。例如，在美国，纽约州谋杀案与自杀案相比哪个多？几乎人人都认为谋杀案比自杀案多。然而，事实却是，无论在哪里自杀案都远比谋杀案多得多。在 2000 年的前后 5 年里，美国新闻报道的杀人案增加了 3 倍，而实际上谋杀率却是下降的。对此，卡尼曼和特沃斯基解释道，我们以为谋杀案更多，是因为谋杀案在人们记忆中的"可得性"更强。有关记忆的研究证明，对于一件生动鲜明或骇人听闻的事情，人们记忆会更深刻，回忆起来更容易。因此，即使谋杀案与自杀案数量相当，人们也会回忆起更多的谋杀案。一般说来，人们对自己熟悉的事件（谋杀）记忆更深刻，经常发生的事件（自杀）倒有可能记忆不深刻。这可在以下实验中得到证明。

在实验中，提供被试几份列有知名人士姓名的名单。在这些不同名单中，知名人士性别比例为男女各占 50%，但高知名度人士的性别比例则不相同。在被试看完名单后问，哪一份名单中包含的男性或女性更多？实验结果表明，名单中高知名度人士的性别比例会影响到答案。有的名单中，高知名度人士大多是男性，在这种情况下，即使名单中男女比例各占 50%，被试也会根据记忆得出男性更多的结论。显然，高知名度人士更容易回忆起来，进而会影响到被试的判断。

如果询问已婚人士关于婚姻质量的问题，无论事实如何，每个人都会说自己比配偶担负了更多家庭责任。以自我为中心的天性让人们更容易想起自己所做的事，而不是配偶所做的事。因为自己的行为在记忆中更容易提取，所以人们就自以为它们更经常发生。由此可见，记忆可得性启发法在生活中还会影响到婚姻幸福。

（二） 快乐不对称

记忆可得性偏差还会让人感到不幸福，这就是吉洛维奇所说的快乐不对称。

人们对一些事件的结果记忆是不同的，蔡格尼克（Zeigarnik effect）效应就表明，人们对未完成工作的记忆要强于已完成工作的。生活中人们对于损失、痛苦和意外的记忆更为深刻。赌客对输钱的记忆要比赢钱的深刻；渔夫对到手又跑掉鱼的记忆尤为深刻；最新研究表明，在夫妻争吵中，败北的一方对于争吵经历的记忆更深刻……吉洛维奇依据人们对事件结果的记忆不同，将事件分为双面事件和单面事件。双面事件就是结果以两种方式出现，并且两种方式都显得非常突出，进而都记忆深刻，如赌博输赢、初恋成败、考试好坏。单面事件是结果以一种方式出现，并且显得非常突出，进而记忆深刻的事件，如"我一洗澡电话铃就响"的经历。当一人在洗澡时电话铃响了，这个事件就显得很突出，并被标记为事件，因为此时他会纠结是否去接这电话。如果决定接电话，浑身湿漉漉的会让人感到寒冷和难受，而且如果拿起话筒时电话正好挂断了，此时又会感到失望和恼火。由此，他会对这次洗澡时电话铃响的事件记忆特别深刻。相反，如果洗澡时电话铃没有响，这次经历也就不会标记为一次事件，因为什么都没有发生。

人们对于积极情感和消极情感的记忆不同，就导致了所谓的"快乐不对称"。吉洛维奇用自己的亲身经历说明了这点。康奈尔大学心理系大楼入口有 6 扇大门，除了深夜要锁上之外，其他时间大门都是敞开的。然而，不知何种原因，看门人每天会锁上 1 扇门，并且每天锁上的门还不同。如果吉洛维奇偶尔遇到锁上的门，他就觉得看门人好像具有特异功能，知道自己每次要从哪扇门进入，自己手也总是拉在了锁上的门。于是心里总是感到不快。

吉洛维奇对此的解释是，人们偶尔遇到了锁上的门，就会产生一种消极的情感，挫败感和耽误时间的感觉让该事件在人们的经历中显得尤为突出。相反，如果人们没有遇到锁上的门，这个事件则既不会产生积极的情感，也不会产生消极的情感，人们也不会注意到这个事件。结果，遇到锁上门的经历就会一直占据在人们的记忆当中。同样"遇到的公交车总是去往相反的方向"也是如此。因为积极事件与消极事件之间存在着不对称，消极事件可以累积，而积极事件却不能累积。在等候公交车时，看到的当然都是去往相反的方向，根本不可能看到好几辆公交车去往自己要去的方向，因为只要来一辆你就会上去，于是就会认为"遇到的公交车总是去往相反方向"。正是这种不对称，让人们总是误认为自己"运气不好"，例如，"只要一洗车，天就下雨"；"刚一到车站，车就开了"；"刚一扔掉旧东西，就要用到它"；"自己复习了的内容，考试却没不考"。

二、信息可得性偏差

信息可得性偏差意为人们很容易从一个鲜明事例中得出结论，或归纳出一个公理。

（一）选修课实验

实验要求被试的学生决定下学期的选修课程。学生手中有两份参考信息，一份为几百名学生评分汇总而成的课程评价意见，一份为持不同意见学生的访谈录像。实验结果表明，被试更容易受到访谈录像的影响。即使告知了录像中的学生是非典型例子，被试还是一意孤行，倾向于参考访谈录像中学生的意见。

同样，观看一个特别残暴（或特别人道）监狱看守的访谈，或者观看一个特别勤奋（或特别懒惰）社会福利人员的访谈，都会改变人们对这类人的看法，而做出这种改变的依据并不是数据。

如果你正打算买一辆新车，你非常看重车的安全性和可靠性。于是，你将《消费者协会报告》反反复复阅读了好多遍，结果发现在安全性和可靠性方面沃尔沃的评价最高，于是你就决定购买一辆沃尔沃。可当晚你正好参加了一个聚会，无意中跟朋友提到了自己的决定，没想到他说："我朋友6个月前刚买了一辆沃尔沃，除了毛病多外毫无特色。先是漏油，后是打火失灵，车载音响也很差，半年时间已经修理了5次。"此时，你会感到很幸运，幸好朋友告诉了这个消息，否则差一点就买错车了。然而，可能不幸的正是你。《消费者协会报告》的评价是根据大量数据总结得出的，这些数据包含了市场上所有品牌和型号的车。《消费者协会报告》说一款车性能好，依据的是大量用户体验得出的综合结论。仅凭一位车主的看法是不能推翻《消费者协会报告》总体评价的。如此，按理说，你朋友的话不应对你的决定产生影响。然而，非常不幸的是，生活中很多人都喜欢这种道听途说的"证据"，否定《消费者协会报告》的建议。由于这些故事情节丰富、细节生动，而且是活生生的事例，因而大部分人都会被其打动，受其影响。

幸运的是，每个人的经历不会相同，因而记忆也不会相同，这种差异能够避免做出错误的选择。只要你将朋友告诉的消息当做信息来源之一，避免偏听则暗，并从多个来源收集信息，做到兼听则明，就不至于做出最坏的选择。

经济分析师保罗·约翰逊（Paul Johnson）曾做过一个研究，证明收集多人信息具有的优势。他让学生预测奥斯卡奖得主，通过多次实验他发现，群体预测的准确性总是优于个体。以1998年为例，群体预测对了12个获奖者中的11个，而每个学生平均只预测对了5个，表现最好的学生也只预测对了9个。

信息可得性偏差表明了一种基本的思维规律：人们从一个一般公理中演绎出一个具体例证较难较慢，相反，人们从一个鲜明例证中归纳出一个一般公理却很易很快。毫无疑问，在听到和读完有关强奸、抢劫、殴打的故事之后，人们十有八九会高估与暴力有关的犯罪率，而且高估幅度还非常大（Doob & Robert，1988）。心理研究发现：那些鲜明、生动、很容易形象化的事件，往往也被人们认为更容易发生（Sherman et al.，1985；MacLeod & Campbell，1992）。因此，对于更具戏剧性、更离奇的死因，例如，对于意外、他杀、台风、洪水或灾害等所致的死亡人数容易被高估，这点就如法学家奥利弗·温德尔·霍姆斯所言："大部分人的推理都是戏剧化的，而不是定量的。"人们为什么容易做出这种错误的估计呢？为此，有学者翻阅了美国东部和西部两份报纸，统计了各种死亡事件报道的新闻。结果发现，不同死亡消息的比例与人们估计的比例惊人相似。他杀、事故、火灾这些类型事件的报道生动醒目，让人印象深刻，因此，人们误将这些事件出现在报纸上的频率当成了真实发生的频率。这种认知偏差会让人对不同事件的风险做出错误判断，进而做出错误决定。

甚至小说、电影、电视中虚构的情景也会给人留下深刻的印象，而这些印象又会深深地影响我们的判断（Gerrig & Prentice，1991；Green et al.，2002）。读者和观众越是全神贯注，越是情绪激动，就越是容易描述这些故事，这些故事对以后信念的影响也就越大，例如，被浪漫爱情故事吸引的人，他们更容易提取影响他们性态度和行为的语句、段落、情节（Diekman et al.，2000）。

信息可得性偏差的存在可以解释这样两个事实：一个是生动有趣的奇闻轶事往往比枯燥乏味的统计数据更易激起人们兴趣，更容易吸引人们关注；一个是人们感知的风险与真实的风险往往差异非常大（Allison et al.，1992）。在大多数人的记忆中，飞机失事惨景更容易回想起来，因此，人们往往认为坐飞机要比坐汽车风险更高，特别是在"9·11"事件之后，人们更是夸大了乘飞机的风险。然而，铁的事实却是，在出行距离相同的情况下，20世纪80年代美国汽车事故死亡率为飞机失事的26倍（美国联邦安全委员会，1991），一般乘坐飞机最危险的时候是飞机降落时。事实上，铁路运输也比公路运输要安全得多，在美国，铁路运输35亿公里死1人，比公路运输要安全20倍。

（二）反事实思维

信息可得性偏差还会影响人们对负罪、遗憾、挫败和欣慰的体验。如果自己的球队以一分之差输（或赢）了比赛，人们就很容易想象出（信息可得性）另一种比赛的结果，也就是并没有出现的结果，因此，也会感到更大的遗憾（或欣慰）。想象这种没有出现结果的思维就是反事实思维（counterfactual thinking）。反事实思维多与后悔密切相关，这种思维是由具有负面情绪的事件激发出来的，如考试成绩差、情感出现危机，亲人患病离世。而一旦出现反事实思维又会带来更多的负面情绪（例如后悔），而这种负面情绪又会激发更强的反事实思维，如此步入一个恶性循环，最终结果是轻则沮丧，重则抑郁。

反事实思维是对没有发生事情的心理模拟，它出现在我们很容易想象出可能结果的时候（Kahneman & Miller，1986；Markman & McMullen，2003）。在奥运会比赛中，铜牌获得者要比银牌获得者感到更幸福，因为前者更容易设想自己没有获得奖牌时的情景，而后者更容易设想自己获得金牌时的情景（Medvec et al.，1995）。与此相似，学生在某个等级（例如良）内得分越高（例如 89 分），他们的感觉也会越糟（Medvec & Savitsky，1997）。事实的确如此，考了 59 分的学生就比考了 20 分的学生感觉更差，尽管前者考得更好。如果人们晚了 1 分钟错过飞机，就会想象如果能早点出发，走通常路线，并且路上不聊天，那该多好呀。但是如果人们晚了 30 分钟错过飞机，体验到的挫折感或后悔就要小得多。以上介绍只差一点就成功的情况，往往让人感到很不幸福，如只差一点就获胜的球队，只差一点就及格的学生，只差一点就中奖的赌客，只差一点就晋升的教师……

事实本身越重要，反事实思维强度就越大（Roese & Hur，1997）。在交通事故失去亲人的人，或疾病夺去自己亲人的人，通常会陷入深深的悔恨当中（Davis et al.，1995，1996）。在一项针对成年人的调查中，最常见的悔恨是未能更严肃的对待自己学业。

反事实思维可分为"上行反事实思维"和"下行反事实思维"。上行反事实思维意为想象的状况比现实好，也就是往好里想，如前面介绍的事例。下行反事实思维意为想象的状况比现实差，也就是往坏里想。

商家常常利用下行反事实思维诱骗人们上当。推销员常常会诱导你，让你误以为如果选择这个不选择那个，一定会后悔。销售产品质量保险往往就采用这种伎俩。买电视或电脑时，卖家常会推销产品质量保险合同，说是花个"小钱"买个保险可以后顾无忧，万一电压波动烧坏了，这点"小钱"就可派上大用场。花言巧语很是动听，不过考虑此事发生的概率，这点"小钱"基本上是用来打水漂了。下行反事实思维也可让人体验到幸运感。例如，如果人们刚刚逃过了一场灾难，差一点就发生的交通事故，此时，人们就很容易想象一种负面的反事实，如果事故发生了会怎样。由此，人们会庆幸自己"好运气"（Teigen et al.，1999）。

反事实思维是一种本能，难以摒弃，有利有弊，上行反事实思维可以激励人们下次做得更好，而下行反事实思维能够增加人们的欣慰感和满足感。显然，在两种思维之间保持平衡很必要，如此既可避免自己陷入不必要的痛苦，又能激励自己不断的改进。

第四节　锚定与调整启发法

标准经济学认为，理性人在决策时不会受到毫无意义数字的影响。然而，事实上，在参照依赖中，参照点的选择就受到无关数字的影响，这就是锚定效应（anchoring effect）所要说明的。锚定效应是一个非常重要的概念，几乎贯穿于行为经济学整个分析。甚至有人认为，从某种意义上讲，行为经济学就是一个广义的锚定论。

一、锚定效应

锚定效应是由卡尼曼和特沃斯基教授最早提出的，它是一种非常典型的心理偏差，表现为人们在评估时，会将完全无关的信息考虑在内，事实表明了这点（Zou & Soman，2003）。假设你在 ATM 前已经排了很长时间的队，那么，影响你是否继续排队的因素是什么？如果你知道队伍前进的速度，那么正确的考虑应是你前面有多少人。但实际上很多人考虑的却是后面有多少人，后面人数越多，放弃排队的可能性就越小。显然，无关信息严重的影响到人们的评估。下面的两个经典实验说明了锚定效应的存在和含义。

（一） 锚定效应实验

我们知道，一艘船在某地下锚（锚定）后，那么，在锚链的约束下，它就只能在那个地点做极为有限的随波逐流（调整）。同样，人们在做评估时，往往是先做出一个初步评估，这个初步评估就是所谓的锚定，然后，再根据其他信息对初步评估做出一定的调整，这就是锚定效应。

卡尼曼和特沃斯基发现，以上做法往往会导致估计偏差。主要原因有两个：一是最初锚定的点可能与评估事件的价值毫不相关；二是即使锚定的点与评估事件的价值相关，但随后的调整也是远远不充分的。

卡尼曼和特沃斯基通过实验，揭示出锚定和调整两者之间存在着巨大偏差。

成员数目实验：

二位教授请学生估计，非洲国家中有百分之几的国家是联合国成员。在回答问题之前，每个学生要先转一个转盘，转盘上数字在 1 ~ 100 之间，转完后问学生，估计的数字是低于还是高于转出的数字，最后请学生说出自己的估计值。实验结果令人非常惊讶，在转盘上转出数字小于 10 的学生，他们估计的百分比平均为 25% 左右，而在转盘上转出数字大于 65 的学生，他们估计的百分比平均为 45% 左右。

显然，试验中的学生非常清楚，转盘随机转出的数字同多少非洲国家为联合国成员毫无关系，然而，随机数字还是对他们的估计产生了戏剧般的影响。与此类似，为了估计简便，人们很容易将眼前任意一个数字作为初始点。卡尼曼和特沃斯基甚至认为，连货币奖励也不足以改变这一偏差范围，也就是说，如果学生能够得出正确、精确的估计值，可以获得奖金，情况依旧如此。

数字连乘实验：

在美国，特沃斯基和卡尼曼请了一组中学生，要求他们在 5 秒钟内，估算下列升序连乘答案：

$1 \times 2 \times 3 \times 4 \times 5 \times 6 \times 7 \times 8 = ?$

这里由于时间限制，大多数学生不可能乘完所有数字后得出答案。因此，学生常常是先将前几个数字乘出来，这就是锚定点，然后根据锚定点估计一个答案。实验结果表明，学生估计的平均值仅为512，远远偏离了正确的答案40320。

特沃斯基和卡尼曼又请了另外一组中学生，要求他们在同样时间内估算下列降序连乘答案：

$8 \times 7 \times 6 \times 5 \times 4 \times 3 \times 2 \times 1 = ?$

显然，该题答案与前面的完全相同，然而，这次实验结果却是学生估计的平均值为2250，虽说高于前一组学生的512，但还是大大偏离了正确答案的40320。其实，这一结果完全在研究人员预料之中。在上面两个实验中，降序和升序的前几个数字之积相差非常大，由此导致两组学生锚定点的相差也非常大，因而最后估计结果相差也非常大。

由此可见，人们认知事物时受到锚定效应的影响非常大，不同锚定点导致了不同的认知。这点有些类似于人们依赖第一印象判断，而依赖第一印象认知事物和制定决策常常并不科学。

（二）启发性偏差

锚定效应中锚定点与前面介绍的事件可得性和代表性有关。

锚定效应与可得性偏差关系密切。具有锚定心理的人在评估时，会先回忆过去与其相关的事件，这些相关事件就成了一个锚定点，然后再评估事件发生的概率。相关事件回忆起来越容易，也就越容易高估事件发生的概率。毕竟，经常发生的事情往往也越容易回忆起来。大多情况下，相关事件回忆的难易程度也确实同事件发生的概率正相关。然而，这种相关并不是唯一的，还有其他正相关因素。如此，仅根据回忆的难易程度评估事件的概率，难免不出现偏差。

如果是最近发生的事件，大脑就很容易回忆起来，也更容易成为锚定点。大量研究证明，在评价相对绩效时，人们往往对最近的信息给予了更多的权重。例如，在篮球比赛中，知道了某个投篮高手的命中率，大致就可预计他出手时的结果。然而，如果该队员最近2场的比赛表现不佳，教练就可能让他坐上冷板凳，哪怕他长达 5 年甚至 8 年的时间表现都非常好。原因在于教练是根据最近 2 场的表现评价队员。与此类似，为了给员工的奖励、加薪、晋升提供依据，经理在评价相对绩效时，很容易过分看重最近的绩效。最近情况是人们首先想到的，也是最容易想到的，因而也就很容易成为一个锚定点。

锚定效应与代表性偏差也存在密切关系。例如，假设 A 是一个害羞的人，请你评估一下他的职业，是图书馆管理员而不是市场销售员的可能性有多大？大多数人会迫不及待地脱口而出，A 更像一个图书管理员，因为对于图书管理员来说，害羞是一个代表性特征，而对市场销售员来说，这个特征就不同寻常了，这个代表性特征也就成了锚定点。然而，如此简单的回答，一般都会存在着偏差。因为除了考虑代表性特征外，A 属于某一类型的可能性高低，还要受到其他许多因素的影响，最主要的是受到两种职业在总人口中所占比例大小的影响。

（三）偏好逆转

锚定效应还会影响人们的偏好，使得人们的偏好不稳定。例如，在精品时装店，每一款服装的价格都在 3000 ~ 5000 元之间，顾客买衣时可能会选择前者。而在大众服装店，每一款服装的价格都在 600 元以下。此时，在顾客的心目中，先前 3000 元服装简直就是奢侈品，因而不会购买考虑它。之所以会如此，是因为在精品时装店，顾客将价格锚定在 3000 元，而在大众服装店，顾客将价格锚定在 600 元。由此表明，锚定效应使得顾客的偏好发生改变，出现偏好逆转（preference reversale），由此也反映出人们偏好的不稳定性。

二、锚定效应运用

（一）日常交易

人们在估算某个事件时，在哪里下锚非常重要，这在交易中表现得非常明显。

1. 多单位报价。现在商家促销可谓花样百出，目的却只有一个，就是激起消费者的购买冲动，在他们眼中，消费者的冲动就是利润，因此，商家往往采用锚定效应引诱消费者购买。一种惯常的手法就是采用多单位商品报价，如10元3斤，或两件100元，而不采用单位商品报价，如每一件多少元，如此锚定点不同，消费者的购买数量也不同。

美国伊利诺伊州大学香槟分校的布莱恩·旺辛克（Brian Wansink，2006）等人对此进行了专门研究。他们对一家大型连锁超市进行过跟踪调查，在86家连锁超市中放置了两种价格标牌：

A. 原价：99美分

优惠价：75美分

B. 原价：99美分

优惠价：2个1.5美元

结果研究发现，采用多单位商品标价的超市与采用单位商品标价的超市相比，后者的销售额要比前者的高出32%。由此表明，标价方式不同，锚定点也不同，销量也就不同。这给商家一个启示，就是在标价时只需提供一个小小的数量暗示，就可增加30%的销量。超市常常玩弄的捆绑销售把戏，理由就在于此。

2. 设置购买上限。还有一种手法比上面的促销作用更大，就是设置购买上限，此时顾客的购买数量就会锚定在这个购买上限。

布莱恩教授对美国食品商的实验也证明了这点。他用该食品商销售的罐头做实验，结果发现，不同的标价方式对于顾客购买量的影响非常大。具体表现为：

没有购买上限时，平均每个顾客购买3.3瓶罐头；

购买上限为4瓶时，平均每个顾客购买3.5瓶罐头；

购买上限为12瓶时，平均每个顾客购买7.0瓶罐头。

这里罐头质量和价格都相同，仅仅是标价方式不同，结果销量却出现了巨大差异，由此可见锚定效应的巨大影响。

3. 价格比较。商家促销玩的锚定效应小把戏很多，还有一个就是设立一个高价的锚，通过对比让顾客感受到便宜。

打折促销中，原价商品与打折商品相比，前者就是后者的一个锚。像这样先提出一个毫无意义的数字后，再做判断就很难摆脱这个数字的影响，之所以会出现这种情况，就是因为锚定效应在起作用。在打折幅度上，同样也存在着锚定效应。例如，当 8 折成为一个锚时，打 6 折商品就会觉得便宜，而打 9 折的商品就会认为贵。一般人就是这样，对产品成本多高、定价虚高不关心，而对打折程度却显现出过分的关心。

如商家在销售一款自动型烤炉时标价 300 美元。过了一段时间后，商家又在这台烤炉旁边摆上了一款大容量豪华型烤炉，售价为500 美元。不过，这款高价烤炉并没有卖出几台，倒是相对便宜的烤炉销量翻了一番。有了高价烤炉价格这个锚，自动型烤炉就显得非常便宜。显然，尽管高价商品的销量很小，但是，商家依然从中可获利不少，它可让顾客购买那些看起来便宜实际并不便宜的商品。

从现在开始，当你再去超市时，最好不要理会五颜六色，花言巧语的促销广告，而是按自己的实际需要购买。如果一边思量商家的广告促销伎俩，一边购物，倒是会平添不少的购物快乐。首尔大学经济学系的李俊求（2009）就认为：我一直坚持一个与幸福相关的理论——在琐碎的事情上获得快乐的能力才是幸福的捷径。如果你能体会到一边购物一边学习经济学的快乐，不就是非常幸福的人吗？

4. 价格谈判。在可以讨价还价的交易中，锚定效应的作用非常大。A 公司需要买一台机床，于是，印刷公司采购部 a 经理就和 B 公司销售部 b 经理谈了起来。b 经理拿出了报价单，a 经理一看需要100 万元，觉得实在太高，就说能否便宜一点，b 经理马上显出为难之色，说是回公司商量一下。等到再次谈判时，b 经理说可以在上次价格的基础上减去 10 万元。a 经理听罢非常高兴，兴奋之际马上就拍板成交。第二次谈判之所以如此顺利，原因在于 a 经理锚定的价格就是最初的报价 100 万元。他以此为标准进行权衡，觉得 90 万元是一个划算的价格。其实，a 经理哪里知道，当然也不可能知道机床的生产成本和销售利润，90 万元划算的判断可能充满偏差。

有人可能会说，这个问题产生的一个原因，是 A 公司只与一家公司谈判。如果公司采用招标的方式就不会出现上述问题。其实，招标方式也存在锚定效应。a 经理看到的标书有先有后，那么最早看到的报价就很容易成为价格锚，比其低就会认为便宜。这点 a 经理与普通顾客一样，不关心定价是否合理，只关注商场打折幅度。

有一次，法国文豪大仲马先生在古玩店看中了一件古董，但卖方狮子大开口，开价极高。大仲马虽然十分喜爱这件古董，但又不愿付出如此高价。于是他让自己的两位朋友乔装成顾客，先后到店里去买古董。第一个朋友粉墨登场，给古董开了一个不可思议的低价。卖主对此的反应是："神经病，完全没有诚心买。"接着，第二个朋友又装模作样地来到店中，开出了一个比前面高但还是很低的价格，这就为卖主锚定了一个价格，此时卖主虽然嘴上硬："太低了，我不可能卖。"但心里已经有些动摇了。这时候大仲马出场了，他在第二个朋友开价的基础上稍加了一点价，结果如愿以偿了，抱着心爱的古董欢快地回了家。

在讨价还价过程中，当交易对象为没有替代品或缺乏替代品时，这时也就没有市场价，双方也就面临着较大议价空间，如果在这个空间中能够锚定一个有利于自己的价格，则意味着成功的一半，因为对方的调整往往是不充分的。具体来说就是：买家应先发制人，主动开出一个价格，越低越好，锚定一个有利于自己的价格，等待卖家调整；同样，卖家也应主动出击，首先开出一个价格，越高越好，锚定一个有利于自己的价格，等待买家调整。俗语云：漫天要价，就地还钱。这其中就蕴含着锚定效应运用——锚定（出价）、调整（还价）。

（二）项目评估

锚定和调整在经济学上有一个重要应用，就是估计复杂项目的失败率。在决定自主创业时，要想成功，就必须保证每一个环节的工作都能顺利完成，例如，要筹集到足够的资金；要找到合适的生产地点；要有尽量低的生产成本；要雇到熟练的生产工人；要有足够的市场需求……甚至还有风调雨顺，上面哪一个环节一着不慎，就会导致满盘皆输。显然在涉及环节很多的情况下，失败率也会很高，即使每一个环节的成功率都很高也是如此。假设一个创业包括了 10 个环节，即使每个环节的成功率都高达 90%，整个创业的失败率也会高达 65%。然而，人们在评估创业的失败率时，往往只会选择其中最重要或最具代表性的一两个环节，将其失败率作为一个锚，然后为保险起见再做些调整，而一般来说这种调整是远远不够充分的，如此绝大多数的创业项目以失败告终，自然也就不足为奇了。

（三）社会调查

日常生活中，人们经常可从报纸、电视、网络等传播媒体上看到各种各样的调查，对此，除了注意"社会性偷工减料"外，还需要特别警惕其中存在的锚定效应，主要表现在以下几个方面：

1. 问题顺序。调查问题的顺序不同，调查的结论也会不同。在美国，对于这个问题："日本政府是否应该对美国工业品在日本销售设定限额？"大多数人的回答是否（Schuman & Ludwig，1983）。然而，当先问这个问题："美国政府是否应该对日本工业品在美国销售设定限额？"之后再来回答原来的问题时，结果有 2/3 的美国人给予了肯定回答。认为美国有权对日本产品设限的人，为了保持前后一致，也只好回答日本也有同样的权利。显然，前一个问题成了后一个问题的锚，回答时就难以摆脱这个锚的影响。与此类似，如果你希望人们选择某个选项，就可将该选项排在最前面。很多人在回答问题时，并不一定是将所有选项看完后再做选择，而是先从前面看起，当看到某个选项接近自己的意见时，就做出选择（锚定），而不会再往后看了。

2. 选项数量。选项编制的数量会影响调查结果。在英国，询问一些人："你希望核能在英国能源中占多大比例？"结果为 41%。而当询问另外一些人："你希望多大比例的能源来自：A. 核能；B. 煤炭；C. 其他能源？"结果核能仅为 21%（Plight et al.，1987）。与此相似，在美国，对于这样一个问题："你认为国家现今面临的最重要问题是什么：能源短缺，公共教育质量，堕胎合法化，污染，或者你也可填写自认为最重要的问题。"结果32%的人认为公共教育质量问题最严重。然而，如果仅仅只是问："你认为国家现今面临的最重要问题是什么？"结果只有1%的人认为是公共教育质量问题（Schuman & Scott，1987）。显然，选项编制的数量不同，锚定点也就不同，进而调查结果也会不同。

3. 选项措辞。选项措辞不同也会对调查结果产生影响。调查提问中常常暗含着锚定的内容，由此可以诱导人们做出符合调查者意愿的回答。例如，"你对目前的教育制度有何看法？"与"你对目前问题严重的教育制度有何看法？"相比，显然，回答会出现天壤之别，对于后面一个问题的回答，极有可能是彻底否认目前的教育制度。

1994年在美国，《时代周刊》曾做过一项调查，结果发现，有23%的人认为政府在"救济穷人"方面花销过大。然而，有53%的人认为政府在"福利问题"方面花销过大。与此类似，大多人同意削减"国外援助"资金，然而，却愿意增加"帮助他国饥饿民众"的开支（Simon，1996）。再者，"禁止"与"不允许"表达意思基本相同。然而，在1940年，54%的美国人认为，美国应该"禁止"发表攻击民主的言论，但是，75%的美国人认为，美国应该"不允许"发表攻击民主的言论。2003年末，美国一项全国调查发现，55%的美国人赞同"只允许男女之间发生婚姻"的宪法修正案，然而，在同时进行的另一项调查中，只有40%的人同意"禁止同性恋婚姻"的修正案（Moore，2004）。调查中的不同措辞设置了不同的锚，如此人们自然也就被这个锚牵着鼻子走。

另外，措辞明确与否也会影响选择。如在喜欢和不喜欢这种措辞明确的选项之间，加入有点、些许、不太、不怎么喜欢诸如此类的模糊选项，就会影响选择。当人们对于一个事物难以评价时，也就不愿意做出明确的回答，因而也就会选择模糊的选项。

在调查中，利用锚定效应设计不同的问题顺序、选项、措辞，如此就可操纵调查结果。在美国，政客、咨询师、顾问、医生就常常采取构建选择的方式，对人们的决策和判断施加影响。

三、锚定效应与幸福感

锚定效应还会在不知不觉中影响人的幸福感。

话说张飞和李逵两个白领在路上相见，闲聊之中聊到了公司经营情况。张白领说："昨天开会公司领导说，今年由于宏观经济形势不好，公司利润下降了10%。"李白领说："真没想到会下降那么多，看样子要倒霉了，去年我拿了10万元年终奖，看来今年要打9折了。"张白领说："是呀！我也跟你一样，我觉得今年比去年干得还要多，结果奖金可能还不如去年，真是郁闷呀。"1个月后，当4万元年终奖发下来时，张飞和李逵二人简直傻了眼。张白领说："怎么也没有想到只有4万元，真是越干越没劲了，还不如我在街头耍大刀挣得多。"李白领说："我也没想到只这么一点，我原想没有9万，起码也该有个7万8万，再不济也得拿个6万吧！真是没意思，辛辛苦苦干了一年，收入还越来越少，还不如我去街头抢板斧钱多。"

以上二人的失望和痛苦就说明锚定效应影响。上例中，二人在考虑了公司利润减少情况，设置了年终奖9万元这个锚后，随后做出的调整远不够充分，以为再怎么少也不会是4万元，怎么也得有个6万。结果锚定效应和不充分调整引起了二人极度的失落和愤怒。其实，他们若能够综合考虑更多的信息后，如公司资金、员工数量、成本、需求、社会平均收入等情况变动后，再做出充分的调整，或许就不会有那么大不满了。

有关锚定效应研究还表明，人们事先问的问题会对人的快乐体验产生强烈的影响。斯特拉克等（Strack et al.，1988）的研究表明了这点。在研究中，他们将被试大学生分为两组，首先，询问了第一组大学生：上个月出去约会了几次？获得的幸福感又为多少？然后，他们又询问了第二组大学生，问题相同但正好顺序相反。结果表明，第一组大学生的约会次数与幸福感之间的相关系数为0.66；而第二组大学生的约会次数与幸福感之间的相关系数几近为0。由此证明，第一组大学生对幸福感的评价，受到了约会次数这个锚的影响，他们不知不觉中以约会次数作为了评价幸福感的依据。

在艾瑞里等（Ariely et al., 2000）的研究中，学生也被分成了两组。他们问第一组学生，是否愿意支付 10 美元听一场诗朗诵？他们问第二组学生，是否愿意听这场诗朗诵赚取 10 美元？然后，他们又问这两组学生，对于不同时间长度的诗朗诵，他们愿意支付或赚取的金额为多少？实验结果表明，第一组学生花钱都愿意去听，第二组学生则必须赚钱才愿意去听，而且两组学生都认为，时间越长，支付或赚取的金额也越高。由此表明，学生根本没有考虑听这场诗朗诵是愉悦还是乏味，他们只是以被问问题作为随后回答问题的依据，换言之，被问问题成为了随后回答问题的一个锚。由此表明，锚定效应有时会不知不觉地影响人们的幸福感。

第三章

前 景 理 论

标准经济学的风险决策模型源于期望效用理论，该模型假设了一系列公理，理性选择也遵循着这些公理。与此不同的是，行为经济学的风险决策模型是以前景（prospects）理论为代表，所谓前景意为各种各样具有风险、可能的结果，前景选择遵循的是特殊心理过程和规律。

前景理论最早源于卡尼曼和特沃斯基1979年《前景理论：风险条件下的决策分析》论文，二人在1992年论文中又对其进行了扩展，并重新定义为"累积前景理论"。有人曾经问过卡尼曼，为什么将他们的理论称作前景理论，卡尼曼脱口而出："我只想起一个响亮的名字，让大家能够记住它。"这个应该记住的前景理论非常重要，它是风险决策方面最具影响力的理论，至少一半的行为经济学理论都或多或少与前景理论相关。

第一节　风险决策过程

基于风险的决策是在不同前景或赌局中选择的结果。前景是由许多可能的结果组成，这些结果有着各自的概率。因此，任何风险决策都涉及结果和概率。前景 $q = (x_1, p_1; \cdots; x_n, p_n)$，$x_i$ 表示结果，p_i 表示相应的概率。例如，前景 A：50% 获得 100，50% 获得 0。前景 B：100% 获得40。它们可以表示为 A：（100，0.5），B：（40）。卡尼曼和特沃斯基认为：风险条件下的决策可分为两个阶段，先是编辑（editing）阶段，后是评价（evaluation）阶段。前者是对前景进行初步的分析，对结果和概率进行调整、简化，以利于快捷、简便地完成决策。后者是对编辑的前景进行评价，并选出价值最高的前景。

一、编辑阶段

编辑的作用是对前景进行简化，以便进行评价。在这种编辑过程中，直觉推断常常发挥着重要的作用。编辑阶段包括以下五个环节：编辑、合并、分解、删除、简化。

1. 编辑。人们常常将由参考点决定的结果当做收益或损失，而不是财富或福利的最终状态。参考点的选择及收益和损失的编辑，会受到前景表达方式和人们预期的影响。

2. 合并。合并是将具有相同结果的概率相加，以便简化前景。例如，可将前景（100，0.10；100，0.10）编辑为（100，0.20）。

3. 分解。分解是从有风险的前景中分离出无风险的前景。例如，可将前景（100，0.10；200，0.20）编辑成两部分，确定性收益35和风险收益（100，0.15）。

4. 删除。删除是将不同前景中的相同部分忽略或删除。例如，在两个前景（100，0.10；200，0.20；300，0.70）和（100，0.20；200，0.10；300，0.70）中选择时，可以将相同部分0.7概率获得300的收益删除。如此，两个前景就可编辑为（100，0.10；200，0.20）和（100，0.20；200，0.10）。

5. 简化。简化是通过凑整结果或凑整概率的方式简化前景。例如，前景（101，0.49）可编辑为（100，0.50）。

在编辑阶段，简化是首先需要完成的，编辑顺序也是非常重要的，它会影响到最终评价。

二、评价阶段

编辑阶段完成后，人们就会对这些编辑的前景进行评价，最后选出价值最高的前景。

根据前景理论，经过编辑的前景总价值为 V，用尺度 v 和 π 度量。第一个尺度 v 反映的是结果 x 的主观价值 $v(x)$，每一个结果都有一个价值函数 $v(x)$（value function），结果的定义与参考点相对应。在价值尺度中，以参考点为基准，v 度量的是距离参考点的价值，也就是损失和收益的价值，而不是损失和收益的数量。第二个尺度 π 与 p 相联系，构成权重函数 $\pi(p)$（weighting function），权重函数反映了概率 p 对全部价值的影响。第一个尺度 v 度量的主观价值与三个方面有关，也就是参考点（reference point）、损失厌恶（loss-aversion）和边际敏感度递减（diminishing marginal sensitivity）规律密切相关。第二个尺度说明了决策加权（decision weighting）或加权概率函数的作用。

显然，在评价阶段，价值函数 $v(x)$ 和权重函数两个概念非常重要。

第二节　价 值 函 数

在前景理论中，效用是用价值函数表示的，价值函数是一个非常重要的概念，前景理论中许多重要的思想都可通过价值函数体现出来。

一、价值函数形状和特性

前景理论中的价值函数与标准经济学的效用函数区别是，价值函数不是财富的函数，而是收益或损失的函数。主观价值所表明的不是财富的最终状态而是财富的变化，无论是收益还是损失，这种财富变化的多少都是取决于偏离参考点的多少，这种假说是前景理论核心。价值函数可以表示为：

$$V = \sum_{i=1}^{n} \pi(p_i)v(x_i)$$

式中，$v(x)$ 表示主观感受形成的价值，$\pi(p)$ 表示决策权重。价值函数曲线可用图 3-1 表示。价值函数曲线呈 S 形，这种形状反映出前景理论中价值决定的相对性、感受的不对称性和递减性特性，这些特性具体体现在参考点、损失厌恶和边际敏感度递减三个概念中。

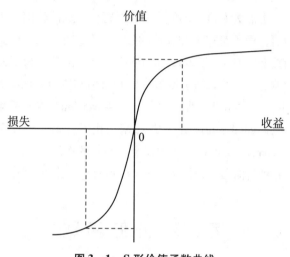

图 3 - 1　S 形价值函数曲线

（一）参考点

在前景理论中，主观价值的决定是相对的而非绝对的，这就是价值决定的相对性。图 3 - 1 就反映出价值函数是由参考点决定的。价值函数中的收益或损失、收益或损失的数量、收益或损失的主观价值都是由参考点 0 决定的。具体说，价值函数中的收益或损失及其数量是由向右或左（横轴上）偏离参考点及其多少决定的，更为重要的是收益或损失的主观价值的高低，或者说人们心中感受到的价值高低，是由向上或下（纵轴上）偏离参考点多少决定的。当人们说到是收益还是损失及其数量时，以及收益或损失的主观价值高低时，实际上三者都是相对的，并非绝对的。

（二）损失厌恶

对于相同数量的收益和损失，人们的感受还不一样，对损失的感受要更大，这就是感受的不对称性，它与损失厌恶心理有关。价值函数曲线呈 S 形，就反映出人们对收益和损失的敏感度不同。在第一象限收益区域为凹函数，在第三象限损失区域为凸函数。曲线的这种形状表明，价值函数的收益变化率与损失变化率不同。收益变化率要小于损失变化率，在曲线上表现为收益曲线斜率要小于损失曲线斜率，由此反映出人们一个极其重要、普遍的心理特征，在收益和损失都增加 1 单位的情况下，人们对增加的 1 单位损失要比增加的 1 单位收益更敏感，这就是非常重要的"损失厌恶"心理。在塞勒（1980）的研究中，他将人们对损失更加敏感的心理称为"禀赋效应"，该效应非常重要，后面会加以介绍。

价值函数曲线呈 S 形还体现出所谓的反射效应（reflection effect）。在面对确定收益和不确定收益的选择时，人们会选择确定的收益，由此反映出人们风险厌恶心理；而在面对确定损失和不确定损失的选择时，人们又会选择不确定的损失，由此又反映出人们风险偏好。人们对收益和损失的偏好正好相反，这就是十分重要的反射效应。

反射效应在卡尼曼和特沃斯基的简单实验中得到证明。在一个有 95 位被试参与的实验中，二人考察了被试对于正负前景的态度：

收益前景 A：（4000，0.8）与（3000）。

损失前景 B：（-4000，0.8）与（-3000）。

问题为：在收益前景 A 和损失前景 B 中，你愿意选择哪个前景？

结果表明：在收益前景 A 中，80% 的被试选择了第二个前景，也就是 3000 确定收益；而在损失前景 B 中，92% 的被试又选择了第一个前景，也就是（-4000，0.8）不确定损失。这一实验结果就证明了反射效应的存在，收益选择确定的，损失选择不确定的。

（三）边际敏感度递减规律

无论是收益还是损失，随着数量的增加，人们的感受都是递减的，这就是价值感受的递减性。价值函数曲线呈 S 形反映出价值变化的这样一个特点，就是人们感受到的价值增减（用纵轴表示）都是随着收益或损失数量的增加（用横轴表示）而递减，这就是边际敏感度递减规律。用卡尼曼和特沃斯基（1979）的话来说就是："感觉和知觉方面往往有着这样的共性，即心理反应是物质变化幅度的凹函数。例如，在区分室内温度时，区分 3 度至 6 度的变化，要比区分 13 度至 16 度的变化容易得多。我们认为这个原理尤其适合于评价货币的变化。……在人们的认知中，敏感性递减无处不在。"这是有其进化意义的。

进化心理学认为，对于生物体来说，在大多情况下，生存和繁衍的关键是相对变化，而不是绝对变化。例如，当一个人感到饥饿时，相对于没有肉或非常少的肉来说，1 公斤肉具有非常大的价值，但 10 公斤肉的价值就不大了。边际敏感度递减规律常常主宰着人们的感知，然而，在价值函数的损失区域，这个规律也有例外，就是当面对一个极大的损失，大到会引起倾家荡产或致命的后果时，此时，人们就会呈现出风险厌恶。如此说来，损失和风险的关系要分为两种情况，当人们面对极大损失时，往往是风险厌恶的；当人们面对较小损失时，往往又是风险偏好的。

二、主观价值评价

根据前景理论，主观价值评价与前述参考点、损失厌恶、边际敏感度递减三者密切相关。

（一）参考依赖

参考依赖意为人们对于收益和损失的评价是由参考点决定的。前景理论中，结果的确定与参考点密切相关，参考点是价值尺度的零点或者说基准。尺度 v 度量的收益或损失及其数量多少，就是度量偏离参考点的多少。由于参考点是个人主观选择的产物，往往因人而异。因此，参考点成为了一种主观价值评价的标准。卡尼曼和特沃斯基（1979）就认为：这个假设与基本的感知和判断原理相容，我们的感知是与变化和差异的估值相吻合，而不是与绝对量大小的估值相吻合。

当我们对诸如亮度、响度、长度或温度等物理属性做出反应时，过去和现在经历过的环境会先确定一个适合的水平或参考点，感觉到的刺激因素是与这个参考点相关的。

有一个著名实验证明了生物体参考点的存在。在实验中，被试将一只手放在冷水中，另一只手放在热水中，过了一段时间后，再将双手同时放入盛有温水的容器中。结果，原先放在冷水中的那只手有了热的感觉，而原先放在热水中的那只手有了冷的感觉。显然，被试双手有着不同的参考点，如此，面对同一温度就会有不同的感觉。

参考点发挥作用的原因与两个生物学机制有关——内稳态（homeostasis）和协同稳态（allostasis）机制有关。内稳态原理认为：生物体内各个系统会形成一个最佳稳定点，如果发生了偏离稳定点的情况，就会引发一个负反馈过程回复到稳定点。生物体内温度、血糖水平和电解质平衡就是如此。协同稳态是由斯特林和埃尔（Sterling & Eyer，1988）引进的，简单地说，就是一个保持在健康范围内的变量，它会随着环境的变化而变化。心跳速度、血压和荷尔蒙水平就属此类变量。威尔逊等（Wilson et al.，2003）认为：幸福也属于这种类型的变量。

当然，参考点并非完全是生物感知的产物，它是可以选择的。参考点设定受到以下因素的影响：本人期望、他人状况。

首先，参考点与一个人期望密切相关，期望不同，对结果好坏的评价也就不同。

到底是收益还是损失？这取决于参考点的选择。如果一个人年薪已达一生最高的50万元，那么，他是应该感到幸福还是痛苦呢？如果他终生奋斗的目标是年薪30万元，他当然会沉浸在满满幸福之中；但是，如果他终生奋斗的目标是年薪100万元，他必然会陷入于深深痛苦之中。同样，学生期末考试得了80分，他是应该高兴还是失望呢？显然，对于一个目标是90分好学者，他会大失所望，而对于一个60分万岁者，则会大喜过望。显然，收益和损失都与自身设定的目标有关，都是与设定目标比较的产物，这个设定的目标就是参照点。由此可知，对于一个低于期望的收益，人们是作为损失而不是收益来编辑和评价的。相反，对于一个低于预期的损失，人们是作为收益而不是损失来编辑和评价的。由此，卡尼曼和特沃斯基提出了一个特别的警告：我们可以运用改变参考点的方法，来操控人们的决策。例如，在美国大选中，竞选者时常通过降低公众对自己的期望，提高公众对竞争对手的期望，以此影响投票并提高自己的地位。

其次，参考点非常强烈地受到他人状况影响。

人们对于自己的工资增长5%可能感到高兴，然而，一旦发现同事的工资增长了15%，对此除了极端失望就是强烈愤怒。这是因为他人状况改变了自己的参考点，促使最初编辑的收益转变成了损失。反之，对于自己的工资下降5%可能感到痛苦，然而，一旦发现同事的工资下降了15%，对此除了感到欣慰还可能高兴。这是因为他人状况改变了自己的参考点，促使最初编辑的损失转变成了收益。显然收益和损失都是相对于参考点而言的，而参考点又会受到他人状况的影响。

（二）损失厌恶

前面介绍过损失厌恶，意为面对同等数量的收益和损失，损失给人的心理和情绪带来的影响更大。用卡尼曼和特沃斯基（Kahneman & Tversky，1979）的话说：在福利方面，人们态度变化的一个显著特征，就是损失隐约的表现比收益大。人们遭受损失的权重，显得要比得到等量收益的权重更大。例如，在掷硬币方式的赌博中，如果规则规定，出现正面时收益和反面时损失相等，那么，一般人是不会参与这种赌博的。对于具有对称形式（x，0.50）与（$-x$，0.50）的赌注，人们往往不感兴趣。由此，卡尼曼和特沃斯基得出这样一个结论：人们厌恶的并非是风险，当人们认为合适的时候，也会选择赌上一把，然而，如果说人们厌恶的不是风险，那么，人们厌恶的又是什么呢？实际上，人的动机主要是规避损失，也就是说厌恶风险的背后实际上是厌恶损失。同收益相比，损失要显得更加突出，损失的心理感受要更加强烈。卡尼曼和特沃斯基发现：损失所产生的负效用数量，要比同量收益所产生的正效用高 2.5 倍。

进化心理学也证明了损失厌恶是人的天性。人们对危险相当警觉，这或许能赢得更大的生存和繁衍机会。普利纳（Pliner，1997）认为：尽管收益可以改善我们的生存和繁衍前景，但是，巨大的损失却能够让我们彻底出局。穿越沙漠时，得到额外 1 加仑水会让人感到更加舒服，但损失 1 加仑水则会让人遭遇灭顶之灾。

在行为经济学中，作为最重要的发现之一，就是人们面对收益和损失决策时表现出不对称性。损失厌恶表明人们的偏好并非具有一致性，当做收益决策时，人们表现出风险厌恶，而当做损失决策时，人们又表现出风险偏好，这就是普遍存在的反射效应。

人们都会厌恶风险，规避损失，常人都知道无商不富，自己创业可能比打工赚得多，但大多数人还是倾向于接受稳定的工资，为别人打工。同样，律师通常也更愿意放弃一定的收入接受庭外调解，而不愿意庭上打官司，因为胜诉收益不能全部补偿诉讼成本（Steven Shavell，1982）。生活中，人们经常会说，万一怎样……怎样呢，就是害怕损失的典型表现。

当然，人们对于损失的畏惧也不是无限度的。在一个成功与失败并存的情况下，如果成功的收益比失败的损失大到一定程度，人们对于损失的敏感性就会下降，进而敢于承担风险追求收益。也就是说，人们厌恶损失只是收益诱惑还不够大，在收益诱惑足够大的情况下，人们也会铤而走险。

例如，面对这样一种情形：一是 50% 机会输掉 100 元；一是 50% 机会赢得 100 元，人们可能毫无兴趣。但是，如果面对的是这一种情形：一是 50% 机会输掉 100 元；一是 50% 机会赢得 250 元，可能就会心有波澜了。如果是面对这种情形：一是 50% 机会输掉 100 元；一是 50% 机会赢得 10000 元，可能就会奋不顾身了，这就是重赏之下必有勇夫。这表现在博彩方面，在预期收益很低时，一般人都不会去买彩票，但是，当预期收益增加很多时，买彩票的人数就会大大增加。在美国，当一支彩票累积的奖金数额不断攀升之时，也是购买这支彩票的人数急剧上升之时，此时，彩票经销商常常就会借助广告，以不断累积的巨额奖金作为诱饵，为人们编织一夜暴富的梦想，诱导人们蜂拥而至购买。

当然，男性与女性的赌性还不同。2014 年日本的"定点调查"表明，男性中 18.7% 的人喜欢赌博，而女性中只有 3.8% 的人。日本厚生省的调查表明，患有赌博依赖症的男性是女性的 6 倍多。男性有一种心理，对于固定的报酬觉得意思不大，而对于胜负不定的状态非常感兴趣。心理学研究表明，10 次赌博有 1 次赢的概率，是最容易让人沉溺其中。

交易中大量的经验证据同样证明了损失厌恶的存在。事实上，需求价格弹性非对称性就说明了损失厌恶存在。由于损失厌恶，相对于降价获得的收益，消费者更不喜欢涨价遭受的损失。表现在价格上涨时会减少购买，价格下降时会增加购买，但是，减少购买的数量要大于增加购买的。

吉尼索乌和迈耶（Genesove & Mayer, 2001）的现场研究发现，在波士顿，二手公寓的出售价格受到买主原来购买价格的巨大影响，人们不愿意以亏本的价格出售房子，表现出损失厌恶，而且没有居住在公寓里的住房投资者，比住在公寓里的住房所有者，前者的损失厌恶程度要小一些。损失厌恶使得房价下降时，二手住房的交易量也随之下降。同样，与股票上升时的交易量相比，股票下跌时的交易量也是随之下降（Haugen & Makhija, 1988）。这与税收角度的分析正好相反。

卡尼曼在面对中国《经济观察报》问题："中国人一直在购买不动产，认为不动产只会升不会降。然而在 2011 年末，一些城市房价下降幅度高达 30%。这使得一些新近买房者发起了抗议甚至恶意攻击房地产公司。有人担心一旦房地产泡沫破碎，这种事件会大面积发生。"如是说："这是'损失厌恶'的表现。就像我说过的，人们习惯自己现在所拥有的一切并认为自己有权利占有它。所以在房地产市场上，人们永远以历史上的最高价来评估自己的房产价值，任何低于这个数量的价值都被视为损失，而人们厌恶损失，这样的情况出现就不难理解。"由此可见，中国目前病态的房地产市场孕育着巨大的风险，对于国民目前和未来的幸福感影响极大。

人们的损失厌恶心理也成为一些行业生存的基础，这些行业可称为"损失厌恶"型行业，如保险行业、化妆品行业、美容整形行业、保健品行业、防盗品行业……保险业就是让人们看到生活中充满着风险，通过强化损失厌恶心理攫取丰厚的利润。化妆品和美容整形行业更是利用女性伴随着青春和美丽流逝而来的失落，通过讲述美丽的童话获取巨额利润。保健品则是利用人们惧怕亚健康造成的身体伤害，通过天花乱坠的广告骗取大量的利润。防盗品行业也是依靠人们担心财物遭受损失的心理，挣取利润。上述行业大量的广告投入，都是基于消费者对于损失的敏感和规避心理，使消费者不断购买这些预防损失的产品。商家由此也挖掘出了一个"损失厌恶"型行业的"潜规则"：产品本身有用没用不重要，要让顾客相信产品有用才是最重要的。

损失厌恶的具体表现多种多样，总体来说就是坏的比好的影响大。

1. 坏的比好的影响大。损失厌恶也表现在人们对待成败和褒贬的态度不同。一位网球明星曾经说过："我对失败的愤恨要多于我对获胜的喜爱。"音乐家戴夫·马修斯也说过："如果有60000人都告诉我，他们喜欢我的一次演出，而正好有一个人经过时却说很糟糕，那么后者才是我会注意到的评价。"人们关注批评同样表明，人们不喜欢损失，也就是损失厌恶（Coleman et al.，1987）。鲍迈斯特与其同事（Baumeister et al.，2001）称这些只是冰山的一角："在日常生活中，坏事比好事具有的影响力更大，也更持久。"事实的确如此，生活中大量、鲜活的事例都表明了这点。

● 破坏性的行为对亲密关系的伤害程度，比建设性的行为对亲密关系的促进作用更大。例如，冷酷刻薄的言辞要比甜言蜜语的表白影响时间更长。

● 坏心情比好心情对人们思维和记忆的影响要更大。即使一个天性乐观的人，他也难以忘怀过去那些引起不良情绪的事情。

● 表达消极情绪的词语比表达积极情绪的多得多，当要求人回忆表达情绪的词语时，人们更容易想起消极的词语。例如，人们最容易想起的是伤心、生气、害怕这三个词语。

- 坏事比好事产生更持久的效应。例如，一个强奸事件产生的伤害，即使一个最幸福浪漫的经历也无法弥补。又如，死亡比出生更能引起人们对于生命意义的探寻。

- 坏事比好事更能引起人们的注意和思考。例如，在超市选购商品时，人们更多关注的是商品有无缺点。

- 非常恶劣的家庭环境对智力的影响，远远大于良好家庭环境对智力的影响。尽管明智的父母让不聪明孩子变得聪明十分困难，但差劲的父母扼杀孩子的聪明才智却是轻而易举。

- 得到一个坏名声比获得到一个好名声容易得多，而且也更难摆脱，此为好事不出门，坏事传千里。例如，只是区区扯了一次小谎，就足以毁掉一个人一生的诚实美誉。

- 糟糕身体对于幸福感的影响远远大于健康身体的。例如，疼痛产生的痛苦远远大于舒服带来的快乐。

对于生物体的生存来说，坏事变坏比好事变好的影响更大。在心理学诞生的一个世纪当中，关注的消极事件比积极事件多得多，其中一个重要原因就是坏事的重要性。自1887年以来，《心理学摘要》中共有11195篇提到"生气"，73223提到"焦虑"，90169篇提到"抑郁"。在这些主题中涉及积极情绪的很少，如"喜悦"有1205篇，"生活满意"为4585篇，"幸福"为4100篇。同样涉及"害怕"有23153篇，远远超出了"勇气"的904篇。然而，这种现状正开始有所改变。鲍迈斯特与其同事认为，消极事件的力量"或许正是积极心理学运动发起的最重要原因"。为了克服不良消极事件的影响，"人类生活需要更多的积极事情而不是消极事情"。

损失厌恶让人对坏事关注更多，对坏消息特别敏感。这种心理本能也不完全是坏事。它可以让人们做好准备，应对各种危险，保护自己远离死亡和伤害。当然制度上也有夸大危险的激励，无论是政客、媒体还是社会科学家，他们都是以发现问题谋生，结果也间接地引起了人们过多的关注坏事。

2. 损失厌恶与幸福感。损失厌恶还可给人们的一个重要启示，就是减少痛苦要比增加幸福重要得多。莱亚德（2005）就强调，压迫是造成人们痛苦的最重要原因之一，因此，要强烈谴责任何人和组织对任何团体和个人的压迫。

卡尼曼在中国面对《经济观察报》的提问：根据盖勒普调查，中国人从 1999 年到 2010 年人均收入增加了两倍，人们的幸福感却丝毫没有增加。你怎么看这个问题？卡尼曼说：这是一个很正常的结果。很容易想象，在经济迅速发展的时代，幸福感不会立即跟上。经济迅速发展会产生获胜者和失败者，而失败者所遭受的损失会超出获胜者的收益，所以平均来看，整体情况是不变甚至是恶化的。如果人们期望值的增加速度大于收入增加速度，这就是很自然的结果。

损失厌恶也说明完善的社会保障对增进幸福感的极端重要性。人们担心自己失业、患病、贫困、养老问题，就是一种典型的损失厌恶心理。要消除人们的这种担心，就需要国家在"尽义务要权利"或者说"工作首位"的前提下，提供高水平的社会保障，这是北欧国家的做法，也是它们的经验。显然"工作福利"并非免费的午餐，也非政府的施舍，而是公民享受自己创造的财富。北欧国家提供从摇篮到坟墓的社会保障，也就是减少或消除失业、疾病、贫困、养老等问题对人们生活的消极影响，从而极大增进了国民的幸福感，长期都是世界上幸福感排名靠前的国家。北欧国家的一些经验值得世界所有国家学习，特别是如何做到国民幸福感与经济稳定性相互促进。经济稳定就不会出现失业和通胀，而损失厌恶让人不喜欢失业和通胀，由失业率和通胀率构成的痛苦指数，可大致的反映人们的痛苦程度。

首先，人们有工作不一定感到幸福，但失去工作则肯定非常痛苦。

很多学者研究发现，在许多国家，处于失业状态会让人感到非常的不幸福。在克拉克和奥斯瓦尔德（Clark & Oswald, 1994）对英国的开创性研究中，二人将他们的结论总结如下："……失业减少的幸福感多于任何其他的单一因素，包括一些具有很大消极影响的因素，例如，离婚和分居。"

还有一些分析提供了若干补充性结论，这些结论五光十色，听起来兴趣盎然，它们是关于不同群体中失业人员的情况。许多研究发现，就男女各自平均体重来说，在失业者中，男人超过平均体重的重量，要比女人超过平均体重的重量更重。同样是遭遇到失业打击，比起那些处在工作年限中间的雇员来，较年轻和较年老雇员遭受的痛苦较少。同样是失业，对于接受过高水平教育的人，他们主观幸福感下降要大于只接受过低水平教育的雇员（Clark & Oswald，1994）。

失业可以引起沮丧、焦虑、自尊下降和个人控制感降低。对于那些完全不能离开自己工作的人来说，失去工作会产生一个非常沉重的心理负担。研究已经表明（Goldsmith et al.，1996），同就业人员相比，失业人员精神和心理健康状况更差。作为这种状况的结果，失业人员的死亡率通常也较高，而且更可能产生自杀的念头。在 1972 年至 1991 年间的美国，国家失业率每上升 1 个百分点，预计自杀率就会增加 1.3 百分点（Ruhm，2000）。此外，失业人员还有一个很大的倾向，就是消费大量酒精，他们人际关系也更加紧张（Fery，2008）。

研究还表明，即使人们自己没有失业，但由于失业的存在，人们也会感到不幸福。他们可能同情失业者的不幸命运，他们或许也担心将来自己也会成为失业者。由于经济和社会是作为一个整体而存在的，因此，他们可能害怕失业引起的整体消极后果，他们可能不喜欢失业救济和税收的增加，而它们将来很有可能会随之而来，他们可能害怕犯罪和社会紧张的增加，他们甚至可能看到了暴力抗议和暴动的威胁（Fery，2008）。

其次，价格稳定不一定让人感到很幸福，但通胀一定让人感到很痛苦。

幸福研究发现，通胀系统性和显著性的减少了个人幸福感。迪特利亚、麦卡洛克和奥斯瓦尔德（Di Tella et al.，2001）对欧洲 12 个国家在 1975 年至 1991 年间情况进行了研究。研究表明，通胀率每增加 1 个百分点，幸福平均减少 0.01 个单位。因此，通胀率增加 5 个百分点，主观幸福感降低 0.05 个单位。尽管这种影响并不是很大，但是，它却是持续不断的，这意味着将有 5% 的人生活满意度会下降，从一种生活满意类型降到一种较低的生活满意类型——例如，从"非常满意"降到"相当满意"。

总体来说，幸福经济学关于失业和通胀对幸福感的巨大影响，也体现在行为经济学中人们很大的损失厌恶心理。

另外，男女的损失厌恶程度还不一样。在日本曾进行过的一项调查，问题为：掷一枚硬币，如果反面朝上，你输我 1000 日元，如果正面朝上，你愿意赢多少日元才参加这种游戏？在 594 位调查者中（男 404 人，女 101 人），男性回答的金额平均为 2355 日元，女性的为 2804 日元。由此表明女性更不喜欢损失，她们对损失的反应更强烈。作为男性应该了解女性的这种心理特征，要注意自己的言行，不要让女性感到损失，否则后果会很"严重"。无论是在工作还是生活中，男士都要表现出绅士的优雅，骑士的风度，永远不让女士感到损失。

（三）边际敏感度递减

前景理论认为，价值度量采用的是一种相对度量，相对度量首先要确定一个参照点，然后度量与参照点的差别，那么，人们是如何感知这种差别变化的呢？例如，大多数人都无法区分出 100 瓦与 101 瓦照明亮度的差别，无法感受到 100 分贝与 101 分贝声音响度的差别，无法意识到 100 米与 101 米距离长度的差别，那么这些差别要达到多大人们才能觉察出来呢？

18 世纪德国心理学家韦伯曾经对此进行过研究。结果发现，人们能够感觉到重量的最小差别数量，心理学上称为"最小可觉差"，它与比较的重量成正比增长。例如，对于感觉到的 10 克与 11 克可觉差（两个重量的差别），如果重量是 1000 克，那么要感受到同样的可觉差，这时重量需要增加到 1100 克。后来，韦伯的学生费希纳在此基础上又做了进一步研究，提出了著名的费希纳定理：当外界的刺激量呈几何级数的增长时，人们的内心感觉却只呈现出算数级数的增长。也即随着刺激量的增加，人们感知到的增加很少。韦伯和费希纳成果被合称为"韦伯－费希纳定理"（Weber－Fechner Law）。

人们在感受物理世界时，"韦伯－费希纳定理"大量存在。人们在感受亮度、响度、长度或温度等物理量时，都存在着类似体验。行为经济学借鉴心理学上的"韦伯－费希纳定理"，提出了"边际敏感度递减规律"，意为随着收益或损失的增加，增加的价值呈现出递减。在日常生活中，人们对于物质财富、精神欢愉的感受都是如此。物质财富自不必说，有道是渴时一滴如甘露，醉后添杯不如无。下面谈谈精神欢愉中的爱情。

即使美妙的爱情也会出现边际敏感度递减。心理学家将爱情分为激情之爱和伴侣之爱，短期的激情之爱就存在着边际敏感度递减。激情之爱可谓如火如荼，如痴如醉，但最终还是会归于平静如水，淡然乏味，这就是边际敏感度递减。浪漫爱情的高潮最多也就持续几个月或一两年，从来没有任何一种情感的高峰期能永久地持续下去，这也就是人们将激情似火的热恋时期称为蜜月期的原因。喜剧演员理查德·刘易斯（Richhard Lewis，1988）曾经诙谐地说道："如果你正处在恋爱之中，那你一生中最为绚丽多彩的时间也就只有两天半。"那种新鲜感、眩晕感，那种激动人心的浪漫，那种对于对方强烈的迷恋，那种犹如"飘浮云端"的快感，迟早会彻底地消失在无尽的岁月之中。然而，在二人世界中却是当局者迷，犹如萧伯纳所言："当两个人沉浸在最疯狂、最虚妄、最短暂的激情之中时，他们总会对爱人发誓：自己的一生都将保持在这种兴奋的、不寻常的、令人精疲力竭的状态中，直到死亡将他们分开。"由此表明人们对未来认知常常存在偏差。学者研究证明，结婚两年夫妻所报告的情感体验比他们新婚时的少一半以上（Huston & Chorost，1994）。在世界范围内，结婚4年之后的离婚率都是最高的（Fisher，1994）。

如果一段亲密情感经历住了时间考验，那么最后就会成为一种稳固而温馨的爱情，哈特菲尔德称之为伴侣之爱。与激情之爱不同，伴侣之爱是一种深沉的情感依恋，呈现出一种相对平和、稳定的状态，它可以持续一生。它可能很平淡、很枯燥、很乏味，没有了漂浮云天之间的眩晕感，但却是最真实、最正常、最自然的生活，犹如文人所言，当你觉得生活乏味的时候，正是你对生活缺乏理解的时候。身处非洲南部卡拉哈里沙漠中的游牧民族妇女 Nisa 说："两个人最开始在一起的时候，他们的心好像在燃烧，他们的激情非常高涨。而后，爱情的火焰会冷却，并且会一直维持这个状态。他们继续彼此相爱，但这种相爱是通过另一种方式——温馨而相互依赖的方式实现的。"（Shostak，1981）

戴维·迈尔斯（David G. Myers，2005）认为，浪漫爱情的产生和消退趋势，与人们对咖啡、酒精以及其他药物的成瘾方式很相似。最初，人们对这些东西会产生一个体验高峰，然而，随着不断地重复使用，抗药性也随之产生。曾经带来很大刺激的用量现在变得效果甚微，此时停止使用又会产生强烈的戒断反应（withdrawal symptom）：难受、抑郁、厌烦。同样，在激情炽热的爱恋之后，激情会逐渐冷却、消退。那些失恋和离异的人会深深感到，虽然对伊人失去了那种强烈的爱恋，然而，当真正分离之后，生活又会如此空虚寂寞。过分关注那些已经不在的东西，如渴望的爱火，往往容易让人们忽视自己仍然拥有的东西（Carlson & Hatfield，1992）。

强烈的激情之爱冷却之后，人们就会感到幻想破灭，特别是那些将激情之爱视作双方结合和维持长久婚姻基础的人来说，这种感觉会愈加强烈。现今大幅增加的离婚率，一部分原因就是人们越来越多地强调积极、强烈的情绪体验在生活中的重要性，例如，浪漫爱情，而在边际敏感度递减的作用下，这些体验又实在难以长久。

其实，相互迷恋强烈情感的衰减，可能是物种生存的一种策略。激情之爱的结果往往让夫妇双方有了爱情的结晶，而为了孩子的生存，双方就不能再像以前那样只关注彼此（Kentick & Trost，1987）。然而，对于那些结婚超过 20 年的夫妻，随着孩子长大成人，离开家庭独立生活，家庭进入"空巢"期，一些曾经失去的浪漫感觉可能又会重新回来，夫妻又可重新关注彼此（Hatfield & Sprecher，1986）。所以马克·吐温说过："没有一个人会真正理解爱情，除非他们的婚姻维持了四分之一个世纪之后。"如果一段感情曾经是亲密的，并且是相互回报的，那么，伴侣之爱就会根植于人生共同体验的风雨历程之中，而且更加愈久醇香。

显然，在享受美好爱情的时候，如果能意识到边际敏感度递减，则有利于减少双方的失落感，正确地认识真实的生活，更好地面对平静的生活。

第三节　加权决策

人们在不确定条件下决策需考虑两个方面，除了要考虑结果价值外，还要考虑结果发生的可能性。

决策权重就是人们看待一个事件发生的可能性。人们在不确定条件下决策时，往往要依据概率得出适当的结论。概率可分为客观概率和主观概率两种。客观概率是根据事物特性分析统计出来的概率，例如，掷硬币时，正反两面出现的概率都为50%，这种概率不以人的意志为转移；主观概率是人们脑海中对客观概率的一种判断，这种判断往往不是基于对客观情境的分析，而是基于人们的经验和希望，因此，主观概率与客观概率常常并不相符。

一、概率估计偏差

人们在看待概率时，会充满主观性，例如，当面对收益或损失的概率为55%或66%时，人们的选择可能会犹豫不决；但当概率接近0或100%时，人们就会变得非常敏感。接近100%时，人们会感觉事件肯定会发生；而当接近0时，人们又会感觉事件肯定不会发生，不是吗？当收益的概率为90%时，感觉如瓮中捉鳖；而当收益的概率为9%时，又觉得希望渺茫。

行为经济学的研究表明：人们对于事件发生概率所知甚少，特别是对罕见事件的概率。与客观概率相比，人们有时会高估低概率事件，有时又会低估高概率事件，而在中间阶段却又对概率变化不敏感。换言之，对于很大程度不可能发生的事情，人们却常常赋予了很大的权重，高估了概率；而对于很大程度可能发生的事情，人们又往往赋予了很低的权重，低估了概率。极低和极高概率都是人们凭借主观印象判断的产物。

不仅如此，人们在不同概率判断下对收益和损失的风险态度也不同。在高概率时，对收益是风险厌恶，对损失是风险偏好；在低概率时，对收益是风险偏好，对损失是风险厌恶。

概率估计偏差在生活中表现很多。

人们常常会高估低概率事件，将钱浪费在具有极小不确定性的事件上，这表现在购买"名声不佳"的高价长期质量保证合同方面，例如，购买相机或电脑的人，常常还会花费产品价格的 1/3 或 1/4 来延长质保期，由此表明人们常常高估了小概率事件。不仅如此，研究还发现，人们在心情好的情况下更愿意购买质保合同，幸福感的增加会让人有更强的规避损失意愿（Simonsohn，2009）。另外，常识告诉我们，地震发生的客观概率可谓微不足道，然而，地震发生后，购买地震保险的人却大量增加（Palm et al.，1990）。由此表明，人们很容易受事件代表性的影响，高估地震发生的概率。

生活中人们高估小概率事件的典型就是赌博。在博彩业中，虽说中大奖好似大海捞针，但我们依然能看到一些人乐此不疲。美国加州发行的彩票规模为世界最大之一，中大奖的概率不到 1/18000000，或者说，一个人每周购买两次彩票，大约需等到 175000 年才能中大奖。卡尼曼和特沃斯基（1982）发现人们对中奖概率的高估超过 10 倍。

与买彩票相似，在赌马时也会高估小概率事件。在赌马时，相对于下注金额而赢得的奖金倍率被称为赔率。赔率高的赛马获胜概率低，反之，赔率低的赛马则获胜概率高。事实表明，由于赔率高的普通马较少获胜，因此总回报率也就较低，反之，由于赔率低的优质马往往能获得比预想更好的成绩，因此总回报率也就更高。如此，按理说考虑回报的话，赌客应更多的下注赔率低的赛马。然而，赌客在下注时，却常常呈现出非理性，就是对普通马下注过多，对优质马下注过少，这种倾向也被称为"冷门偏差"，反映出赌客希望通过爆冷门获得高额回报的心理，由此也反映出赌客高估了小概率事件。

同上面买保险和赌博相反，人们往往也会低估高概率事件。这在生产和生活中都有表现。

在生产中，众多安全的事故发生其实都是低估了高概率事件，结果安全思想不牢固，安全措施不到位，安全事故就会层出不穷，如一再发生的矿难、损失重大的空难等，特别是事故之王——交通事故。在交通事故中，超速驾驶已经成为了交通事故的最大元凶，号称"十次事故九次快"。然而，驾驶员却往往对此不以为然，掉以轻心，轻信开快点不要紧，自己出不了什么大事。还有酒后驾车也是同样，驾驶员往往认为自己喝点酒没什么大事，低估了酒精会降低人们的注意力和反应性的危害。低估超速行车和酒后驾车的事故率，其造成的结果往往令人悔之晚矣。

在生活中，人们也会低估有害事件的概率，低估吸烟致病的风险就是如此。研究表明，同不吸烟者相比，吸烟者因为肺癌死亡的风险，男性要高 4.8 倍，女性要高 3.9 倍；食道癌男性要高 3.4 倍，女性要高 1.9 倍；胰腺癌男性要高 1.6 倍，女性要高 1.8 倍。这也就是说，吸烟所致死亡的风险极高。然而，众多烟民看到这些数字后，仍然认为没有什么可怕的，因为自己不会成为倒霉鬼。由此正好说明他们低估了一个风险非常大的事件概率。

二、概率估计偏差原因

显然，从上面的介绍中可看出，人们对待风险的态度具有以下几个特点：一是人们不善于评估概率，特别是那些罕见事物发生的概率。二是对待收益是风险厌恶，而对待损失又是风险偏好。三是在概率极小时，对于收益有时又是风险偏好的。

对于这些特点，进化心理学可以提供一些解释。

1. 为何人们不善于评估概率，特别是那些罕见事物发生的概率？

如果人们当前面临的事件与进化中发生的事件不相似，那么，人们就很难估计此类事件发生的概率。像博彩问题、涉及条件概率的复杂问题就属此类。如果人们当前面临的事件与进化中具有高风险的事件相同，例如，死于怀孕、暴力冲突，那么，此时人们往往就会高估事件发生的概率（Slovic et al.，1982；Glassner，1999）。当人们面临的选择非常多时，尽管感官可以过滤噪声和不重要信息，但信息超载也使得感官难以适应。而且外界的事件还要分散人们注意力，无论出于什么原因，只要事件能够吸引人们的注意，人们往往就容易给予更大的权重。现代媒体在这方面扮演了一个重要的角色。媒体报道多的事件，往往也会被人们认为经常发生的事件。由于飞机、火车事故得到媒体广泛报道，使得此类事故比汽车事故更容易吸引人们注意，结果人们就会高估此类事故发生的概率。

2. 为何人们对待收益是风险厌恶，而对待损失又是风险偏好的呢？

对于这个问题的回答，得益于对动物的研究。一般说来，动物往往是风险厌恶。动物在争夺雌性、食物和地盘时，往往开始是炫耀实力，这种方式并不会危及生命，然而，如果此招毫无效果，其后就会升级为武力争斗。如果双方不是势均力敌，就会有一方退出竞争，由此就应验了这样一句格言："打得赢则打，打不赢则跑，活着是为了择日再战。"

3. 为何在概率极小时，对于收益有时又是风险偏好的呢？

对于这个问题的回答，还是可以回到动物研究以及神经学研究。普拉特和麦克伊（Platt & McCoy，2005）对猕猴的研究证明：猕猴和人类一样喜欢冒险。实验表明，尽管前景的预期值相同，猕猴还是情愿要一个数量不确定的果汁奖赏，而不要一个数量确定的果汁奖赏。即使在一系列苛刻条件下，猕猴还是选择冒险。对此，普拉特的解释是："猴子们好像感受到了获得大奖的快感，尽管获得奖励过程中会经历很多损失，但大奖励会抹去所有关于损失的记忆。"

以上表明，人们的很多非理性心理和行为都是进化而来，并非如经济学家假设的那般理性，这种本能导致的非理性有时很难改变，这在下面的框架效应中得到再次证明。

第四节 框架效应

行为经济学研究表明：在不确定条件下，同一件事情由于表述的不同，人们的选择也会不同，这就是框架效应。框架效应就像一个相框，将人的思维和注意力吸引到相框之中，让你很难看到相框之外的东西，如果你想看相框之外的东西，大脑就会发出警报，提醒你这样做很不舒服，进而将你的思维和注意力拉回到相框中。下面的实验有力地证明了框架效应的存在。

一、亚洲病实验

1981 年，卡尼曼和特沃斯基在一个经典的"亚洲病"问题实验中，展示了他们提出的框架效应。

实验是在假想情境中进行的。美国正准备应对一种罕见的亚洲病，预计该疾病暴发将会导致 600 人死亡。现有 2 种应对方案可供选择。关于各方案的后果估算如下：

情景 1：对第 1 组被试（N = 152）叙述情景如下：

如果采用 A 方案，200 人将存活。（72%）

如果采用 B 方案，有 1/3 机会 600 人将存活，而有 2/3 机会无人存活。（28%）

情景 2：对第 2 组被试（N = 155）叙述同样情景，同时将解决方案改为 C 和 D：

如果采用 C 方案，有 400 人将死亡。（22%）

如果采用 D 方案，有 1/3 机会无人死亡，而有 2/3 机会 600 人将死亡。（78%）

由上可知，实际上，情景 1 和 2 中的方案都是一样的，只不过是描述方式不同而已。然而，正是这种描述方式的小小不同，也就是框架的不同，使得人们认知的参照点也发生了改变，情景 1 中，被试把存活看做是收益，情景 2 中，被试把死亡看做是损失。参照点不同人们对待风险的态度也不同。面对收益时，人们会小心翼翼地规避风险；而面临损失时，人们又会毫不犹豫地追求风险。因此，在第 1 种情景中表现为风险厌恶，第 2 种情景中则倾向于风险偏好。

促销中也经常可见框架效应。

在一个车水马龙的岔路口，坐落着甲和乙两个加油站。

甲加油站为了增加现金周转，在广告牌上写了大大的几个字：

付现打折！

刷卡——每加仑 1.55 美元

现金——每加仑 1.45 美元

乙加油站在加油泵贴了一张告示：

刷卡需加收附加费。

现金——每加仑 1.45 美元

刷卡——每加仑加收 0.1 美元

告示很小也不醒目，老板知道人们不喜欢交附加费。

显然，上面的广告和告示除了表达方式有别，油价并无实际差别，也就是说两者的现金和刷卡价格一样，尽管如此，人们却对这两种表述产生了截然不同的反应，甲加油站的生意兴隆，门庭若市，而乙加油站的买卖惨淡，门可罗雀。这就是框架效应的体现。对于一个价格来说，它究竟是打了折还是收了服务费，单看价钱无法判断，需要考虑参考价格。如果参考价格为 1.55 美元，那么，用现金支付就等于打了折；如果参考价为 1.45 美元，那么，刷卡支付就会视作收了服务费，打折属于收益框架，而加价属于损失框架。对于顾客来说，损失厌恶心理使得人们不喜欢加价。

二、现状偏好和默认选项偏好

现状偏好属框架效应中的一种。人们常常具有这样一种心理，就是为图方便、安心或怕麻烦而不喜欢改变事物的原始状态。波士顿大学的萨缪尔森和哈佛大学的塞克豪泽（Samuelson & Zeckhauser，

1988）提出了现状偏好（status quo bias）。他们研究发现，当哈佛大学增补了一项新的卫生保健计划时，尽管学校允许老教工也可以转入新计划，但在学校的9000多名教工中，大多数老教工仍然选择原来的计划，尽管新计划费率更低，看病花费更少，但大多数人还是宁愿付出更高的保费也不愿意做出改变。究其实质，还是人们损失厌恶心理作祟，因为改变会带来一些损失，从而促使人们固守现状。由此可以理解为何有人说：现状偏好是节约的天敌。不仅是这里面对卫生保健计划，面对复杂的电信资费套餐也是如此。

当存在可选情形时，人们不仅具有现状偏好，而且人们具有默认选项偏好，据此商家常常会事先预设好选项，利用默认选项偏好达到促销的目的。

在美国，一个关于购买汽车保险的调查报告就证明了默认选项偏好的存在。

美国有一个州的汽车保险法规定：如果保险人没有做出选择，就视作保险人自动参加"保险方案1"，如果不愿意参加"保险方案1"，也可以选择参加其他保险方案。

美国另一个州的汽车保险法规定：如果保险人没有做出选择，就视作保险人自动参加"保险方案2"，如果不愿意参加"保险方案2"，也可以选择参加其他保险方案。

结果，在第一个州，大多数人选择了参加"保险方案1"；同样，在第二个州，大多数人选择了参加"保险方案2"。由此表明，人们为了方便，倾向于选择自动参加的保险方案，很少会选择内容陌生、手续繁杂的新方案。或者说，人们往往怕麻烦，喜欢选择默认项。

在生活中，常常有人会利用默认选项偏好，达到操纵他人的目的。例如，在开会时常常听到主持人说，"这个方案有没有人反对，如果没有人反对就通过了"，参会者一般不会有反应。这就是不折不扣地利用了默认选项偏好。因为如果反对或者修改的话，就要提出新方案，就要理清思路，陈述反对或修改的理由，这会花费很多的时间和精力，由于人们怕麻烦而选择默认，其结果就是方案通过了。与此相反，如果主持人是这样说，"这个方案有没有人支持，如果没有人支持就不通过了",同样由于人们怕麻烦而选择默认,其结果就是方案不通过了。

默认选项偏好还可给人一些政策启示。

在储蓄不足的社会,政府可以利用默认选项偏好增加储蓄。英国个人储蓄账户就是一个典型事例。先前英国的养老金计划"默认选项"设定为不参与,结果养老金计划参与率不高。后来英国养老金委员会建议设立一个新的国民储蓄计划,"默认选项"设定为参与,结果计划参与率就提高了1倍。

在人体器官供给不足的情况下,政府也可利用人们的默认选项偏好挽救更多的生命。现在随着器官移植技术的发展,很多器官都可移植。如果能够得到可移植的器官,那么一个器官坏死的病人就能起死回生。然而,一个现实的问题是器官供给严重不足,世界各国都面临着这个问题。为此,西班牙政府采用了一项政策,就是脑死亡者没有明确的表示反对愿捐赠器官,就视为有捐赠器官的意愿。如此就在相当大程度上缓解了器官供给问题。这里政府设定的默认选项是没有反对就是同意,如果反对这个选项就需专门向政府报告,这会费时费力很麻烦,因而人们主观上怕麻烦的心理客观上却拯救了很多人的生命。

三、表达的艺术

损失厌恶心理告诉我们,如果你要想人们接受你的描述,你就应该将描述表示成为一个收益框架,相反,就可表示为一个损失框架。从前,有一个吝啬鬼不小心掉进河中,路人见状大声喊道:"你把手给我,我来拉你!"结果任凭路人如何嘶喊,吝啬鬼就是无动于衷。眼看着吝啬鬼就要沉入河中,路人突然灵机一动,叫道:"我把手给你,你来抓我!"吝啬鬼听到此言,毫不犹豫地就抓住了路人的手。对于吝啬鬼来说,别人拉自己的手是损失,而自己拉别人的手是收益。吝啬鬼的吝啬简直到了极致,为了不吃亏,命都可以不要。由此可见,框架效应表明这样一个道理:不在乎你说什么,而在乎你怎么说。

　　有道是，有志者事竟成。学习了框架效应，在日常生活中，人们也需注意表达的艺术，此道是，拐弯抹角者事竟成。缘由是，差之毫厘失之千里。

　　有一天，有一个苏丹做了一个梦，梦见自己牙齿全都掉光了，很是着急，于是就差人去请来解梦者。请来的第一个解梦者听了梦以后说，"天呀，不得了！掉牙齿说明您将目睹全部家庭成员死亡。"听此，苏丹怒不可遏，下令鞭挞这个坏消息使者50鞭。第二个解梦者听了梦以后说，是苏丹要交好运的先兆："你将比你整个宗族还要长寿！"于是，苏丹心情大好，下令管家奖给这位好消息使者50枚金币。途中，管家迷惑不解，向第二个解梦者请教："你的解释与第一个并什么没有区别呀？""啊，没错。"这位睿智的解梦者答道，"不过请注意这一点：重要的不在于你说话的内容，还在于你说话的方式。"显然，目睹死亡是一个损失框架，而活得长寿则是一个收益框架。在损失厌恶的情况下，框架不同结果自然就不同。

　　有一次，一个年轻僧侣询问，自己能否在祈祷时抽烟，结果被断然否决了。后来，一个朋友给了他这样一个建议：你可以试试另一种问法，我能在抽烟时祈祷吗？显然，前者是一个损失框架，祈祷时抽烟是一个需要严厉禁止的亵渎行为，而后者则是一个收益框架，抽烟时不忘祈祷是一个值得大力提倡的虔诚行为。设置的框架不同，结果就不一样。

　　人们往往非常看重自己的自由感和自我效能感，如果面临压力非常大，以至于威胁到自由感时，人们就会起来反抗，这是一种本能，并非符合理性。例如，罗密欧与朱丽叶的悲剧，两个家族对立反而加深了彼此爱情。又如，处于青春叛逆期的子女，他们常常做出与更年期父母要求相反的行为，以此证明自己的自由度和独立性。因此，对于年轻人的叛逆，聪明的父母往往不是下命令，而是设置一个可供选择的收益框架，让孩子从中做出选择。例如，"吃饭的时间到了，你是吃干饭还是稀粥？"这就是提供了一个可选择的收益框架，让人易于接受你的意图。而不是令人讨厌的命令式说法："该吃饭了，快点。"

　　由于人们存在损失厌恶的心理，因此，如果能提供一个含有收益的选择框架，则既有利于人们接受自己的意图，又有利于达到自己的目的。通俗地说就是，人们都喜欢听好话，因此人际交往也要尽量地找好话说，而不要固执的认为"忠言逆耳利于行"，如此言者听者都会更幸福一些。

第四章

心 理 账 户

"心理账户（mental account）"理论是由芝加哥大学教授塞勒提出的。塞勒在其具有里程碑意义的论文《心理核算和消费者选择》中，首先提出了心理账户的概念。后来，在《心理核算的作用》（Mental accounting matters，1999）一文中，塞勒又对20多年的心理账户研究进行了总结。心理账户理论在行为经济学中非常重要，它同锚定效应和前景理论一起，并称为行为经济学的三个理论基石，塞勒也被认为是行为经济学的创始人之一，被美国国家公共电台誉为"行为经济学之父"。

第一节 心 理 账 户

同前景理论一样，心理账户原理原本也是针对标准经济学不能解释的异象，其分析也借用了前景理论的基本观点。尽管如此心理账户的分析范围非常广泛，它有助于理解收支决定过程，有助于解释普通人的一些不理性行为，也有助于给予人们一些心理慰藉。

一、心理账户简介

众所周知，账户都是用来记录和核算收支的，企业有进行会计核算的账簿，个人有记录生活收支的账本，这些账户都是有意而为的、有形的。然而，作为构成行为经济学重要内容的心理账户，人们可能对此并不熟悉。实际上，心理账户在生活中发挥着很大作用。

人们习惯于将金钱和资产归于不同的账户中，然而，这种归类只存在于人们的头脑之中，它没有有形的账本记录，而且这种归类还是在不知不觉中进行的，并且这种归类还有主观性，是可以改变的。这种无形账户对于人们的消费有着重大的影响，它管理和控制着人们的消费行为，表现在：该花什么钱；花多少钱；如何分配预算；如何管理收支……人们会大体上有一个计划，当一个账户中的钱花完后，人们是不会动用其他账户钱的，因为这会破坏账户的独立性和稳定性，会引起人们心理的不安和焦虑，这也导致了钱在不同账户之间缺乏流动性。

塞勒教授运用自己同事的一个例子，说明了心理账户对幸福感的影响。这位同事是一位金融学教授，他总是为一些日常生活中的意外开销烦恼，例如，由于超速驾车需要交纳罚款；由于亲朋好友困难需要救济；由于生活用品损坏需要维修；由于亲朋好友结婚需要送礼……等等，尽管这些日常意外花销难以避免，每笔金额也不多，然而，正所谓积少成多、集腋成裘，每当他到银行查账时，总是发现自己的账户少了不少钱，因此，常常感到不快乐。面对这种生活中常见的烦恼，教授该怎么办呢？戒除自己的粗心大意？这实在不容易；或者推掉人情世故往来？这显然不实际。最后，聪明的教授想出了一个绝妙办法：他决定专门建立一个慈善账户，每年为慈善事业捐赠 3 万美元。如此，每当遇到上述意外的开销时，他就从这个慈善账户支出。结果到年底时，他发现慈善账户往往还有余额可供捐赠。如此这般，教授既做了慈善事业，又不再为意外开销烦恼了，生活也就幸福多了。

此例说明：为了免受意外支出产生的烦恼，可以设置一个特定的心理账户，将钱存入其中。由该账户支出各种不喜欢的支出，如罚款、礼钱、修理费等，就不会引起你的烦恼。不仅如此，如果年底有结余，你还会收获一个小小的意外惊喜。

通过实验也可看出心理账户的存在和作用。

卡尼曼和特沃斯基（1981）曾经做过一个非常著名的"演出实验"，以此说明心理账户的存在和作用。

情形 A：你准备去剧院观看一场演出，演出票价为 10 美元，然而，当你到达剧院时，却不幸发现自己丢了 10 美元的钞票，这时你是否会购票观看演出？

情形 B：你准备去剧院观看一场演出，并且带上了买的 10 美元门票，然而，当你到达剧院时，却不幸发现自己的门票丢失了，这时你是否会购票观看演出？

实验表明：情形 A 中，183 个被试中有 88% 的选择购票；而只有 12% 的被试选择不会购票。而在情形 B 中，200 个被试中有 46% 的选择会购票；而 54% 的被试选择不会购票。显然，在两种等价的情况下，人们却出现了不同的选择。

对此，卡尼曼和特沃斯基认为：客观上两种情形是等价的、无区别的，都是损失了 10 美元，问题也是一样的，都是损失了 10 美元后决定是否再购票，但在两种情形下的结果却出现了明显不同，原因何在？在于心理账户的影响：在情形 A 中，人们往往将丢失的 10 美元与买票的 10 美元分别核算；而在情形 B 中，人们却往往将丢失的 10 美元票与再次买票的 10 美元放在同一个账户核算（娱乐账户），结果就会觉得买票看演出花了 20 美元，一部分人就会觉得"太贵了"，因而改变了自己的选择。

显然，该例说明：数量完全相同的钱，分置在不同的账户后，消费决策也就不同了。这点与标准经济学是不同的，按照标准经济学的观点，无论是丢了钱还是票，只要损失数量相同，人的行为选择就应该完全一样。然而，由于心理账户的影响，人们对待这两种情形的态度却截然不同。上面的实验还可修改一下，假设情形 A 中丢失的不是 10 美元钞票，而是 10 美元的购物卡（消费账户）或健身卡（运动账户），你会购票观看吗？

上面的实验表明不同账户的资金缺乏流动性。无独有偶，希思和索尔（1996）的实验也表明了这点。他们将被试分为两组，询问他们是否愿意购买一场演出门票，一组被试被告知一星期前已经花了

50 美元看了一场篮球比赛（与观看演出属同一个账户），一组被试被告知一星期前已经花了 50 美元交了违停罚单（与观看演出不属同一个账户）。结果表明，与交了罚单的人相比，看过篮球比赛的人明显不愿意购票观看演出。

在人们脑海中，将钱分别存入不同的心理账户，并予以区别对待，如此账户之间的钱就不能流动，这样做一方面有利于控制自己的支出，增加生活的计划性，避免入不敷出，但另一方面这种过于机械的生活也会让人失去乐趣，丢了音乐会门票不听音乐会，丢了衣食钱就要节衣缩食，喜欢葡萄酒却怕超支。要过上幸福的生活，只要喜欢又买得起，且产品的性价比很高，就应该购买，这就要求钱在账户之间流动起来，不要过于机械的恪守家庭各项具体的收支计划，只要实际总支出不超过计划总支出就行了。

二、心理账户设置

心理账户的设置可以从支出和收入两方面来看。

从支出方面来看，可以按不同支出设置不同的心理账户，例如，可以分为衣、食、住、行、娱乐、健身、旅游等支出账户。一般说来，当一个账户钱花完了以后，人们往往不会动用其他账户的钱，也就是说不同账户之间的钱是不能流动的，账户中的钱具有专款专用的意味。否则东挪西借会破坏账户之间的独立性，破坏每个账户的稳定性，这样会让人心里感到焦虑、紧张。

从收入方面来看，依据不同收入设置不同的心理账户更为普遍，这主要体现在以下三种情形中：

（一）依据收入时间设置心理账户

这可通过一个研究说明。出租车司机可谓自由职业，他们可以自由的安排每天工作时间。然而，他们的收入受天气的影响较大，晴天生意较差，雨天生意很好。如果你是出租车司机，你是愿意晴天还是雨天多工作一些时间呢？按照标准经济学的观点，由于同样工作一小时，雨天比晴天收入高，因此，晴天生意较差应早点收工，雨天生意很好则应晚点收工。

然而，加州理工大学凯莫勒（Camerer，1997）等教授研究表明，实际情况并非如此。出租车司机为了每个月得到一个大致固定的收入，会给自己制订一个日收入计划，也就是设定了一个心理账户——每天赚到 500 美元，只有赚到 500 美元才会收工，因此，晴天生意不好时他们得晚回家，雨天生意好时他们又会早收工。其实，司机也知道，雨天多工作 1 小时，可以在晴天少工作 2 小时，但由于心理账户的作用，也就是每天赚 500 美元的日收入计划完成了才可收工，这使得今天的收入与明天的收入难以替代。

（二）依据收入来源设置心理账户

一般人的收入来源主要是工资，这是辛苦挣的血汗钱，但有时人们偶然也会有一些其他收入来源，如投资赚的钱、赌博赢的钱、中奖得的钱、路上捡的钱、父母给的钱。这些不同来源的钱也会放在不同的账户之中，例如，工资账户、奖金账户、血汗钱账户、意外所得账户等。

人们的收入来源不同，消费倾向和风险偏好也不同。

心理账户理论的一个重要观点就是钱与钱不同，典型地表现在收入来源方面。与血汗钱工资相比，退税领的钱、奖金发的钱、博彩赢的钱、投资赚的钱、购物卡中的钱等等，它们带来的消费数量往往要更多一些。不同来源收入的消费倾向和风险偏好不同，这可通过一个内省式实验证明。设想：

情形 A：辛苦工作一年，积攒工资 10 万元，这时你朋友邀你去赌球，去否？

情形 B：轻松博彩一次，中得大奖 10 万元，这时你朋友邀你去赌球，去否？

上述两种情形中，哪种情形你更可能买去赌球？是否 B 情形比 A 情形更容易去？同样是 10 万元，都是合理合法挣得，尽管来源不同，10 万元钱应是无差别的，是否赌球的决定本不应受钱的来源影响。

然而，事实上是有影响的，由此表明钱的来源真切地影响到人们的消费态度和风险偏好。

塞勒和约翰逊（Thaler & Johnson，1990）在 MBA 学生中进行的赌博实验发现，赌客常常将自己的钱放入一个口袋中，而赢的钱则放入另一个口袋当中，或者说赢的钱放入心理账户当中。塞勒和约翰逊将此称为"赌场赢利效应（house money effect）"。当存在盈利时，赌客运用这个心理账户中的钱，往往表现出风险偏好。他们会认为，反正是赢来的钱，输掉了也无所谓。可真的输掉后，他们又会反事实思维，要是刚才赢了不玩，我现在用那笔钱花天酒地该多好呀。当存在亏损时，面对概率和预期收益都一般的情况，赌客往往表现为风险厌恶；当存在保本机会时，面对小概率和高收益的情况，赌客常常又呈现出风险偏好。

以上赌场赢利效应表明，一方面人们会按收入划分心理账户，另一方面人们对赌博赢的钱与工作挣的血汗钱，在消费倾向和风险偏好方面存在差异，赌博赢的钱往往消费十分阔绰，敢于冒险，而血汗钱的消费则非常节俭，格外谨慎。赌场附近开有大量的奢侈品商店，就是满足赢了钱的赌徒一掷千金。实际上，不仅是赌博的钱如此，凡是意外而非辛勤付出得到的钱，如退税领的款、减税省的钱、购物中的奖、继承得的财……它们都有类似的赌场赢利效应。

意外之财的消费倾向较高，在退税方面表现非常明显。美国国税局将每年退税时间安排在 6、7 月份，此时正值一年中的旅游高峰季节，人们在收到国税局退税支票后，原本无旅游计划的人，或者原本舍不得旅游的人，都会好好享受一番美好的度假时光，待到心情愉快的旅游回来，人们又可以高高兴兴地投入到紧张工作之中。很快过了几个月，到了 12 月下旬时，发放年终奖时间又来了。人们拿到奖金后，又会大肆地购买和享受一番，这就是美国的圣诞销售季，期间的销售额占了商家 1 年销售中的 1/3。

赌场赢利效应说明，人们往往是将意外之财花费掉，而将辛苦之钱存起来，这在宏观经济稳定中也可加以利用。

在消费需求不足时，政府往往会利用扩张性财政政策刺激消费，也就是通过减税增加收入，进而增加消费。然而，减税方式不同，人们对收入增加的感受也不同，因而增加的消费也会不同。例如，如果增加的收入让人感觉是意外之财，这样增加的消费也会多一些，这种意外感越大，增加的消费也越多。如此，政府采用什么方式减税就大有讲究了。

大致说来，减税可以有三种方式：

一是降低税率。如税率由20%降低到10%，如此就会增加人们的税后收入。

二是返还税金。如纳税人先按原定20%的税率纳税，然后政府再退还10%的税金给纳税人，结果纳税人实际上还是按10%的税率纳税。

三是现金分享。俗称发红包，如澳门和新加坡政府实施的现金分享计划。纳税人按20%的税率纳税，一段时间后，政府再以财政节余为名，将10%的税金退给纳税人。不过这笔钱与缴纳的税金毫无关系，而是平均分配，每人一份。

以上三种方式政府实际上都是按10%的税率征税，最后得到的税收数量也都相同，那么它们刺激消费的作用是否一样呢？

心理账户理论可为我们揭晓答案。

在第一种方式中，尽管税率降低了，人们缴纳的税钱减少了，但这少缴的税钱依然是源于自己的血汗钱，结果还是归入了血汗钱账户，而这个账户中的钱人们是舍不得花的，因此，消费也就难有大的增加。在第三种方式中，已经纳税的钱属于血汗钱账户中失去的钱，不再属于血汗钱账户了。由于后来政府发放的是一个与税钱无关的红包，这就犹如天上掉馅饼。这种具有偶然、意外属性的钱，自然不会将其放在血汗钱账户，因而消费起来也就特别大方。至于第二种方式的效果，则是介于第一种与第三种方式之间。

显然，政府在宏观经济调控中，如果能依据行为经济学的一些理论制定政策，可以发挥一些意想不到的作用。

（三）依据收入数量设置心理账户

人们对待不同数量的钱态度也不同，人们常常会将一大笔钱放在谨慎、预防的储蓄账户中，而将小钱放在机动、随意的零花钱账户中。

以色列经济学家兰兹伯格（Landsberger，1966）教授做过一个研究，证明了人们对于不同数量钱的态度差别。他研究的是第二次世界大战后以色列人收到西德政府赔款后的消费问题。虽然人们得到的抚恤金不足以抚慰纳粹暴行给人带来的心灵创伤，但是人们还是将收到钱当做意外收入。不过，人们得到这笔意外收入的数量并不相同，有人获得的赔偿相当于年收入的 2/3，而有人获得的赔偿只相当于年收入的 7%。兰兹伯格研究发现，得到赔偿多者的平均消费率为 0.23 美元，也就是得到 1 元消费 0.23 元，余下的 0.77 储蓄起来。而得到赔偿少者的平均消费率为 2，也就是得到 1 元消费 2 元，多消费的 1 元来自自己的储蓄。由此表明，人们会根据不同收入数量，划分不同的心理账户，钱多就进入储蓄账户存起来，钱少就进入零花钱账户花费掉。

不同数量的钱进入不同的心理账户，这现象在生活中经常见到。中国人在过传统节日春节时，儿女为了表示孝心，往往会给父母一个大红包，希望他们买点营养保健品身体好，游山玩水心情好，但父母得到一大笔钱后，反而舍不得花，而是将它存起来。结果儿女送钱的目的并未达到。但如果将钱分多次给父母，如将 5000 元的大钱分 10 次给，这样父母就会将每次得到的 500 元小钱归入零花钱账户，因而也会更多的用于改善生活。

由于零花钱账户中的小钱，花起来随意，这点经常被商家加以利用。如电信厂商营销时，为了诱导人们掏钱消费，往往会说每天花费仅 1 元钱，而不是说每年花费 365 元，每天 1 元是小钱，属零花钱账户，人们花起来不在意，因而促销效果好。但每年 365 元就是大钱了，要仔细考虑、反复斟酌。与此相反，为了避免人们花钱过度，控烟广告则会说，每年吸烟花费的钱是 1095 元，而不说每天吸烟花费的钱是 3 元。如此让人们认识到吸烟是一笔大钱，需慎重考虑。

由此政府要更好的刺激消费，在企业发奖金时，应鼓励企业分多次发放小钱，而非一次发放大钱，这样人们每次得到的小钱更容易消费而非储蓄，由此对消费的刺激作用也会更大一些。

第二节 心理账户运算

在心理账户运算中，有几个概念非常重要，下面分别加以介绍。

一、价值函数

在前面介绍的前景理论当中，价值函数是一个非常重要的概念，同样，它在心理账户理论中也是一个核心概念。价值函数表明：

（一）收益与损失的决定和数量都是相对的

这种相对性与参考点有关。在心理账户运算中，收益与损失的决定和多少都是相对于参照点而言的，而且人们特别注重相对参照点数值的变化，而非绝对数值的变化，由于参照点是人们主观选择的产物，因此，人们选择的参照点改变了，人们对收益与损失的主观评价也会随之改变。

（二）对同等收益与损失的感受是不对称的

这种感受的不对称性与损失厌恶有关。在损失与收益数量相等的情况下，损失比收益给人造成的心理影响要更大。因此，人们在决策时常常会规避损失，表现在价值函数曲线上，损失曲线的斜率比收益曲线的斜率要大。如此，失去 1000 元遭受的痛苦要大于获得 1000 元感受的幸福。

（三）对收益与损失增加的感受都是递减的

这种感受的递减性与边际敏感度递减规律有关。依据该规律，沿着价值函数曲线，对距离参照点越近的收益与损失，人们也就越敏感，反之，对距离参照点越远的收益与损失，人们就越不敏感。因此，对于 10 元与 9 元间的差距，人们的感觉要大于 1000 元与 999 元间的差距。

价值函数具有的相对性、不对称性和递减性特征，对于心理账户的运算规则也会产生三种影响：

其一，从相对性来看，选择的参照点不同，人们对于结果的认知也会不同。结果好坏都是相对于参照点来说的，如果别人亏了 10 万元，自己只亏了 8 万元，心理账户就会将其划入收益而非损失，进而感到地是高兴和欣慰，而非痛苦不已。

其二，从递减性来看，对于同样的价格差额，在起始价格不同情况下，人们心理感受也会不同。塞勒教授认为，人们对于价格变化程度的关注，受到韦伯 – 费希纳定理的影响。需求规律表明价格变动可以影响需求量变动，然而，如果价格变动了，但变动的程度很小，心理感知不到的话，需求量也不会变动，只有当价格变动达到一定的程度，心理才能感知到，需求量也才会变动。塞勒运用实验证明了这点。

假如你正打算购买一台收音机，你知道有一家店里的价格为 20 美元。而你朋友告诉你，走 20 分钟的路程，一家店里同款收音机价格只卖 15 美元，那么你会到那家稍远的店里去买吗？又假如你正打算购买一台电视机，你知道有一家店里价格为 2000 美元。而你朋友告诉你，走 20 分钟的路程，有一家店里同款电视机价格只卖 1995 美元，那么你又会到那家稍远的店里去买吗？对于以上两个问题，你的回答是否相同？塞勒发现，对于第一个问题，大多数人回答为"是"；而对于第二个问题，大多数人回答则为"否"。

按照理性选择模型，前后两个问题的回答应该是一致的，只要收益超过成本，人们就应到价格便宜的商店去购买。上面两种情况收益都是 5 美元，出行成本也都一样，按照标准经济学，如果前一种情况节约 5 美元划算，后一种情况也应该一样，然而，事实却并非如此，由此说明标准经济学还需大量的借助心理学来洞察人们的行为。

其三，从不对称性来看，对于相同的决策结果，如果表述不同，例如，表述为损失或收益，那么人们的风险决策偏好也会不同，原因在于损失厌恶。

在医疗活动中，当人们听到医生说"40%的存活率"时，就要比听到"有60%的死亡率"更可能接受手术治疗（Rothman & Salovey，1997）。1994年，美国肉制品联盟会员就否定了美国新的食品商标法，因为该法案要求牛肉馅中标注"含有30%的脂肪"，而不是"含有70%的瘦肉，30%的脂肪"。尽管两者意思完全一样，但前一种表述突出了牛肉馅中脂肪的坏处。

二、禀赋效应

人们对于损失更加敏感的心理也被塞勒（1980）称为的"禀赋效应"（endowment effect）所证明。禀赋效应也称为拥有效用，其含义为人们不愿意放弃已经拥有的事物。显然，禀赋效应表明了所有权和损失厌恶的密切关系，由于放弃自己拥有的东西意味着损失，因此，要求人们放弃拥有的东西，就需要给予较多的补偿。

（一）杯子实验

塞勒曾经做过一个著名的实验，从中证明禀赋效应的存在。塞勒的实验对象是一些加拿大的大学生，他将这些学生分为两组：

第1组：塞勒准备了几十个马克杯，每个杯子上都印有校名和校徽，这种杯子在学校超市中的价格为5元。塞勒在将这些杯子拿到教室之前，将每个杯上的价格标签撕掉了。塞勒来到课堂后，让学生仔细端详杯子，然后，问学生愿意花多少钱购买一个杯子，塞勒给出的价格区间为0.5~9.5元之间。

第2组：塞勒随后来到另一个课堂，这次他一进课堂，就送给每个学生一个同样杯子。这里需说明一点，杯子并不是送给特别喜欢的学生，学生是否拥有杯子与偏好没有任何关联。过了一会儿，塞勒说：由于学校今天组织活动开会，杯子不够用，需要回收一些杯子。塞勒让学生写出自己愿意出售杯子的价格。同样，塞勒给出的价格区间为0.5~9.5元之间。

实验结果表明：在第 1 组中，学生愿意购买杯子的平均价格为 3 元；而在第 2 组中，已经拥有杯子的学生，他们愿意出售杯子的平均价格为 7 元，大大高于 3 元。由此反映出这样一种现象，评价一件东西的价值，受到是否拥有的影响，拥有的人比未拥有的人评价更高。此现象也说明：人们往往不愿意放弃已经拥有的东西。仅仅拥有就能产生效用，放弃意味着损失，由于人们存在损失厌恶的心理，因此不愿放弃已经拥有的东西，塞勒将其称为禀赋效应。该效应表明人们不愿失去拥有，失去一件东西遭受的痛苦感，要大于拥有这件东西感受的幸福感。

那么，禀赋效应产生的原因是什么呢？是人们高估了已经拥有的东西价值，还是与自己的东西分离会产生痛苦呢？下面的实验可以提供答案。

首先，让学生对 6 种赠品的吸引力排序，其中包括钢笔和巧克力，大多学生将巧克力排在钢笔之前。然后，一半学生（每位）获得一种不太有吸引力的赠品——一支钢笔，另一半学生（每位）可以选择一支钢笔或两块巧克力。结果，只有 24% 学生选择了钢笔。接着继续实验，如果先前获得钢笔的学生愿意，他们可以将钢笔换成巧克力，结果，56% 学生没有将钢笔换成巧克力。

由此表明，人们似乎并没有高估自己拥有东西的价值，人们更多是受到放弃东西痛苦的影响。禀赋效应中含有损失厌恶的心理，这种损失更多的是一种精神损失。因此，失去所有权导致的痛苦和悲伤，需要精神损失费或安慰费补偿。

当一个人拥有某种东西的目的是自己用，并且缺乏替代品时，禀赋效应最高或者说肯定要发生，如某项已经结束事件留下的券（如 NBA 决赛的门票、出席奥斯卡颁奖典礼的门票）、供给有限的打猎执照（Bishop & Heberlein，1979）、艺术品以及优美的风景，这些东西可给人留下美好的回忆。

生活中经常可以见到禀赋效应的存在，人们经常不愿失去一些事物，就是禀赋效应作祟。特别是人们遇到割舍不得的情形时，往往就暗含着禀赋效应，如舍不得丢，舍不得离，舍不得卖，舍不得用，舍不得送……人们都有过这样的经历，自己曾经用过的东西，虽然没有坏但也不会再用了，但就是舍不得丢，如不好用的家具、不会穿的衣服、不合适的鞋子，不能转的电扇，不再走的手表、不出声的收音机。尽管这些废旧东西属于生活的鸡肋，但是，拥有它们就有效用，丢弃它们仍是损失。

鉴于此，有人就利用禀赋效应做起了生意。在美国，一些企业提供一种个人储物空间的服务，主要是为人们舍不得扔掉的东西提供存放之地。仅在 2008 年，美国消费者就租用了 22 亿立方米。尽管租用这种空间的费用并不低，但人们还是愿意花些钱租用，而不愿将现在不会用，将来也很少会用的东西扔掉。

（二）禀赋效应与交易

禀赋效应与交易关系密切，是否有禀赋效应，禀赋效应的大小，这些都会影响到交易的达成。

1. 促销。日常生活中，商家会千方百计、费尽心机地利用禀赋效应，从而达到促销的目的。禀赋效应意味着人们拥有了东西就不愿放弃，因此，商家可让人们先拥有产品，待禀赋效应发挥作用后，人们常常也就欲弃不能了。这种伎俩的典型表现就是产品试用。消费者可免费试用 1 个月，结果在试用过程中，禀赋效应发挥了作用，1 个月后也就再不想放弃产品了，当然，最后也就只能心甘情愿地掏钱了。免费试用就是商家利用禀赋效应，挖出的一个温柔陷阱，让消费者茫然不知、悄然无声地掉入其中。同理，商家做出的退货承诺也是利用了人们的禀赋效应，一旦人们拥有了一件东西，它的价值就会超过它原本的价值，退货意味着失去，而失去就意味着损失。结果禀赋效应往往使得消费者欲退不能。

知道了试用和免费退货中蕴含的禀赋效应，以后购物时，就要考虑自己的购买是否会受到禀赋效应的影响，特别是要考虑，如果没有试用和免费退货的情况下，自己是否依然会购买？

2. 二手货交易。在二手货的交易中，禀赋效应非常明显，由于较大的禀赋效应，常常使得交易难以达成。

二手货一般都是人们用过且以后也不会再用的东西，按理说卖方的要价不应太高。然而，有时并非如此。禀赋效应告诉我们，出售就是失去，失去就会有损失造成的痛苦感，因而卖方的标价包括了两部分，一部分是人们往往都知道的，也就是成本和利润，另一部分则是人们常常不知道的，也就是对禀赋效应的回报——弥补损失造成的精神痛苦。二手货价格虽说不会高于新货，但禀赋效应使得卖方的要价有时也不会太低，而人们购买二手货的主要原因就是图便宜，因而买方的出价也不可能很高。由此要价与出价难于相等，买卖也就难以一拍即合。

显然，在二手货交易中，禀赋效应越大，达成交易就越难，由此会减少来自交易的收益。如果你是二手货的卖方，想要脱手的东西却一直卖不掉，这时你就要考虑是否禀赋效应在作怪。禀赋效应过大，就会失去很多、很好的出手时机。

（三）难量的禀赋效应

现在，人们不仅要求有房住，而且对居住环境也有要求。好的环境当然是有山有水，有花有草，生活便利，交通方便……对于居住环境这种东西，一般无法进行买卖，也难确定价格，因而禀赋效应的影响也会更大一些，给居住环境进行价值评估时，往往会出现价值高估的情况。

如果自己原本住得好好的房子，不料想对面即将竖立一幢高楼，一生最大的财产面临贬值。你说打官司吧，说不定搭了金钱，赔了时间，胜负还难说；三十六计走为上吧，说来容易做起来难，搬家意味着原来为房子梳妆打扮的费用打了水漂，还要为新买的房子再梳妆打扮一番，还要买很多适于新房的生活用品。一想起这些你就心烦意乱、头昏脑涨。权衡了许久之后，最后你可能决定还是不搬。在现有居住环境受到一些损害的情况下，面对不搬家所要忍受的巨大代价，你依然不愿失去现有的住房，这正是禀赋效应的体现。

禀赋效应一个非常典型的例子就是健康。李四打张三，张三找公安，那么，李四不仅需要支付张三医疗费，还要支付误工损失、精神抚慰金。在这种损害赔偿的案件中，受害人张三经常会提出"天价"的赔偿，这是有其原因的。人的健康是没有价格的，人人都把自己的健康看得非常重要。因此，在强烈的禀赋效应作用下，受害人所感受的痛苦感，要远远大于加害人的想象，因而也容易索取远超过加害人愿意支付的价格，结果被误认为"狮子大开口"，其实加害人作为受害人要求赔偿时，何尝又不是如此呢？

最为严重的是，如果健康损害问题与环境损害问题一起出现，那就会叠加成为了一个天大的问题。例如，废气、污水、噪音等污染，它们会同时损害环境和伤害身体。一旦受到这种双重损害，受害人会遭受到极大的痛苦，这种身心双重摧残是常人难以想象的，因此，加害人也就需要支付巨额的赔偿，才能平息事态，抚慰受害人受到的身心伤害。

知道了禀赋效应，青年男女就应明白这样一个道理——切莫因为孤寂难耐而恋爱。如果是出于孤寂而谈恋爱，一旦双方开始了交往，寂寞消除了，就容易产生禀赋效应，此后当要真的分别时，就会发现已经难舍难分了，这倒不一定是感情深，而是因为分别又会感到孤寂的痛苦。最后，这种为了摆脱孤寂痛苦结成的婚姻，将来很容易不欢而散。

虽说在二人世界中，男女都会体验到禀赋效应，不过男女还是有别的。热恋中的女性更倾向于报告自己体验到了愉悦和"无忧的眩晕感"，犹如"云中飘浮"一般。而且女性比男性更加注重友谊中的亲密感，会更多的关心自己的伴侣。男性则比女性更多的想到恋爱中的嬉戏及性的方面（Hendrick，1995）。不仅如此，男性还比女性更容易坠入情网（Dion，1985；Peplau & Gordon，1985），男性更难从一段爱情的体验中解脱出来，这似乎表明恋爱中的男性禀赋效应更大。

三、收益与损失编辑

塞勒在心理账户的研究中，根据价值函数的特征，对同一账户中收益与损失组合的偏好情况，做了进一步分析。

（一）编辑的一般规则

1. 分开收益。分开收益的原因是收益函数为凹函数及边际敏感度递减。如果两次收益为正，分开价值为 $V(X) + V(Y)$，合并价值为 $V(X + Y)$，由于收益函数为凹函数及边际敏感度递减，就会有 $V(X) + V(Y) > V(X + Y)$。塞勒教授就曾说过："如我所描述，多数人都有类似的直观感受。你可以问大家这样一个问题——一个在两场赌局中分别赢了 50 美元和 25 美元奖金的人，一个在一场赌局中赢了 75 美元奖金的人，他们之中哪一个会感觉更幸福一些？"标准经济学认为人们对待两种结果应当是无差异的，然而，塞勒的研究表明事实并非如此，64% 的人认为赢了两场赌局的人感觉会更幸福一些。显然，分开评价的心理体验更好，人们也更偏好于分开收益。

2. 合并损失。合并损失的原因是损失函数为凸函数及边际敏感度递减。如果两次收益为负，则 $V(-X) + V(-Y) < V(-X - Y)$，如此，合并评价的心理体验更好，人们也更偏好于合并损失。

3. 合并很大收益与较小损失。合并很大收益与较小损失的原因是损失厌恶，合并可减少损失产生的痛苦感。若收益为 X，损失为 $-Y$，且 $X - Y > 0$，通过价值函数曲线，则可看出 $V(X) + V(-Y) < V(X - Y)$。因此，合并评价的心理体验更好，人们也更偏好于合并评价。

4. 分开很大损失与较小收益。分开很大损失与较小收益的原因也是边际敏感度递减，分开可减少损失产生的痛苦感。若收益为 X，损失为 $-Y$，且 $X - Y < 0$，通过值函数曲线，则可看出 $V(X - Y) > V(X) + V(-Y)$。如此，分开评价的心理体验要更好，人们也更偏好于分开评价。

（二）快乐痛苦四原则

以上 4 个规则也可运用在生活中之中，它们也被称为塞勒的"快乐痛苦四原则"。当有消息要告知亲朋好友时，有意识运用这个原则，能够增加幸福感，或减少痛苦感。具体做法如下：

1. 当有多个好消息时，应该分开告知。如此可让幸福的甜蜜细水长流。

在日常生活送礼中，若想赠送两件礼物给心爱的人，如一条项链和一枚钻戒，显然，与合并赠送相比，分开赠送的心理体验要更好，对方沉浸在甜蜜之中的时间会更长。同样，若你有两个好消息，也是分开告诉心理感受更好，如要到万人向往的芝加哥大学经济系读博士，得到了心仪姑娘的爱情，相对于一次告知给父母来说，分两次隔几天告诉父母，他们幸福感会更高一些。

2. 当有多个坏消息时，应该一起告知。此谓长痛不如短痛。

在家庭生活当中，如果遇到两件令人不快的倒霉事，粗心钱包被偷了和大意手机弄丢了，这两件事应该合并告诉亲爱的妻子，如此，与分开告诉相比，可以避免慢刀子割肉，给妻子的消极心理体验要小一些，也就是痛苦感要少一些。

3. 当有一个大好消息和一个小坏消息时，应该一起告知。如此，可让痛苦的味道彻底的融化在幸福的芬芳之中。

在日常生活当中，如果有一个很大的好消息和一个较小的坏消息，如获得了行为经济学博士证书和丢了小学毕业证书，应当把二者一起告诉父母，如此好消息带来的幸福感可以冲抵坏消息导致的痛苦感。

4. 当有一个很大的坏消息和一个较小的好消息时，应该分开告知。让人在黑暗中还能看到一线光明，在绝望中还能感到一丝希望。

其实，快乐痛苦四原则不仅可给人们的幸福生活提供一些参考，而且对于理解、制定经济决策也很有帮助。

扎当和班纳吉（Jha – Dang & Banerjee，2005）研究了上述原则在销售中的运用。在实验室中，二人测试了消费者对货币价值相同但促销方式不同的反应。产品促销方式为：

（1）增量促销：产品价格不变但数量增加；

（2）降价促销：产品价格暂时比原价低；

（3）赠品促销：额外赠予互补产品。

上述促销方式中，第一种方式未将收益分开，收益隐含在产品中，而且与产品呈同一形态；后面两种方式都将收益分开了，第二种方式的收益是节省的货币，第三种方式的收益是所赠的产品。结果实验也证明，后两种促销方式的效果都要好于第一种。

第三节　心理账户决策

任何购买都包括了两方面的结果，消费的得到价值（或收益）和支付的价格。标准经济学简单地认为：消费得到的价值减去支付的价格为购买净值。实际上，这种购买编辑不能满足人们的享乐需求。塞勒认为，通过购买一件产品，人们可以同时得到两种效用，也就是获得效用（acquisition utility）和交易效用（transaction utility）。

一、交易效用

按塞勒的观点，人们购买商品可以得到获得效用和交易效用，这两种效用分别与不同的活动有关。

获得效用与消费活动有关，与标准经济学中的消费者剩余概念相同，也就是人们愿意支付的价格与实际支付的价格之差。人们从物品中获得的效用可用人们愿意支付的价格表示，如果人们愿意支付的价格高于实际支付的价格，人们就会获得心理上的满足，这就是获得效用。交易效用与交易活动有关，指的是人们通过交易活动本身感受到的价值，这种价值为参考价格与实际支付的价格之差，参考价格则为正常情况下或一般情况下人们购买物品所能接受的价格。例如，同样的一瓶啤酒，摆在大酒店和小商店中，人们愿意接受的价格就不同，也就是参考价格不同，酒店的参考价格高于小商店。交易效用反映出这样一点，也就是相对于参考价格来说，人们从交易中获得了多少优惠，获得的优惠多，交易效用就高，没有获得优惠，也就无交易效用。不同于交易效用的是，获得效用主要与消费活动有关，交易效用主要与交易活动有关。

(一) 买被实验

介绍交易效用之前，先看奚恺元教授做的一个实验。

寒冷的冬季即将来临，甲先生和夫人打算购买一床双人床被御寒。他们知道市场上有三种不同档次的床被卖：普通床被、豪华床被、超大豪华床被。一番商量后，二人认为豪华床被的价格、档次、大小、厚薄正合适。可是，到了商场后，二人意外地发现商场的被子正在打折促销，所有档次的床被一律 300 元，而这些床被原来的价格是 400、500、650。这时他们会买哪个档次的床被呢?

A. 普通被

B. 豪华被

C. 超大豪华被

本来他们打定主意购买豪华床被的，因为它的价格、档次、大小、厚薄正好合适，但看到了促销价以后，主意就变了。既然价格一样，何不买一床折扣最大的超大豪华被呢? 这样可得 350 元折扣，得到的便宜最多。于是贪图便宜的心理使他们购买了折扣最大的超大豪华被，而不是最适合自己的豪华被。结果买后没高兴几天，二人就发现，超大豪华被使用起来很不方便，被子太大，掀盖不便，而且被子边缘也总是掉落在地上，不好收拾不说，还得经常洗被套。用了一段时间后，他们就后悔当初的选择了。

按照标准经济学的理论，人们在购买商品时，应买每元边际效用大的商品，也就是性价比最大的商品，然而，上面情况表明并非如此。三种被子价格一样，而豪华被又最合适他们，意味着豪华被效用最高，因而性价比也最高，依标准经济学理论，他们应买性价比最大的豪华被。然而，他们并没有买性价比最大的豪华被，而是买了折扣最大的超大豪华被。这说明人们在购买商品时，非常看重打折，也就是非常注重交易效用。

(二) 交易效用作用

塞勒认为交易效用对人们的影响非常大，表现在以下两方面。

第一，交易效用可能引起过度购买。人们常常受到商家种种促销的诱惑购买了"打折品"，此刻，相对于获得效用而言，交易效用占据了主导地位，人们购买商品仅仅只是因为觉得便宜划得来，如此带来的心理满足就是交易效用，而且打折力度越大，人们获得的交易效用也越多。

美国人花在逛街购物上的时间为世界之冠，平均一周就要逛一次购物中心，比去教堂还要频繁，美国的购物中心比学校还多。一项调查表明：高达93％的少女说逛街是她们最喜欢的消遣，很多成年女性也是沉溺其中。与此不同，职业女性和男性则认为逛街是件很麻烦事。对于很多女性来说，她们并不缺衣少鞋，她们逛街的目的就是找寻打折产品，一旦发现猎物就马上出手，由此可以体验到一种难以言喻的购物快乐，这种无法抵挡的快乐就是交易效用。实际上就是一种贪便宜的心理，交易效用来自便宜，便宜越多越快乐。然而，当狂热的购买之后，她们又常常发现这些堆满了衣柜和鞋柜的打折物品，它们在生活中极少用到。精明的商家常常强调，商品现在价格与平时价格（扮演了参考价格的角色）相比如何优惠和省钱，巧妙地操纵优惠的表述框架，以便扩大销量。这种策略在服装、小家电、健身俱乐部会员卡销售中常见（Wilkinson，1996；2003）。

第二，交易效用可能减少满意程度。当购买价格高于参考价格时，人们就会感受到负交易效用，因而往往也就会放弃购买。尽管这时人们愿意支付的价格还是高于参考价格，购买还可得到消费者剩余，但负交易效用让人们不能得到消费者剩余带来的福利。对此，塞勒就说过："一个人愿意在大酒店花4美元买啤酒，在小商店花2美元买啤酒，当他发现小商店的啤酒卖2.5美元时，可能就会因此而喝不到啤酒，这实在是太令人遗憾了。"

塞勒举例说明了交易效用的作用。假如，在一个烈日炎炎的夏天，你正懒洋洋躺在海滩上。在刚刚过去的一小时里，你一直都在想，如果此时要是能来上一杯自己最喜欢品牌的冰冻啤酒，那真是快活如神仙呀。此时，正好你的同伴起身要去打电话，他决定在最近一个卖啤酒的店里（一个度假豪华大酒店）［一个路边简陋小商店］叫上一杯啤酒。他对你说，在这种地方啤酒一定是卖得很贵，并问你，你愿意花多少钱购买一瓶。如果啤酒价格没有超过你愿意支付的价格，他就会帮你购买一瓶。你非常信任你的朋友，这里假设不能讨价还价（与一个度假豪华大酒店）［与一个路边简陋小商店］。那么，在以上情况下你愿意支付的价格是多少呢？

上述问题有两个版本，分别用中括号和小括号表示出来。对于这两个版本的回答分别是：在度假豪华大酒店为 2.65 美元；在路边简陋小商店为 1.50 美元。由此表明，同样一件商品，人们愿意支付的价格在大酒店比在小商店高，因为在豪华大酒店人们设定的参考价格较高。对此，标准经济学显然无法给出解释。既然是在海滩上喝冰冻啤酒，人们既享受不到豪华酒店环境优雅的收益，也遭受不到路边小店环境简陋的损失。无论在哪里购买都不会影响喝酒的体验，但为何愿为豪华酒店的啤酒支付更高的价格呢？

一般人们对待酒店出售商品的高价较为宽容，愿意支付的价格相应也较高。如果你朋友告诉你，啤酒是花 2 美元在豪华大酒店买的，你一定很高兴，比你心理价位节省了 0.65 美元，获得了交易效用。相反，如果你朋友告诉你，啤酒是花 2 美元在路边小商店买的，你一定不高兴，因为交易效用为负 0.5 美元。

生活中人们的消费经常受到一些无关参考点的影响。在买被子的实验中，人们喜欢比较现价与原价，在买啤酒的例子中，喜欢比较酒店和小店的卖价，在价差中人们能感受到交易效用，但忽视了商品本身带来的效用。按理说，被子合适就掏钱，啤酒味美就花钱，而不应受一些无关参考点的影响，但事实上人们却受到了影响，这就反映出了人们的非理性。

另外，参考价格还会受到心理账户的影响。不同的心理账户对于价格的接受程度也不同。在"日常账户"中觉得贵的日用品，它在"礼品账户"中可能就会感觉不那么贵了。一件物品由日用品变为礼品，人们对价格的接受程度也会提高，也就是参考价格会提高。企业有时会利用人们对心理账户划分的主观性，改变对商品的认知，进而影响人们心理账户的划分。当一件物品作为"日用品"不好卖时，就将其做成礼盒包装，通过美化使其转化成"礼品"，就可促其销售增加。20世纪80年代，雀巢咖啡在中国的成功就是如此。生活中，月饼、保健品的过度包装也是同样。

二、心理账户开启与结算

在心理账户核算中，存在一个何时设立和结算的问题，下面的介绍就说明心理账户的开启和结算（或关闭）。日常生活当中，经常会存在下列情况，有时购买商品需要提前支付，如预订音乐会门票、机票、车票等；有些商品是先消费后支付，如住房；有些耐用消费品消费跨越时间很长，如家具、家电等。这些都会导致消费者要经常做出决策，什么时候关闭和开启心理账户。

（一）日终效应

早在罗切斯特大学攻读博士的时候，塞勒就喜欢观察生活中的各种经济现象，同塞勒一起做过研究的卡尼曼教授说过，这个孜孜不倦的年轻人似乎对任何与经济有关的现象都充满着好奇心。他会关心赛马场中的人们如何下注，接近终场时为何突然改变决定；他会请经济学家同事到自己家中吃饭，但在开饭之前，要先完成一项行为经济学研究的实验。

塞勒研究发现，在一个具有博彩特点的情境中，先前结果会影响人们对于风险的态度。例如，在赛马比赛中，一般会进行多场比赛，而在比赛临近终场时，不少赌客往往希望利用最后的机会，倾囊而出，孤注一掷，下注给赔率最高的普通赛马，以期这匹马能够彰显黑马本色，爆出天大的冷门赢得比赛，自己也能咸鱼翻身，扭转乾坤，将之前的损失全部扳回，这被称为"日终效应"或"孤注一掷效应"（end of the day effect）。

塞勒对此的解释是：在当天赌博就要结束时，赌客往往会关闭赌博的心理账户。在最后一轮赌博中，由于大多赌客都处于损失状态，加之损失厌恶心理的存在，因此，为了能够挽回先前的损失，赌客常常愿意承担更大的风险。

（二）意向效应

股票买卖中也可看出心理账户的关闭问题。在 A 先生的资产组合中，有一只股票买进价格为 10 元，数量为 1000 股，市值为 10000 元，如果市场波动市值下降出现亏损，他仍然选择持有该股票，也就是保持账户的开启，那么，这时损失就只是一种存在于"账面"的损失。同关闭账户发生的损失相比，也就是卖出股票实际发生的损失相比，这种存在于账面的潜在损失带给人的痛苦要小一些。由此表明，关闭一个账户是令人痛苦的，这也就是人们不愿意在股价下跌时抛售股票。

人们在筹集资金时，需要卖出一些持有的股票，此时就会面临这样一个选择，到底是卖出股价上涨盈利的股票，还是卖出股价下跌亏损的股票呢？标准经济学认为：应当卖出下跌亏损的股票，因为亏损不需缴纳资本所得税，而盈利需要缴纳此税。然而，奥丁（Odean，1998）的研究发现：人们更倾向于卖出上涨盈利的股票，而非下跌亏损的股票，这种现象被称之为"意向效应"（disposition effect）。如此看来，实际发生的损失与存在于账面的潜在损失，它们没有以相同的方式编辑为损失，没有引起的相同程度的损失厌恶。

心理账户的开启和关闭与否，与下面的沉没成本也有着密切关系。

三、沉没成本

如果支付发生在消费之前，消费者改变决策后又不能退款，那么先前的支付就成为了沉没成本，经济学家将其定义为不随决策变化而变化的成本。标准经济学认为：沉没成本的存在不应影响消费者的决策，也就是所谓的"过去的就让它过去吧！"。是否观看音乐会，不应受到是否丢了票或丢了钱的影响，只要音乐会值得一看，丢了票或丢了钱都应买票观看。然而，大量的事实表明，沉没成本的存在实实在在地影响着人们的决策（Kahneman & Tversky，1984；Arkes & Blumer，1985；Gourville & Soman，1998；Prelec & Loewenstein，1998）。人们很难忘掉沉没成本，也就是很难关闭心理账户，原因也与损失厌恶有关。

在前面卡尼曼和特沃斯基的"演出实验"中，对于两种情形：丢了 10 美元的钞票后决定是否再买一张门票；丢了 10 美元的门票后决定是否再买一张门票。后一种情形中人们更不愿意再买一张，原因就在于丢了的门票成为了沉没成本，让人耿耿于怀，难以忘却，再买一张则意味着在同一类别心理账户（娱乐账户）中花费了 20 美元买票，实在划不来。

以上研究表明：与标准经济学不同，沉没成本确实会影响消费者决策，此乃沉没成本效应（sunk cost effect）。

（一）沉没成本效应

沉没成本效应是指人们往往不是从现在的情况衡量得失，而是喜欢将以前的成本纳入其中。美国俄亥俄大学心理学系教授阿克斯和布鲁默（Arkes & Blumer，1985）是较早研究沉没成本效应的学者。他们运用实验的方式，考察了观看演出的频率与沉没成本的关系。

他们设计了一个有意思的实验。1982 年在俄亥俄大学，校内剧院向购买 1982～1983 年演出季票的前 60 名观众，随机出售三种价格的演出票：

A. 15 美元全价票（无折扣）

B. 13 美元打折票（比全价低 2 美元）

C. 8 美元打折票（比全价低 7 美元）

由于演出票是随机出售的，观众也就不可能知道自己会买到哪种价格的票，但是剧院却可以依据票根的不同颜色确定观众的票价。在 6 个月演出季结束之后，阿克斯和布鲁默教授对数据进行了汇总和统计分析。结果发现，与购买打折票（8 美元和 13 美元）的观众相比，购买全票（15 美元）的观众观看演出的次数要更多一些，三者平均次数分别为 4.11、3.32、3.29。依据标准经济学观点，观众是根据自己偏好决定观看哪场演出的，而且三种不同价格的演出票又是随机售出的，由此，观众观看演出的概率就不应出现明显的不同。然而，事实上却出现了显著的差异，造成这些差异的原因就是票价的不同，或者说是沉没成本的不同。购买全票观众的沉没成本最高，因而观看的次数也最多。

在另一项研究中，研究者让被试设想自己买了两张不同地方的滑水票，一张为50元，一张为25元。买完后发现两张票是同一天的，而且后一个地方的滑水环境还更好，这时你会去哪个地方呢？结果大部分人选择了去前一个地方滑水。同样，篮球教练会让薪酬更高的球员上场，而不考虑他最近的表现如何。

超市收取会员费也与沉没成本效应有关。一般说来，进了超市的大门就是超市的客人，超市对任何人都会提供服务，但有些很大的仓储型超市却往往只对自己的会员提供服务。要想成为会员其实也很简单，只需花不多的钱买张会员卡，就可享受会员的待遇。有趣的是，在超市提供的商品品种和价格基本相同的情况下，收会员费的超市生意却往往还好于不收会员费的超市，这就有些违背常理了。按理说，超市不收会员费，谁都可以去买，顾客理应更多一些，然而，事实上为何还不如收会员费的超市呢？这其中的奥妙就与沉没成本效应有关。顾客交了年费之后，这笔费用就成了沉没成本，而人们在做决策时，是很难忘掉沉没成本的。因此，顾客交了年费后往往希望将其赚回来，不去就吃亏了，有了这种心理，他们就会更多的光临超市，购买更多的商品。超市实行会员制，实际上就是利用沉没成本效应挣取顾客的银两。

与此相似，顾客在餐馆花钱办会员卡享受打折服务，或者用完餐后受赠的优惠券，也是餐馆利用了人们忘不掉沉没成本的心理，招揽生意。

当然不忘沉没成本也并非坏事。在健身俱乐部的例子中，如果会员买的是月卡而不是年卡，那么，忘不掉沉没成本，或者说损失厌恶而难以关闭心理账户，就会更多地去健身。由此，沉没成本效应客观上可让人养成一个良好的健身习惯，因此又会使他不断的购买月卡。

这里也间接反映出忘不掉沉没成本也有好处，买卡的钱不能退了，成了沉没成本，不去健身钱就浪费了，怕浪费钱去健身，最后居然还养成良好的健身习惯，这实在是歪打正着。

在婚姻关系中，很多人会维持已经破裂的感情，其原因并不是因为感到亏欠对方，或有履行誓言的道德义务，而仅仅只是因为为了这段感情投入了大量时间和精力，离婚就意味着巨大的沉没成本。奚恺元教授曾经就此打趣道，如果有一个女孩非常喜欢自己的男友，生怕男友离开自己，那么她有何妙计拴住他呢？她可以利用常人难忘沉没成本的心理，就是经常要她的男友去游玩，请吃饭，看电影。久而久之，男友就会觉得在女孩身上投入了这么多的成本，分手犹如与投入自己的钱别离，于是自然也就被女孩套牢了。

（二）沉没成本衰减

尽管沉没成本会影响人们的决策，不过，这种影响也会随着时间的流逝而最终消失。塞勒用了一个思想实验说明了这点。

假设你买了一双新鞋，在商店试穿时感觉非常舒适，但回家穿上一天后，脚就被弄伤了。几天后你咬牙又穿了一回，结果脚伤得更厉害了。接下来你会怎样呢？我预测会：

（1）买这双鞋花的钱越多，你咬牙穿的次数也越多。（这种选择是理性的，否则你必须花更多钱买一双新鞋替代）

（2）最终放弃穿它，但又不会马上扔掉。买这双鞋花的钱越多，它在鞋柜里放的时间就越长。（这种选择是不理性的，除非该鞋占地不大）

（3）在决定扔掉时，无论你先前花了多少钱，这笔支出都已经完全"贬值"了。

由此说明，人们对待沉没成本的态度，虽然短期会耿耿于怀，但长期又不会念念不忘。

在健身俱乐部买过年卡的人，在最初的一个月时间里，他经常会去锻炼健身。然而，其后随着时间的流逝，他去俱乐部锻炼的次数会越来越少，最后几乎就见不到他的身影了。这就反映出沉没成本效应的变化，在开始时特别明显，但随着时间的推移，这种影响会逐渐衰减，直至最后完全消失。运用心理账户理论也可对此进行解释，在刚刚支付了价款之后，价钱在人们的印象中非常显著、深刻，过了一段时间后，如果消费者不再进行消费了，支付的价款就会编辑为一笔损失，而损失厌恶将促使消费者关闭心理账户。

四、延期付款和分次付款

付款时间不同，沉没成本效应也不同。假如芝加哥交响乐团要来琴台音乐厅演出，A 是在演出前一个月花 200 元买的票，而 B 是在演出前一天花 200 元买的票。不曾想到二人正准备出门去音乐厅时，天空突然狂风大作，电闪雷鸣，暴雨倾盆。在这种极端恶劣的天气中，二人谁更有可能去看演出呢？显然，由于 A 是一个月前买的票，沉没成本效应对其的影响会越来越小，相反，B 是一天前才买的票，票钱在其印象中非常显著、深刻，沉没成本效应的影响还很大，因此，B 更有可能去观看演出。这个实验还可改造一下，如果 A 或 B 不是自己买的票，而是单位发的票（或亲朋好友赠的票），情况又会如何呢？

多伦多大学索曼（Soman）和哈佛大学高维亚（Gourville）教授 2001 年通过实验发现，人们购买商品的付款时间越早，消费商品的兴趣也就越低。而且延期付款的人们消费商品的兴趣非常高。这就意味着人们的消费兴趣和频率受到付款方式的影响。

（一）支付隔离

人们在管理心理账户收支时，喜欢将支付和消费对应起来，也就是"一手交钱一手交货"。然而，日常生活中，经常也存在着支付和消费在时点上分离，行为经济学将此称为支付隔离。支付隔离可以减少人们购买时心理感受到的成本。

塞勒（1980）在地中海俱乐部定价的研究中，要求消费者一次性支付而不是分次支付费用，费用包括了餐饮、住宿和娱乐活动的开支。这种定价有两个优点：一是餐饮和娱乐费用与度假其他开支合在一起，就会显得小一些；二是如果是按项收费，那么每项小开支都会在人们心目中放大，并带来负交易效用（考虑到其他度假地价格相对便宜）。按项收费缺点就是支付与消费联系太直接、突出，人们显然不喜欢这样。例如，一顿豪华大餐如果每上一道菜都收一次费，人们就很容易和高价联系在一起。又如，对于一般家庭来说，卖掉自己的车，选择坐出租车或租车出行，也许花钱更少。然而，坐出租去超市或影院，哪怕每次只需区区 10 元钱，对于人们来说都会显得非常突出，进而觉得购物和看电影花费太多。反之自己有一辆车，每月只需支付一笔费用，就不用再支付了。人们普遍具有不喜欢"总被提醒该缴费了（have the meter running）"（Thaler, 1993）的心理，这种情况在电信行业被称为"包月费用偏好（flat rate bias）"。

电信消费中的包月消费是支付隔离的一个很好例子。同按通话量缴费的方式相比，大多消费者更喜欢采用包月缴费的方式，即使在两种方式付费相同的情况下也是如此（Train, 1991），甚至在按通话量付费花费较少的情况下，结果依然如此（Prelec & Loewenstein, 1998），这就是包月费用偏好。美国在线（AOL）发现：1996 年，在采用互联网包月缴费方式后，没想到需求出现了巨大的增加，以至于用户很难登录网页，结果无意间损害了公司的形象。

在体育消费中，支付隔离也存在着同样影响。索曼和高维亚（Soman & Gourville, 2001）在一项实验中发现：同每天购买滑雪门票的人相比，购买了 4 天滑雪门票的人，他们最后一天更可能不去滑雪。除此之外，在一项实地研究中，他们还发现，同每次购买戏票的人相比，拥有多场戏票的人，他们更容易错过演出。在健身俱乐部消费中，支付隔离非常重要。对于健身来说，自我控制问题很突出，然而，如果人们支付了年费，那么就会对他们的心理产生一种约束，加之此后每次健身的边际成本为零，因此，同每次付费的人相比，支付了年费的人更容易做出健身决策。

支付隔离最为突出和典型的例子就是信用卡。信用卡比现金能显著的提高支付意愿（Prelec & Simester, 2001）。如果信用卡不能增加消费的话，商家也不会心甘情愿地将自己利润的3%或者更多支付给信用卡公司。信用卡之所以能够增加消费，原因在于：

（1）信用卡有一个很大的作用，就是对于一些缺乏耐心储蓄或一时缺乏流动性的消费者来说，信用卡可以帮他们提前实现消费。而如果没有信用卡这种支付形式，他们是买不到这些商品的。

（2）信用卡的运用淡化了购买成本。由于信用卡消费和支付过程分开了，因而刷卡消费容易让人忽视购买成本。索曼（1997）观察到这样一种情况，在校园书店中，如果学生使用的是现金而不是信用卡结算，那么，在走出书店后，学生能够更为精确地记住购书支付的价款。

（3）信用卡账单将多件商品汇总在一起，使得单件价钱失去了凸显性。就如塞勒（1999）所言：单买50美元的影响，要大于在买了843美元后再买50美元商品的。这种凸显性的淡化，与前景理论及心理账户中，由于边际敏感度递减而合并损失有关。

生活中除了信用卡外，自助餐也是一种典型支付隔离。支付完后吃自助餐，多吃一些没有了支付的痛苦，或者说边际成本为零，因而特别快乐，因而也就特别容易多吃。

在支付隔离的情况下，人们很容易出现过度消费，过度消费不仅会浪费你的钱，而且也会影响你的将来幸福。对此，普利莱克和西门斯特（Prelec & Simester，2001）就劝导人们，出门时不要携带信用卡，它会让你过度消费和储蓄不足。

其实只要是刷卡消费，由于支付隔离的作用，就很容易导致过度消费，无论是银行卡还是校园卡都是如此。

（二）支付贬值

支付贬值的含义为：随着时间推移，人们对于先前支付的价值会逐渐感到无所谓。

这一概念是由高维亚和索曼提出的。预付这种支付形式容易产生沉没成本和支付隔离，沉没成本意味着已经支付的不再随具体决策变化而变化，而支付隔离意味着支付与消费分离，而两者的作用都可导致支付贬值现象。高维亚和索曼（1998）研究发现，在健身俱乐部消费中，一年缴纳两次会费的会员，刚开始心理感受的成本强烈，在缴纳会费后的第 1 个月里，光顾俱乐部的次数最高。然而，在随后 5 个月里，感受到的成本会逐渐淡化，光顾俱乐部的次数越来越少。到了再次缴费后，又会再次重复上述过程。

总之，无论是延期支付（信用卡）还是预先支付（健身卡），都会出现支付隔离，由此，要么出现过度消费，要么出现消费不足，两者产生的浪费都会影响人们的幸福感。

第四节　心理账户预算

企业通常会为不同开支设定不同类别的预算和目标，并据此分配资金，个人也是同样如此。研究显示：人们会在一定时间内保持不同类别的账户（Leclerc et al.，1995；Rha & Rajagopal，2001）。那么，不同账户中的资金是否具有替代性呢？也就是说，某个账户的消费过多，是否可由其他账户弥补呢？对此，行为经济学与标准经济学的观点截然相反。行为经济学研究表明，个人与企业不同，其预算不仅与开支有关，而且还与收入、财富等其他货币范畴有关，从而不同账户中的资金不具有替代性。

一、消费预算

塞勒（Thaler，1999）指出：不同账户开支的分配，取决于两个目的，其一，便于资金在不同用途间比较和权衡；例如，最近 3 个月储蓄是用来度假呢？还是用来购买一台电脑呢？其二，利用预算作为一种自我控制手段。例如，如果本周外出就餐的预算已经用完，那么，就必须等到下周外出就餐的预算。有证据证明：不同人和家庭制定消费预算的方法也不相同。在有些时候，开支分配非常严格和正式，例如，定期将一定数量的钱放入特定的信封。而在有些时候，开支分配又非常随意。一般而言，收入较低的个人和家庭，制定预算的期间常常较短，如几个星期或几个月；相反，收入较高的个人和家庭，往往可能按年来制定预算。希斯和索尔（Heath & Soll，1996）在一项针对 MBA 学生的研究中发现：大多数学生都有饮食和娱乐的周预算。

通过观察消费者对未预期到价格变动的反应，以及对店内优惠券的反应，可以分析不同消费之间是否具有替代性。依标准经济学观点：这两种反应都存在着财富效应，然而，观察结果表明，消费者感受到的流动性决定着这些效应的作用。扎那吉拉曼、梅耶和莫拉莱斯（Janakiraman et al.，2002）发现：消费者面对未预期到的价格上涨，会降低非必需品的购买倾向，而面对未预期到的价格下降，则会提高非必需品的购买倾向。除此之外，他们研究还发现：这两种情形运行机制还不同，未预期到的价格上涨增加了小额交易的敏感度，致使消费者不愿以常规价格购买，倾向于购买有折扣的商品。未预期到的价格下降会产生财富效应幻觉，消费者会增加购买，但小额交易的敏感度却不变。

未预期到的优惠券可能具有增加计划外购买的作用。海尔曼、中本和拉奥（Heilman et al.，2002）发现：意料外的优惠券可使消费者在购买种类或花费上增加 12%。这种增加或者是认知上与促销品有关的"优惠"品，或者是仅仅是货架上靠近促销品的商品。

在消费预算中，有些预算账户的限额有意定得非常低，这样做的目的是实现自我控制。对此，塞勒（1993）举了一个喝葡萄酒的例子加以说明。

假想有一对在正餐喜欢喝葡萄酒的夫妻，他们将每餐葡萄酒花费控制在 10 美元之内，他们购买葡萄酒花费就是每瓶平均 10 美元，同时他们还严格控制每瓶单价不能超过 20 美元。显然，他们的消费控制不是最优，因为偶尔品尝一下 30 美元一瓶的香槟，得到的享受会远远大于 30 美元的花费。然而，他们心里会想，如果突破了 20 美元限制，自己能否抵挡住诱惑——不断增加的葡萄酒预算，也就是说，他们非常担心自我控制出现问题，结果自己喜欢的东西却不会买。

由此可推断，送他人舍不得买的商品，他人就会感到非常高兴。标准经济学认为，送礼物与送等价的现金效用一样。而塞勒认为，对于一个人来说，最好的礼物就是那些他自己不舍得花钱买的东西——"送给他平时不会买的东西"。贵重礼物比现金要好，这个道理商家非常清楚。在美国，商家为了刺激人们购买，往往会提供一些奖励，而这些奖励常常不是现金，而是一次旅游或贵重的耐用消费品。商家知道这些东西人们不舍得买，如果在购物时提供一种获得这些东西的可能，就可刺激人们购物。

有一个很好例子可以对此说明，就是全美橄榄联盟如何邀请球员参加全明星表演赛。全明星赛时间一般是在美国橄榄联盟总决赛结束后的一周，多年来，联盟都在为如何邀请全明星球员参赛而烦恼，对于年薪高达 7 位数的明星大腕来说，金钱激励显然没有太大的吸引力。后来联盟想出了一招，将比赛地点改在风景如画的夏威夷，并为每个前来参赛的球员提供两张免费的头等舱机票和住宿，方便他们和妻子或女友一同前来，这一招果真吸引了不缺钱的球员纷至沓来参赛。

前面讲的葡萄酒例子，是限制价格实现自我控制。人们有时也会限制数量实现自我控制，例如，限制自己一次只买很少的数量，以便控制总支出。这就导致了一种奇怪的情形——沃腾布罗克（Wertenbroch，1996）所言的小包装溢价，他认为："为了更有效地约束自己的消费行为，消费者愿意为购买少量他们非常喜欢的商品而支付更多的金钱。"

研究还表明：心理账户中的消费预算不是严格和绝对的，而是易受影响，易变化和自我助益的（Soman & Gourville，2001；Cheema & Soman，2002；2006）。对于很多小的日常性支出来说，要么没有被编辑，要么被归入"零头资金"的杂项之中。由此表明，这些支出并没有受到预算控制，因而容易出现过度消费。奇玛和索曼（Cheema & Soman，2006）研究表明：一旦开支的账户不明确，那么，这些开支就更容易增加，出现过度消费。对此他们的建议是，将现金放入带有特定标记的信封之中，以满足特定用途之需。

二、收入预算

欧加利（O'Curry，1997）认为：人们往往按照"随意"和"认真"两种方式对收入的来源进行分类。人们对于偶然、意外之财的开支可能很随意，但是，对于增加的薪水开支却非常认真。欧加利（1997）发现：人们对于收入来源的重视程度，与用途的重要性存在对应关系。是否看电影无所谓，但定期要付的房租却很重要。由此再次证明预算缺乏替代性。库瑞曼（Kooreman，1997）的研究也证明了上述发现。他的研究表明：相对于其他收入来源来说，子女服装开支对于认定子女免税额的变动更加敏感。这符合欧加利的观点，退税属于"认真"的收入。

三、财富预算

大量的证据表明，人们运用两种方法将财富分为不同的种类。

第一种是依据财富的流动性分类。依据流动性的大小，不同财富的排列顺序为：现金、支票存款和货币市场账户、储蓄存款和定期存款、股票和债券、房地产、"未来收入"账户。流动性最低的"未来收入"账户，包括预期未来收入和退休账户等长期储蓄。上述不同财富账户的边际消费倾向（MPC）差异很大，当前资产的 MPC 接近于 1，而未来收入的 MPC 近乎为 0。由此再次表明财富的不可替代性，这与标准经济学中的生命周期说完全相反。如果按照此说，不同财富变动对消费的影响应该是相同的，如加薪、中彩、股票收益和预期遗产继承等。

第二种方法是将财富的收益和损失数量，分为"现实"与"纸面"的数量两种。房地产和股票价值的变动引起的就是"纸面"收益和损失。一般"纸面"收益的 MPC 偏低。

现实中，存在很多的异象，表明财富之间不可替代，下面仅举两例：

1. 信用卡使用。普利莱克和西门斯特（Prelec & Simester，2001）研究发现，采用信用卡支付，其支付意愿要比现金的高出很多。他们观察了波士顿凯尔特人篮球队的门票拍卖，拍卖采用的是密封投标方式，结果，运用信用卡的支付意愿要比运用现金的高出近100%。由此表明支付隔离的巨大作用。

2. 社会交往影响。日常生活中，人们有时会由于一些社会交往获得资产。一些人做过这样的研究，要求被试在不同社会环境中，评估具有社会意义物品的交易价格，同时观察他们的反应。结果显示出被试反应带有强烈的冲动和感情色彩，并且一些取舍也被视作忌讳（Fiske & Tetlock，1997；Tetlock et al.，2000）。显然，社会交往使得相关物品赋予了社会或情感价值，这种价值独立于物品的货币价值。例如，人们非常反感出售源自父母的戒指，这就强化了禀赋效应，降低了资产的可替代性。

第五章

评 价 比 较

比较研究专家穆斯卫勒（Mussweiler，2003）说过："人类的判断皆是由比较得出的。"前面前景理论的参照依赖表明，收益和损失都是与参考点比较得出的，而比较会给人的幸福感带来非常大的影响。因此，下面的介绍将分为两部分，一是行为经济学中的评价模式，二是幸福经济学中的社会比较。

第一节　评 价 模 式

评价模式是心理学对标准经济学中决策分析的重大补充，它细致入微的探究可给人们很多启发。

一、评价模式类型

在评价一个对象（人、事、物）时，可以依据决策情境的不同，将评价模式分为两种：无比较对象的单独评价模式（separate evaluation）；有比较对象的联合评价模式（joint evaluation）。评价模式不同，人们对同一对象的关注点也会不同。

联合评价模式中，人们关注的是该对象是否比参考对象好。由此就会导致人们对于同一个对象的评价，往往会随着参考对象的不同而不同。这点与标准经济学理论不同，标准经济学认为，人们对于产品的评价取决于产品本身的价格、质量、功能等客观因素，并未涉及参考对象的变化。而行为经济学研究却表明，人们对于产品的评价受到主观构建情境的影响，也就是受到评价模式的影响。

二、评价模式选择

运用不同的评价模式，人们对于同一个对象评价的结果也会不同。这可通过奚恺元（Christopher K. Hsee）教授的研究看出。

芝加哥大学奚恺元教授是一位评价模式方面的专家。奚教授在20世纪80年代参加高考时，由于弱视原因没有被大学录取。然后，他决定去清华和北大旁听，结果又成了不受欢迎的人。万般无奈之下，父母决定举家迁到美国，以求得一个上大学的机会。在夏威夷大学毕业之后，奚恺元考取了耶鲁大学博士，当时，夏威夷大学教授感到十分惊讶："我们夏威夷大学的学生要考取耶鲁的博士那是不可能的。"后来，奚恺元去了芝加哥大学任教。

奚恺元通过下面实验表明了评价模式对评价结果的影响。

（一）评价模式实验

1. 词典实验。

假设你是一名音乐专业的学生，想在一家旧书店买一本工具书——音乐词典，现有 A 和 B 两本词典可供选择：

A 词典：词条数目 1 万，全新无破损。

B 词典：词条数目 2 万，基本全新稍有破损。

再想象两种情况：第一种情况书店同时有 A 和 B 两本词典出售；第二种情况书店只有 A 或只有 B 出售。在这两种情况下，你愿意为 A 和 B 分别支付多少钱？

实验表明：在第一种情况下，也就是联合评价时人们愿意为 B 支付更高的价格。在第二种情况下，也就是单独评价时人们却愿意为 A 支付更高的价格。同一对象何以出现两种不同的评价结果？

这里 A 和 B 都有两个可比较的特征：词条数目、有无破损。在词条数目方面，显然 B 比 A 好；而在有无破损方面，A 又比 B 好。那么，作为一本工具书的词典来说，哪个特征更重要呢？显然是词条数目。因此，在联合评价时，人们只需稍作比较就很容易选择词条数目多的 B。然而，在单独评价时，人们会遇到一个缺乏比较的问题，虽然人们知道词典的词条数目很重要，但在没有比较信息的情况下，人们很难知道词条数目 1 万或者 2 万是多还是少。因此，在单独评价的情况下，词条数目优势就很难评价，而有无破损却是一目了然。相反在联合评价的情况下，词条数目优势立刻凸显出来，对重视实用的人们来说，也就不会太在意些许破损了。

下面再来看一个实验。

2. 救灾实验。

太平洋上有一岛国 A 遭到了台风袭击，假设这个岛国有 1000 户居民，60% 居民的房屋被台风摧毁，你作为联合国官员需要决定拨付多少钱用于救灾。

另外还有一岛国 B 也遭到了台风袭击，假设这个岛国有 18000 户居民，5% 居民的房屋被台风摧毁，你作为联合国官员需要决定拨付多少钱用于救灾。

那么，哪一个岛国获得的援助应更多一些呢？

岛国 A：1000 户居民，60% 居民的房屋被毁。

岛国 B：18000 户居民，5% 居民的房屋被毁。

实验表明：联合评价时，大多数人认为岛国 B 应比岛国 A 得到更多的援助。而在单独评价时，人们又认为岛国 A 应得到更多的援助。

何以如此？这里受灾人数是一个难评价因素，而百分比却是一个易评价因素。决定援助资金的主要因素还是受灾人数。在联合评价时，岛国 A 受损房屋为 600（1000×60%），而岛国 B 为 900（18000×5%），岛国 B 受损的房屋更多，得到的援助也理应更多。但在单独评价时，受灾人数 600 或 900 到底是多还是少很难评价，如此人们只好依据易评价的因素（百分比）决定援助多少。

至此，可以看出不同评价模式下人们选择的特点：单独评价时，由于缺乏比较，在易评价特征（如有无破损或百分比）和难评价特征（如词条数目或受灾人数）同时存在的情况下，人们会更多的关注易评价特征，由此难免做出欠合理的选择。联合评价时，由于可以比较，所有特征就都可评价，因而也就容易做出合理的选择。

那么，在什么情况下应采用单独评价？在什么情况下又应采用联合评价呢？这可从奚氏相亲原则得到启发。

（二）奚氏相亲原则

奚恺元教授非常风趣幽默，他极富启发性的研究还极具趣味性。他还研究了评价模式在男女相亲中的运用，提出了奚氏相亲原则。我们知道，相亲时男女关注的方面并不相同。一般说来，男性往往对女性长相赋予了较大权重，而女性则对于男性才能（或财富）赋予了较大权重，郎才女貌就有力地说明这点。

如果你是一个女孩，不久前有人给你介绍了一个男友，听说此人各方面都不错。你们不曾谋面，相约今天见面。你知道，第一次见面时自己给对方的第一印象非常重要，尤其是自己的容貌。你精心打扮一番后，正准备出门，这时恰巧碰到室友有空，你盘算着是否带室友一同去？

现假定有四种情形：

（1）你美她丑。

（2）你丑她美。

（3）你她都美。

（4）你她都丑。

对于（1）和（2）情形，答案很显然。你美，她丑，就带她去，因为联合评价要比单独评价更能突出你的美。相反，你丑，她美就会突出你的丑，也就不应带她去。

然而对于（3）和（4）情形呢？奚恺元教授和同事莱克勒克（Leclerc）的研究发现，整体上质和量相当的两个选择，单独评价与联合评价的效果差异非常大。就上述情形而言，你和她都美时，你就应一人去，因为此时男友会将你和他见过的女孩比较，如此漂亮优雅的你就有了比较优势。如果一同去，男友就会采用联合评估，眼睛在你们二人身上扫来扫去，由此可能发现你们的相对不足。你和她都丑时，就应一同去，此时一人去就毫无希望，如果一同去，男友就会进行联合评估，看到你们的相对优势，如此对于你来说或许还有些许机会。

因此，奚氏相亲原则是：

（1）你美她丑，一同去。

（2）你丑她美，一人去。

（3）你她都美，一人去。

（4）你她都丑，一同去。

对于女性来说，除了外美还有内秀，有时女性的学养、温柔、气质更能打动一个有品位的男性。对此奚恺元教授又做了进一步的分析。

（5）如果你在难评价特征上占优，而在易评价特征上占劣，此时就应一同去。

如果你脖子上有一块不深不浅的青色胎记，室友却没有，但你又拥有远比室友广博的学识，此时你应和室友一同去吗？现在你有两个不同特征：一个难评价特征——广博学识，然而学识是否广博是看不出来的；一个易评价特征——青色胎记，是一眼就能看出来的。如果一人去，男友一看到胎记，就可能对你的印象大打折扣，而你的学识是否广博，没有比较不好判断。因此，为了突出你占优的难评价特征，你就应和室友一同去，在谈古论今中，尽显你非凡的才华和魅力，此时胎记也就无足轻重了。

显然，如果你在难评价特征上优于室友，而在易评价特征上劣于室友，此时就应一同去。相反，室友与你一样，既有胎记又有学识，此时你就应一人去，要在单独评价中突出自己的优势。

（6）如果你在难评价特征上占劣，而在易评价特征上占优，此时就应一人去。

显然，相亲是人生中的大事，其中也蕴含着不小的学问，了解一点行为经济学，对自己的人生幸福还是很有帮助的。其实，奚氏相亲原则不仅适用于相亲，也可用于很多方面。

日常生活中，评价模式对人们的选择影响非常大。人们在购物时往往喜欢采用联合评价。与单独评价相比，联合评价可以减少人们决策时缺乏信息导致的损失。例如，人们都有这样的经历，刚在一家店里高高兴兴的买了一件服装，结果没走几步，在另外一家店里又看到了做工更好、价格更低的服装，结果感到后悔不已，情绪跌至谷底。特别是，在面临人生的大事买房时，刚刚签了购房合同，结果又在附近看到了价格、位置、房型更满意的楼盘，结果必然是捶胸顿足、哭天喊地般的悲悔至极。想着当初要是不慌不急，"货比三家"，采用联合评价的方式，也不至有这般的悔恨。

三、评价模式与偏好逆转

由于单独评价与联合评价存在差异，那么，人们依据两者做出的决策或判断也就不同，甚至可能出现截然相反的情况。

分配实验：

1999 年奚恺元教授和同事在《心理学通报》（Psychological Bulletin）上发表了一篇论文，提出单独评价和联合评价的不同，会导致偏好逆转出现。

例如，面对以下两个分配方案，你愿意选择哪一个？

A. 给你 1200 元，给你的同事 1800 元。

B. 给你 1000 元，给你的同事 1000 元。

作为一个理性的人，选择 A 方案可以得到 1200 元，它比选择 B 方案要多得 200 元，显然，选择 A 方案更有利于利益最大化。然而，如果你选择了 A，那也就意味着你比同事要少得 600 元，而在方案 B 中，两人的所得是一样的，似乎更公平一些。这里姑且可称方案 A 为"实惠方案"，方案 B 为"公平方案"，面对两种方案你更愿意接受哪一个呢？

实验结果表明，在单独评价的情况下，也就是只看到一个方案 A 或 B，大多数人更加偏好选择 B，即大多数人更喜欢公平方案。而在联合评价的情况下，也就是同时看到两个方案 A 和 B，此时，多数人又会选择 A，也就是更喜欢实惠方案。

由此说明，在单独评价的情况下，人们更容易从个人的感情和好恶出发做决定，所以，他们会认为"公平"比"实惠"更加重要。而在联合评价的情况下，人们却又更容易看到实际利益，会摒弃情感因素，做出更加理性的决定。

单位在人才招聘时，是采用联合评价还是采用单独评价，也会影响到所需要选择的人。设想有一家市立医院急需招聘一名外科医生，现有 A 和 B 两人前来申请：

A. 中国协和医科大学博士毕业，工作时间才 10 个月。

B. 华中科技大学同济医学院本科毕业，工作时间达 10 年。

在单独评价时，申请人 A 似乎有更大的优势，中国协和医科大学在全国医科排名是数一数二的，只有非常优秀的学生，才能进入该校学习。这样的学校背景，很容易让医院选择申请人 A。

但是，如果把两名申请人放在一起比较呢？毕业学校和学历背景也许就不那么特别重要了。虽然在医学领域，华中科技大学同济医学院不及中国协和医科大学的名气大，但也是相当不错的院校，特别是对于一个单纯的医疗单位（非科研和非教学单位）来说，它用人的首要考虑是申请人的工作经验，而非学历和学位如何。干中学、学中干产生的学习效应非常巨大，特别是在操作技能、动手能力以及发明创造方面，人们往往忽视了这个效应。作为一名医生来说，工作中积累的实际经验远比理论上的单纯纸上谈兵重要。由于外科手术要求申请人具有丰富的实际工作经验和较高的动手能力，也就是医生越老越吃香。因此，在实际工作经验方面，申请人 B 显得具有更大的优势。不信吗？同样的手术，患者是愿意找一个老本科医生还是一个新博士医生开刀？答案不言自明。另外，人的动手能力有天赋性，感觉有悟性，不完全是考试或学习就能习得的，高分低能就是证明，就如生活中有的"教授"怎么都学不会开车一样。

由此可知，在联合评价的情况下，医院很有可能出于对实际工作经验的考虑，放弃申请人 A，而选择申请人 B。常识就可告诉人们，在敬业精神和天赋一样的情况下，一个普通院校本科毕业但工作了10年的医生，同一个名牌大学博士毕业但只工作了10个月的医生相比，前者的医疗水平肯定要高，而且要高出很多。同样，大学教师的教学也是如此，天赋很重要，再聪明的教授如果口头表达能力不高，甚至口齿不清，可想而知教学效果如何。所以，单位如果要避免招聘过程中的一些弊端，如学历歧视、名校的"光环效应"等，联合评价就是一个不错的解决方式。

联合评价有助于单位招聘到求职者的特质更适合岗位需要的人。卡尼曼在面对《经济观察报》的问题：你说过仅凭直觉和喜好面试求职者会出现差错，那么，应该怎样面试求职者呢？答道：其实我一直怀疑面试是否真的是一个好的选择员工的方式。不过，如果一定要说的话，我建议先列出公司想要在员工身上寻求的特质，分别用这些特质考察求职者，然后得出综合的结论。我觉得整体印象一定不是确定员工的最佳方式。

四、交替对比

特沃斯基等曾经做过一项实验，通过将多种选择的利弊进行比较，可使一些选择拥有更多的或失去更多的吸引力，这就是交替对比产生的不同结果。

客观上讲，人们对事物进行评价时，不应受到与事物无关因素的影响，也不应受到评价方式的影响。然而，事实证明却并非如此，人们评价事物时，常常会受到一些与事物无关因素的影响，受到评价方式的影响。

特沃斯基和伊塔玛·西蒙森（Itamar Simonson）的实验也证明：人们的选择不会独立于无关项。他们请学生根据月租金高低和距离学校远近选择公寓。从学生的角度来说，公寓租金越低，距学校越近，当然是最好的，但两者是矛盾的，公寓距离学校越近，租金也必然越高。

实验要求学生在以下两种情况中选择：

A. 公寓租金高但距学校近。

B. 公寓租金低但距学校远。

可以预计合理的选择为，对租金敏感的学生会选择 B，而对通勤时间在意的会选择 A。随后，实验增加了 C 情况，这时学生面对的选择为：

A. 公寓租金高但距学校近。

B. 公寓租金低但距学校远。

C. 公寓租金比 B 高且距离比 B 远。

毫无疑问，在 A、B、C 三个选择中，任何一个理性的人都不会选择 C，实验也证明无人选择 C。然而，增加了 C 选择后，人们的偏好发生了变化，对 B 的偏好增加了。在没有 C 之前，选择 A 和 B 的学生各占 50%，然而，在加入了 C 以后，选择 B 的学生却增加到了70%。

显然，在 A 和 B 之间，不少人觉得难以选择。但增加了 C 之后，人们就会将 B 与 C 进行比较，结果就很容易选择各方面都比 C 强的B。C 的存在让人以为 B 的各方面都好，进而增加了人们对 B 的偏好。

一般说来，如果 A 优于 B，人们往往会选择 A，但如果 B 优于C，而且 B 的优点又是 C 所没有的，那么，人们就会更多的选择 B。原因在于与 C 相比，B 的吸引力显著增强了。

（一）中杯效应

交替对比的结果，还会产生所谓的"中杯效应"。中杯效应就是人们在购买商品时，面临大、中、小号三种规格的商品，往往会选择中号商品，而忘记了自己的真实需求。

生活中，商家在出售一些商品时，经常将其分成不同的份量或型号，例如，咖啡、啤酒出售时常常有大杯小杯之分，虽说两者的成本存在着差异，然而，它们的价格差异要远大于成本差异。实际上，这就是商家利用交替对比玩的促销把戏。

假如咖啡馆推出一款咖啡：大杯 400 毫升售价 34 元；中杯 350

毫升售价26元；小杯300毫升售价20元。对于上述3种选择，理性的人理应选择小杯。原因在于：一是性价比高；二是一般人的正常需求基本能够得到满足。然而，事实上在大杯和小杯两个参照点的影响下，一般人就会认为大杯多了喝不完，小杯少了喝不够，而中杯不多不少最合适。因此，人们在折中的选择中，往往忘记了自己的真实需求。

在商家的促销中，中杯效应广泛存在。商家经常将同质的产品分成不同的规格，通过设立参照点作为"陪衬"，引诱人们购买自己的产品。例如，在超市中，某品牌洗衣液同时摆出4种规格的产品，分别为：

第1种：含量180毫升，售价18元。

第2种：含量330毫升，售价32元。

第3种：含量330毫升，售价32元，赠一瓶120毫升的非卖品。

第4种：含量450毫升，售价42元。

显然，通过对比可以发现，第3种与第4种含量相同，但前者价格要便宜10元。第3种与第2种售价相同，但前者含量要多出120毫升。结果，人们觉得选择第3种最为划算。这里第2种和第4种规格基本无人选择，其实，它们只是作为参考点充当一个陪衬，起到突出第3种规格优惠的作用。

（二）厌恶极端

中杯效应还反映出人们的一种普遍心理，喜欢折中而不喜欢走极端，行为经济学家将此偏好称为厌恶极端。

房地产经纪人在推销房屋时，经常也会利用人们的这种心理。假如客户有两栋房子可选，一栋为巴洛克风格，个性独特，外形自由，色彩鲜艳，动感强烈，装饰和雕刻富丽堂皇；一栋为洛可可风格，纤弱娇媚、华丽精巧、甜腻温柔、纷繁琐细。面对两种不同风格的房子，客户可能会犹豫不决。见此，经纪人就会带客户去看另一栋洛可可式房子，此房价格较前一座高，质量却比前一座差。看完后，客户多半就会选择前一栋洛可可式房子。由此表明人们不喜欢在两种难比较的东西中做出选择，经验丰富的经纪人就会提供一个比较简单的选择，也就是看一座各方面都不如前一栋的房子，以此给前一栋房子蒙上美好的光晕，让其具有更大的吸引力。

显然，在只有 A 和 B 两个选择且二者大体相当的情况下，人们往往不知所措，难以选择，在增加了 C 选择后，在原来 A 和 B 呈现的两个极端之间，就多出了一个处于中间的选择，这个居中的选择更容易被人接受，这种心理就是厌恶极端。

上面交替对比中体现出来的中杯效应和极端厌恶，反映出这样一点，就是增加选择的机会，可以改变人们的偏好。当然，选择也并非越多越好，这是下面所要说明的。

五、比较问题

人们认为，选择越多的话，就越有可能做出自己最喜欢的、最满意的选择。然而，事实并非如此。

哥伦比亚大学的艾扬格和斯坦福大学的莱帕（Iyengar & Lepper）教授做过一个实验，目的是揭示选项数量与购买欲望之间的关系。在北加利福尼亚的一家超市，他们搭建了一个试吃果酱的摊位。第一次放了 6 种果酱让顾客品尝，第二次放了 24 种果酱让顾客品尝。结果表明，有 6 种果酱品尝时，有 40% 的顾客品尝了果酱；有 24 种果酱品尝时，有 60% 的顾客品尝了果酱。令人吃惊的是购买率，摆出 6 种果酱时，有 30% 的顾客购买了果酱；摆出 24 种果酱时，却只有 3% 的顾客购买了果酱。实验表明，当选择很多时，可以增加商品的整体魅力，从而吸引更多的顾客目光。但当选择很多时，比较也会变得更加复杂，顾客就会感到迷惑和犹豫，不知选哪一个好，结果购买欲望反而降低了。

由此可知，虽说人们喜欢进行比较，但人们又不喜欢进行复杂的比较，复杂的比较会让人感到茫然、不安和焦虑，结果可能放弃选择。在前面交替对比的介绍中，当只有 A 和 B 时，如果两者旗鼓相当或各有优缺点，就很难进行比较或很难得出一个总体结论，这时人们可能会都不选择。此时如果能够增加一个各方面都比 A 稍差的 A⁻，此时 A 与 A⁻ 的比较就很容易了，A⁻ 的存在突出了 A 的优势，结果在 A、A⁻、B 三者的比较中，人们就很容易选择 A。由此表明虽然人们都喜欢比较，但当比较的对象过多时，或比较的对象不相上下时，人们就有停止比较的倾向。这就是收费套餐这种方式有市场的原因：一是难以比较；二是省去了比较的麻烦。这在电信资费套餐中表现得很明显，电信公司故意将资费套餐弄得很复杂，目的就是让人不好与其他公司的资费进行比较，加之现状偏好的作用，人们也就不会改变原来的选择，公司也就达到了留住老顾客的目的。

第二节　社会比较

大多数经济学家都认为，效用天生就是相对的。戈尔·维达尔（Gore Vidal，1988）说过："仅有自己的成功还不够，还必须有他人的失败。"人们大部分生活都是以社会比较为中心，这一点非常重要，正如一则笑话所言：两个徒步旅行者在森林中遇到了一头熊，其中一人见状，赶快从自己的背包中拿出了一双运动鞋，另一人不解地问："穿运动鞋有什么用？你不可能比熊跑得更快呀。"那人答道："我不需要比熊跑得快，我只需要比你跑得快就行了。"研究也证明了社会比较的广泛存在。

一、社会比较实验

肯里克和古铁雷斯（Kenrick & Gutierres，1980）曾经让其男性助手进入蒙大拿大学男生宿舍，并告诉学生："这个星期我们的一位朋友要来，我们想给他介绍一位女朋友，但我又不能确定这位女生是否适合他，因此，我们想征求一下你的意见……想请你在一个 7 点量表上，评价一下这位女生的吸引力。"然后，研究者向被试呈现了一位普通年轻女性的照片。结果发现，那些刚看了一部描述三位漂亮女性电视剧的男生，比那些没有看过这部电视剧的男生，他们的评价要更低一些。

实验室研究也证实了这种"对比效应"。对于那些刚看完杂志中裸体照片的男性来说，普通女性甚至他们妻子的吸引力都会下降。性唤起可能会暂时让异性看起来更有吸引力，然而，观看过完美的可以打 10 分的，或者观看过非现实的性描写的，此后会使性伴侣的吸引力下降，更有可能是打 6 分而非 8 分（Zillmann，1989）。

比较效应会影响人们的知觉。人们不仅会将自己现在的状况与过去相比，而且也会将自己的状况与他人相比（Lyubomirsky，2001）。当一个人评价他人表现时，不可能不把他人与自己比较（Gilbert et al.，1995）。见到一位非常吸引人的同性之后，人们就会觉得自己缺乏吸引力，相反，看到一位相貌平平的同性之后，人们就不大会有这种感觉（Brown et al.，1992；Thornton & Maurice，1997）。这种现象在女性中特别明显。不过男性在遇到一个拥有更多权力、更大成功的男性时，其自我评价也会不高。

人们比较的范围非常广泛。经济学家克罗森研究了电台捐赠信息对于听众捐赠数额的影响，结果表明，那些知道他人捐了 300 美元信息的人，比不知该信息的人的捐赠要更多一些。由此说明，人们做好事的时候也喜欢比较，当然这种比较具有积极意义，但同时也说明了人们深藏于人性中的、根深蒂固的比较意识。即使是在保健方面也喜欢进行比较，研究也表明相对地位比绝对标准重要。一个有着较高绝对收入和保健水平但相对贫困者，其健康状况也要比相对富有但绝对贫困者的低很多；收入和保健的相对水平对死亡率的影响要大于收入和保健的绝对水平（Wilkinson，1997；Deaton，2003）。

比较效应对人的幸福感会产生很大的影响。一个人会因别人的失败而高兴，特别是其嫉妒的人遭到的失败和不幸（Lockwood，2002）。一个人感觉好还是不好，取决于与谁比较。当别人思维敏捷，行动灵活时，就会觉得自己反应迟钝，行动笨拙。当一个棒球手以年薪1000 万元签约时，年薪 800 万元的队友就会感到不满。随着现代社会交通、通信、媒体的发展，比较的范围也大大的扩展，进而对人们的幸福感也产生了更大的影响。古铁雷斯等人（1999）认为，应该感谢现代媒体的存在，它让我们在一个小时之内可以看到"很多更具吸引力、更成功的男人，而我们的祖先则需花费一年甚至一生的时间才能看到那么多有吸引力的人"。这种超乎寻常的比较标准也捉弄着我们，让我们低估伴侣，低估我们自己，然后，我们要花费大量金钱和时间来化妆、减肥或进行美容手术，结果是花了钱也未见得幸福。

二、比较对象选择

人们在进行比较时，对于参照群体的选择，只有一部分是外部强加的，有相当大的部分是自己主动选择的结果（Falk & Knell，2004），这种主动选择表现在以下三个方面。

（一）向上比较

人们在选择比较对象时，往往喜欢向上比较。当今，日渐盛行的奢靡之风也可归因于人们强烈的向上比较倾向：人们在攀爬成功和财富的阶梯时，通常是与自己水平相当或之上的同辈比较。如果攀比之后自己不如他人，那么，认知就会扭曲，进而体验到不满。当自己周围人的收入都增长了，或考试分数都提高了，谁又不会感到沮丧呢？这是由人类基因决定的，是灵长类动物的天性。当猴子成为首领时，它血液中的复合胺（serotonin）数量就会增加，情绪就会高涨。反之，当它不再是首领时，复合胺的数量就会减少，情绪就会低落（Brammer，1994）。

向上比较的结果就是体验到一种相对剥夺（relative deprivation）。相对剥夺是学者在研究美国"二战"士兵满意度时首先使用的。美国空军士兵对于自己没有获得晋升的挫折感要比警察的更强烈，然而，事实上警察的晋升要比空军缓慢且难以预期得多。空军晋升很快，而且大多空军军人都觉得自己比一般军人要出色得多。因此，他们期望的比得到的要多得多，结果挫折感也就更强。提高警察的工资，无疑可以提升他们士气，然而，与此同时却可能降低消防员的士气,这种感觉就是相对剥夺。它可以预测人们感到不公平时会有什么反应 (Kawakami & Dion, 1993;1995)。相对剥夺可以解释这种现象,为什么在贫富差距大的社会或国家里,人们的幸福感很低而犯罪率却很高 (Hagerty, 2000;Kawachi et al., 1999)。相对剥夺同样可以解释东德人民反抗他们政权的原因,尽管他们的生活水平高于一些西欧国家,但却低于他们的西德同胞,因而产生了强烈的挫折感 (Baron et al., 1992)。

当今,人们挫折感的一个重要来源,就是电视和广告中所描绘的富裕生活。人们在观看电视时,当看到他人拥有而自己却没有的东西时,就会产生相对剥夺的感觉。而且人们将自己与他人进行比较时,如果自己处于一个不利的状况,还会引发自己的挫折感。亨尼根和她的同事 (Hennigan et al., 1982) 考察了电视普及期与犯罪率之间的关系。在其考察的 34 个城市当中,在 1951 年电视普及的时候,当年盗窃犯罪率出现了跳跃性增长,例如,在商店中行窃、偷自行车。在另外 34 个城市,由于政府控制的原因,电视普及的时间推迟到了1955 年,结果当年盗窃犯罪率也同样出现了飞速上升。在人们喜欢观看的肥皂剧中,剧中家庭成员的生活也可成为人们比较的对象 (Schor, 1998)。人们观看的电视越多,就越容易将自己的生活与相对富裕的人比较,由此,物质欲望就会不断上升,自己也会感到越来越多的不满 (Schor, 1998)。

许多经济学家也注意到,在收入、消费、身份地位等方面,人们喜欢将自己与值得注意的人进行比较。人们在进行比较时,眼睛总是朝上瞧,而不是往下看。如此,造成自己的愿望常常要比已经达到的高。较富有的人给较贫穷的人施加了一个消极影响,也就是让后者体验到了相对剥夺或挫折感。但是,反之却并非如此。

(二) 相近比较

人们在比较时,更喜欢同自己接触较多、条件相近的人相比,而较少同影视明星、路边乞丐相比。因此,最激烈的竞争往往发生在组织成员之间,如公司、学校、家庭、军队、政府等组织体中。在西方，公司实行薪酬保密制度，原因就是可以避免比较产生的痛苦，以利员工之间相安无事。

美国作家门肯（Mencken）说过："富有的男人就是年薪比他的妹夫高出100美元的人。"此话道出了一个现象，就是人们总是将自己与身边、附近的人比较，而不会将自己与差距过大的人比较。在中学名列前茅的学生，进入大学后，他的学业自尊会受到极大的挑战，因为大学里有太多的中学阶段名列前茅的学生（Marsh et al.，2000）。研究表明，朋友的成功比陌生人的成功威胁更大（Zuckerman & Jost，2001），人们最嫉妒地是那些既是同行中的佼佼者又是情敌的人（DeSteno & Salovey，1996）。

参照群体得到的，你自己觉得也应得到，如果你真得到了，你就感到幸福，如果你没有得到，你就会感到深深的痛苦。这可以解释为何在奥运会中，铜牌获得者比银牌获得者满意。铜牌获得者是与没有得到奖牌的人比较，而银牌获得者却会反事实思维，相信自己差一点就赢得金牌。极端富裕的人，处于财富的顶峰，他们比较的对象是财富不如自己的人；而赤贫的人，处于金钱的谷底，他们会同收入高于自己的人相比。由此，可以解释为什么有钱人平均说来要比穷人幸福，也可以解释为什么一个国家收入分配较平均，这个国家的平均幸福感也较高。

美国女权主义者伊丽莎白·凯迪·斯丹顿（Elizabeth Cady Stanton）曾说过："妇女的发展与她们的不满完全是同步。"西方妇女解放运动兴起之后，女性薪酬和工作机会同男性已很接近，然而，女性的幸福感却并没有增加。调查表明，同男性相比，美国女性的幸福感呈现出下降趋势。或许原因在于，当今女性不像从前，不是更多地与自己的过去相比，而是更直接地同男性相比。如此，她们就会非常在意两性之间的差距，进而产生不满。

在一项针对5000名英国工人的研究中，学者发现，这些工人选择的参照群体，都是与他们具有相同劳动力市场特点的那些人（Clark & Oswald，1996），研究结果还显示，参照群体收入越高，工人对工作的满意度也就越低。在美国的企业中，公司老板与员工的收入差距不断扩大，但在两者收入都增加的情况下，员工并没有感觉到有什么福利损失，然而，一旦员工得知老板的收入增加更多时，就会感觉境遇变糟了，这也是为何世上大多数人都嫉恨 CEO 大亨，他们以牺牲股东的利益为代价，拿着付出与得到完全脱节的、极端不公平的高薪。社会比较甚至也可能发生在一个家庭之中。克拉克的（Clark，1996）研究表明，被调查者的工作满意度就受到配偶工资的反向影响。如果一个女士的丈夫收入少于女士的姐夫或妹夫，那么，为了保持与自己姐妹相同的生活水平，这个女士出去工作的可能性要高出 16 到 25 倍。妇女决定是否参加工作，取决于她们的姐妹、姑嫂是否工作、赚取多少收入（Neumark & Postlewaite，1998）。

前面介绍过，失业人员比就业人员感到了更多的不满，失业总体上减少了人们的幸福感。然而，社会比较也有可能减少失业人员的不满。如果失业者的伙伴也失去了工作，或者在同一区域中，失业者占到区域人口的一个很大比例，那么，失业者感受到的不满就较少。当以经济中总体失业作为参照时，得到的结果也是如此（Frey，2008）。

为了说明失业让自己痛苦到什么程度，参照群体具有重要的意义。然而，人们选择什么群体作为参照不是由外部决定的，一定程度上是人们自己选择的（Falk & Knell，2004）。失去工作的人往往喜欢同其他失去工作的人交往，原因可能是因为他们都有时间进行彼此交往，当然也可能是因为他们想躲避正常的社区生活。研究也发现，在婚姻和配偶关系中，当有一方失业时，这种关系就会面临着很大的破裂风险（Kraft，2001）。在所有这些例子中，对于参照群体的选择，它会随着人们在劳动市场上的身份变化而调整。

（三）收入比较

个人收入绝非仅是用来消费的，人们非常看重自己在收入阶梯上的位置。绝对收入水平不是最重要的，最重要地是自己相对他人的收入。人们对于自己在社会中位置的关心，并不是古老人性发生了变化，而是随着交通、通信、媒体的发展，人们掌握的信息和社会交往大量增加，以及社会比较范围的不断扩大，这些使得人们收入位置的重要性大大增加。

收入除了充当购买的工具，它还是衡量自我价值的重要指标，因而也就成了一个自我评价的工具，一个量化的指标。进化心理学认为，男性喜欢积累和展示自己的财富比他人多，原因就在于能够吸引女性的注意力，这点与雄孔雀展示自己美丽的羽毛同出一辙。就如著名政客基辛格所言：我之所以喜欢权力，是因为权力能够吸引女人。……权力是一味壮阳药。生物学也认为，对于一个雄性动物来说，一旦超越了绝对最低的生存标准，生存和繁殖就取决于相对地位。只有拥有统治权的雄性才能独享接近全体雌性的权利。现今男性对体育竞技的崇拜，也可部分追溯到雄性竞争中"胜者拥有一切"的生物因素（Deker & Scotchmer, 1999）。

为了评价自我价值，人们常常会将自己的收入与同事比，与其他行业的人比。人们对于同事收入的变化非常敏感，如果自己收入的增加没有同事多，即使收入增加了也会感到痛苦。相反，如果自己收入的减少没有同事多，即使减少了也会感到幸福。相对收入决定了人们的自我价值，决定了幸福感。这就可以解释为何"二战"期间，尽管经济状况不佳，但人们较少感到不满，因为此间尽管自己绝对收入下降了，但其他人收入也下降了，相对收入并未有太大变化。

布兰奇福劳和奥斯瓦尔德（Blanchflower & Oswald, 2000）发现，如果一个国家平均收入与个人收入增长幅度相同的话，那么，这个国家平均收入增长带给人的幸福感，要比个人收入增长带来的少 1/3。还有研究显示：你身边的人收入多增加 1%，你的幸福就会减少 1/3。克拉克和奥斯瓦尔德（Clark & Oswald, 1996）研究表明，自己同事工资的增长，将抵消自己工资同样幅度的增长带来的工作满意度增加。

哈格蒂（Hagerty, 2000）也指出，随着贫富差距越来越大，这就可以解释为何富裕程度增加不能带来更多的幸福感。一般来说，收入分配更均等，并且很少有人超过自己的收入，人们就会感觉自己更幸福。

索尔尼克和海明威（Solnick & Hemenway, 1998）对哈佛大学公共健康专业研究生进行的一项调查，或许可以说明很多问题。调查要求被调查者在下列两种不同生活情境中做出选择：

A. 你挣 5 万美元，其他人挣 2.5 万美元。

B. 你挣 10 万美元，其他人挣 25 万美元。

尽管选择情境 B 要比 A 多得 5 万元，然而调查结果表明，超过 50%学生还是选择了情境 A。由此说明，这些学生对于他人的收入非常敏感。人们对收益和损失的评判来自社会比较，其中也暗含着这样一个事实，人们追求金钱的动力来自嫉妒和攀比，并非完全来自物资生活需要。当然，或许这里也可将"嫉妒"看做人们渴望超越他人，或者至少是不落后于他人的一种心理。你是高人一筹，还是低人一等，都取决于社会比较的结果。只要相对收入高一点，绝对收入少一些也无所谓。

由此表明人们看重的是相对收入高低，而非绝对收入多少。由此也可以推断，资本主义社会的穷人没有原始社会的富人幸福，尽管前者的财富要远远多于后者。人们对相对收入非常敏感，幸福感也取决于相对收入。莱亚德（2005）就认为，富人的幸福感来自相对收入增长，而非绝对收入增长，个人的幸福感与竞争对手的收入负相关。

有意思的是，人们对于他人的收入很敏感，然而，对于他人的休闲时间却不敏感。随后的调查证明了这点，调查要求前面的被调查者在下列两种不同情境中选择：

A. 你有 2 周假期，其他人只有 1 周假期。

B. 你有 4 周假期，其他人却有 8 周假期。

结果表明，仅仅只有区区 20%的学生选择了 A 情境。

以上两次调查的结果表明了这一点，人们喜欢炫耀，从而喜欢进行物质方面消费的比较，如将自己的票子、房子、车子与人进行比较，而对于没有炫耀作用的精神方面消费，却较少或不会进行比较，如度假、阅读、信教、发明、运动、唱歌、写诗等。弗兰克（Frank，1985）称物质方面消费为明显性消费（conspicuous consumption），精神方面消费为非明显性消费（inconspicuous consumption）。两者的一个很大差异是，在明显性消费方面比较进而消费增加，是一个你赢我输的零和博弈，不能增加社会整体的幸福感，而非明显性消费的增加，则是一个正和博弈，能够增加社会整体的幸福感，由此给人很多启示。

第三节 幸福启示

要想生活幸福，上面的分析至少可以给我们两点启示，既然比较难以避免，那就应多选择向下比较，就应多享受非明显性消费。

一、尽量选择向下比较

社会比较会给人带来很大的烦恼。当人们的财富、地位或事业上升时，就会提高对自己成就的评价标准，也就是选择向上看，而不是向下看（Gruder，1977；Suls & Tesch，1978），这会让人感到不满。因此，一个人要想感觉好一些，可多跟那些境况更差的人相比，如承受病痛煎熬的人，人际关系紧张的人，遭遇贫困折磨的人（Affleck et al.，2000；Buunk et al.，2001；Locke，2003）。德默和同事（Dermer et al.，1979）通过实验证明，向下社会比较具有积极的效应。实验对象为威斯康辛大学密尔沃基学院的女生，将她们置于一个假想的剥夺情境中。在看完了 1900 年密尔沃基市人民的悲惨生活描述之后，或者是想象并写出有关自己被焚烧、被毁容情境之后，这些女生对自己目前的生活感到更满意了。在另一个实验当中，克罗克和加洛（Crocker & Gallo，1985）发现，同那些实验中完成"我希望我是……"句子的被试相比，那些完成 5 句"我很高兴我不是……"句子的被试，他们在此后测试中，表达出更少的抑郁，更多的生活满意度。

人们似乎天生就懂得向下比较优势。当身处困境时，人们力图在茫茫的黑暗之中找寻点点星光，通过与更加不幸的人比较，来提升自己的自尊（Gibbons et al.，2002；Reis et al.，1993；Taylor，1989）。

意识到还有人的处境比自己更糟糕，可让自己更看重已经拥有的幸福，并且明白自己也许并不需要那些"东西"，如名、利、权。正如一则波斯谚语所言："我正为没有鞋穿而感到沮丧，直到我发现有人还没有脚。"

二、享受非明显性消费

与音乐、文学和艺术类等文化品相比，人们更喜欢拥有房子和车子这些能提高舒适度的物品（Scitovsky，1976）。这表明人们特别喜欢在明显性消费方面比较，而不喜欢在休闲、家庭生活和健康状况等这些非明显性消费方面进行比较，原因在于后者不大容易被人注视，难以进行比较（Easterlin，2003）。然而，非明显性消费给人带来的幸福感非常高，而且是长久的，弗兰克（1999）指出：如果人们有更多的社交活动、更多的时间与孩子待在一起、更周密的医疗服务、更多的工作自治权、更多的工作安全保障、更少的出差时间，那么，我们就能够获得长久的幸福。与此相比，我们不断地更换更好的车子、更大的房子，这些对人们幸福感的可持续性影响较小。而时间序列研究表明，随着收入增长，人们在财务上的焦虑并没有下降，而是保持不变。

显然，明显性消费不能带来长久的幸福，当然，这与下面将要讲到的适应效应也有关系。

第六章

适 应 效 应

第一节　适 应 效 应

适应效应（adaptation）在生活中非常普遍，在行为经济学和幸福经济学研究中也都有体现，特别是在后者之中。认识适应效应的存在，有利于人们正确看待生活中的得与失，不以物喜，不以己悲，也有利于人们主动调节生活中的消费项目，让自己生活得更幸福。

一、低估适应能力

适应效应人们非常熟悉，常言道，入芝兰之室久而不闻其香；入鲍鱼之肆久而不闻其臭。这种说法讲的就是适应。想象一下，自己在炎热潮湿的夏天，汗流浃背的进入空调房，顿时觉得神清气爽，然而，好景不长，这种清新的感觉很快就消退了，虽然此时你没有了酷热、疲劳、全身黏糊的感觉，但也没有了清凉舒畅的感觉。这种体验表明的也是适应。

适应效应意为一成不变或一再重复的状态会让人感觉迟钝、僵化。枯燥的生活需要刺激、变化来保鲜，否则，僵化、机械的状态会让人的敏感性大幅度下降，进而变得毫无感觉。适应效应虽说在生活中大量存在，然而，人们对它的了解和重视并不够，如此不免会影响到幸福感的增进。

苏格兰作家和诗人乔治·麦克唐纳说过："当一种感觉存在的时候，他们感到它好像永远不会离开；当它离开以后，他们感到它好像从未来过；当它再回来时，他们感到它好像从未离开（George Mac-Donald, What's Mine's Mine, 1886）。"此言极是，人们往往不能准确地预测自己的感觉。

"情感预测"研究也表明，人们很难准确地预测自己情感的强度和持续时间（Wilson & Gilbert, 2003）。人们往往会错误地预测自己谈过一场恋爱、收到礼物、错过选举、赢得比赛和被侮辱后的感觉（Gilbert & Ebert, 2002; Loewenstein & Schkade, 1999）。类似的研究还有很多。当饥饿时，人们往往会错误地预测自己食量，因此饥饿的人比吃饱的人购买冲动更大（Gilbert & Wilson, 2000）。只有 1/7 偶尔抽烟的人（每天少于 1 支），预测自己 5 年内会一直吸烟，然而，这些人低估了自己对药物成瘾的依赖，大约一半的人会继续吸烟（Lynch & Bonnie, 1994）。

对于适应效应来说，重要的、需要特别牢记的一点是：人们常常会低估自己的适应能力，因而在预测情感强度的持久性方面常常会犯错，这种现象被称为"持久性偏见（durability bias）（Wilson & Gilbert, 2003）"。大部分人都有过这样的体验，实现自己渴望的目标，例如，成为富翁、获得冠军、拥有名望、手握权杖，这些良性刺激能够让人体验到强烈的幸福感，然而，好景不长，这种感觉消失得非常快。接着需要更高水平的良性刺激才能让人感到同等的幸福感。布里克曼和坎贝尔（Brickman & Campbell, 1971）指出："当我们沉浸在某种成就带来的满足感时，它会迅速的消退，最终取代它的是一种冷漠和更高程度的努力。"

如果人们不断地取得成功，那么，人们很快地就会适应成功。从前让我们感觉良好的事件，现在可能会变成一种中性事件，而从前的中性事件，现在体验到的可能就是一种失落感。在美国，当大学新生搬进学校宿舍之前，会对住宿条件的满意度进行预测，他们都将注意力集中在外在物质条件方面。很多学生都这么想："能住在一个出入方便的寝室里，是我最开心的事。"然而，事实证明他们错了。一年之后，当对他们进行重新调查时，邓恩及同事（Dunn et al.，2003）发现，反而是社会因素，例如，团体的归属感对他们的幸福感影响最大。

我们的直觉告诉我们，我们想要，我们得到，我们幸福。然而，吉尔伯特和威尔逊（Gilbert & Wilson，2000）指出，我们常常"错误地想要得到某些东西"。人们常常想象拥有一个有阳光、海浪和沙滩的田园小岛的假期，然而，一旦发现"自己多么需要日常生活、智力开发或流行时尚打扮"时，可能就会觉得非常失望。积极情感痕迹的消失，远比人们预期的快得多。有证据表明，博彩获得大奖者，在一年以后，平均幸福感也并不比普通百姓高。纽约州的彩票广告展示了彩民的幻想：如果中大奖，我就要买下我的公司，解雇我的老板。然而，对于赢得大奖的人来说，想象中的兴奋只持续了1周，几年后，这些人并不比以前更幸福，或者在某些方面还不如以前幸福（Briekman et al.，1978）。人们对收入增加的适应很快。一个著名的异象就是所谓的"幸福悖论"（Happiness Paradox）（Pugno，2004a；2007）。1946～1991年间，尽管美国的人均实际收入大约增长了1.5倍（从大约11000美元增加到27000美元），然而，这一时期人们的幸福感却基本保持不变，甚至很多人认为他们没有以前幸福。其他一些发达的国家也存在着类似情况。其实，这种情况从痛苦指标自杀率也可看出，在美国、日本、瑞典和芬兰这些富裕的国家当中，自杀率不比贫困国家低，与此类似，在同一个国家当中，富裕群体与贫困群体的自杀率大致也相当。

莱亚德（2005）指出，适应导致人们从最初消费得到的快乐，比从后期消费得到的要多得多，个人幸福感与适应负相关。这正是偏好漂移（van Praag，1971）的体现，也就是满意度随收入的增加而改变，收入增加带来的福利更多地是在事前而非事后。克拉克（Clark，1999）的调查也发现，在英国，人们的工作满意度不是受工资水平的影响，而是受工资变动幅度的影响。长期以来，盖洛普调查中都有这样一个问题："对于一个四口之家来说，在你生活的地区，维持基本生活需要的最少钱是多少?"长期的调查结果表明，被调查者回答的金额随实际收入增长而增长。社会学家研究也表明，满足生活必需的收入与目前的收入弹性为1（Lee Rainwater，1994）。

二、适应的双重性

前面讲了人们对于积极事件的适应，其实，适应是双重的，人们不仅能够很快的适应名、权、利，也能很快的适应各种痛苦、磨难，正如国外箴言所云：无论人们之间的命运有多大差异，所有人都处在快乐和痛苦之间的一个平衡点上。由此也告诉人们了这样一个道理，生活中无论是遭遇到多么大的快乐或痛苦，既不要大喜，也不要大悲。

适应了积极事件，人们就不会感到幸福了，相反适应了消极事件，人们也不会觉得痛苦了。吉尔伯特和威尔逊（2003）认为，人们往往会忽视自己心理免疫系统具有的速度和力量，他们将其称为免疫忽视现象。在心理免疫系统的作用下，人们对各种失败的适应远远超过了自己预期，如残疾、失恋、考试失败、失去职位和个人与团队失败。更令人惊讶的是，吉尔伯特和同事报告（2004），由于重大消极事件可以激活我们的心理防御机制，而轻微愤怒却不能激活这种机制，因此，有时重大消极事件可能要比轻微愤怒引发的痛苦持续时间更短，换言之，人们有着极强的恢复力。重大刺激更容易让人振作起来，奋发图强，可谓不挫不勇，愈挫愈勇。

前面介绍过，社会比较的失败者会感到非常痛苦，然而，适应会让他们慢慢从痛苦中解脱出来，甚至恢复到先前的满足状态。人们适应境况变坏后，也容易做出向下比较。如果人们境况变坏了，最初会感到很痛苦，然而，最终会逐渐适应这一现况。在幸福经济学方面造诣颇深的弗兰克（1996）教授，就讲过一段自己适应节俭生活的经历：那时，我刚刚大学毕业，作为和平团的志愿者，来到了尼泊尔的乡村。我居住的是一居室房子，房间没有电，没有暖气，没有洗手间，也没有自来水。当地的饮食一成不变，几乎没有肉……尽管我对自己在尼泊尔的生活感到吃惊，然而，这份经历的最大特点就是，这一切非常迅速的变得正常。仅仅几周之后，我就没有任何贫困的感觉了。事实上，我每个月还有 40 美金的补助，这超过了乡村中大多数人的收入。我体验到一种富裕的感觉，而这种感觉直到今年再来才又一次体验到。

然而，人们存在的一个普遍认知偏差是，在消极事件出现以后，人们往往很容易表现出"持久性偏见"——高估消极事件影响的持久性。吉尔伯特和其同事（1998）就曾经让教授的助手预测，自己得到或未得到职位几年后的感觉，多数人认为得到职位对自己未来的快乐非常重要，"失去工作会压碎我的生活目标，那是非常恐怖的。"然而，当事件过去几年后，调查结果却表明，未得到职位的人和得到职位的具有几乎相同的快乐。同样，要求体检的人们预测自己知道结果 5 周后的感觉如何，人之常情是，对坏消息感到痛苦，对好消息感到高兴。然而，5 周后同自己先前的预测相比，得到坏消息的人较少痛苦，得到好消息的人也较少高兴（Sieff et al.，1999）。

消极事件并非人们想象地那般痛苦，这可通过一个更加现实和简单的实验加以证明。吉尔伯特和威尔逊请人们想象：如果自己失去了非优势手，1 年之后会有怎样的感觉，与现在相比，你会有多少快乐？

你可能会想象自己：不能拍手，不能系鞋带，不能打篮球，不能拉提琴。尽管你会为失去手感到遗憾，但是，在事件发生一段时间后，你的幸福实际上是受到两件事的影响：一个是失去的手；一个是其他的事情。过分关注消极事件会让其他事件对幸福的贡献大打折扣，因而也就会高估自己的痛苦。"你所关注的任何事都不会带来和你认为那样大的差异，"斯卡迪和卡尼曼（Schkade & Kahneman，1998）研究之后如是说。

前面"幸福悖论"也反映了适应作用，这种作用当然也有好的一面。一个人遭受到人生重大悲剧之后，如婚姻不幸、伤残、失业，最初，他的幸福感水平会急速下降，随后，幸福感又会很快的回归到先前的水平。

克拉克等人（Clark et al.，2006）运用德国社会经济面板数据库中1984~2003年间的数据，研究发现，对于离婚、守寡和第一个孩子出生来说，人们具有一个完全地适应，很快恢复到幸福感的"设置水平"。当然，男女对于离婚的适应存在差异，如果一个人离婚了，那么，此人幸福指数就会下降5分，这比失去1/3薪酬的影响还要大两倍，但是，离婚1年后，男人一般基本就适应了，而女人则会继续痛苦。研究还表明，处于未婚状况者，包括从未结婚者、丧偶者、离婚者或分居者，他们的幸福感要大大低于处于婚姻状况者，不过他们中离婚者的幸福感要低于从未结婚者的（Easterlin，2003）。如果一个人分居了，那么，境况比离婚还要糟。如果一个人丧偶了，那么，境况更是比分居还要惨。这里表现出一个不对称的现象，人们能够完全适应婚姻，但却不能完全适应丧偶，丧偶对人们生活满意度的负面影响至少要持续10年（Frederick & Loewenstein，1999）。结婚有了爱情的结晶，男女双方都会体验到非常高的幸福感，然而，平均两年之后，双方又会回到先前的幸福感。

在所有生物中，人的适应能力是非常强的。甚至是遭遇了瘫痪、失明和其他残疾的人，往往也能鼓足勇气，用乐观的态度面对不幸。他们适应了残疾，他们的生活满意度都达到了正常或接近正常的水平（Brickman et al.，1978；Chwalisz et al.，1988；Schulz & Decker，1985）。而在不了解适应能力的情况下，有人在面对死于车祸和忍受瘫痪的二选一中，可能宁愿选择前者。然而，事实表明，在不到1年的时间里，很多瘫痪的人就拥有了与正常人相同的情绪和情感（Bulman & Wortman，1977）。还有证据表明，盲人、智障人和畸形人，他们对自己生理身体状况不便的适应能力，要比大多数人想象的好得多（Cameron，1972；Cameron et al.，1976）。

对于第一次遭遇解雇的人来说，失业引起的精神成本非常高，但对于那些曾经遭遇过解雇的人来说，则失业遭受的精神损失要少一些。由此表明，从某种程度上说，失业者已经习惯了失业。对于持续性失业问题，这项研究结果也可提供一定解释（Clark et al.，2001；Lucas，Clark，Georgellis & Diener，2004）。不过与女性相比，男性根本不能很好地适应失业（Clark et al.，2006），原因或许可用范普拉格的研究解释，工资对男性来说比女性更重要（Van praag，2009）。就德国情况而言，研究发现，对于 50 岁以上的妇女来说，失业没有减少她们的生活满意度（Gerlach & Stephan，1996）。

　　显然，对于生活中的普罗大众来说，他们往往不会预期或知晓这点：适应效应能够让痛苦感减少和消失，特别是减少和消失的速度，因而会高估消极事件带来的痛苦感，结果只会是自寻烦恼，甚至是加重烦恼。

第二节　适应效应与时间配置

　　知道了适应效应与幸福感的关系，那么，我们就需要调整资源配置，将资源更多的配置到幸福感高而适应效应小的方面。这也是幸福经济学研究的一个重要方面，也就是通过公共政策调整资源配置，增进整个社会的幸福感，以下重点介绍适应效应和时间错配问题。

　　人类具有强大、非凡的适应能力，由此解释了这一点，为什么人们一旦脱离了一贫如洗，以及绝对生活水平提高后幸福感就很难增加了。当然，这不是说适应效应的存在，绝对收入的增加对于幸福感没有影响，这取决于资源如何配置。人们完全可以将增加的收入用于增加持久的幸福方面，也就是用于不容易适应的方面，进而增加幸福感。不过，由于各种各样的原因，人们实际上并没有这样做，这是收入增加人们幸福感并未增加问题的关键。

　　关于这个问题的证据很多，这些证据清楚地表明，增加大部分物质产品的消费，并不能有效的增加幸福感。为此可以想象这样两个社会，它们在其他方面都相同，只是住房面积存在不同。

　　A 社会：每个人都住在 100 平方米房中。

　　B 社会：每个人都住在 80 平方米房中。

　　如果两个社会相互隔绝，那么，不存在比较，这两个社会的幸福感也就不存在差异。因为一旦住房面积达到了某一个界限后，人们对于面积增加的适应几乎是完全的（Frank，2005）。然而，建造 100 平方米房子却要比 80 平方米花费更多的资源，而这多出的资源本可用于增加幸福感的方面。因此，如果这多出的资源用于难以适应的非明显性消费，无疑就可增加人们的持久幸福。对此，通过一系列假想情境中的内省式实验，可以有力地证明这点。

一、住房面积与驾车上班时间

假设以下 A 社会和 B 社会没有其他差别，仅在住房面积和驾车上班时间方面存在差别，请问你会选择在哪个社会生活？

A. 每个人都住在 100 平方米房中，但上下班要在拥挤交通中度过 1 小时；

B. 每个人都住在 80 平方米房中，但上下班通过快速交通系统只需 15 分钟。

这两个社会唯一的不同，就是资源在住房和交通之间的配置不同。B 社会居民可将居住小房子节省的资源用于交通道路建设，如此你是自驾也好，租车也好，乘坐公共交通也好，都会更加的快速和方便，唯一的代价就是住房面积要小点。你会选择在哪一个社会生活？

理性的人会权衡不同选择的收益和成本。即使是在相对小一些的房中生活，然而，并没有证据证明，生活在 80 平方米房中的人，他们的幸福感要低于生活在 100 平方米房中的人。当然，从 B 社会搬到 A 社会，增加的面积会让你体验到幸福，然而，这种幸福不会长久，你很快就会适应新的面积，并以此作为新标准产生更高的期望。与此同时，居住面积增加是有代价的，就是你要忍受上下班通勤时间延长的痛苦，虽然这种痛苦你也会适应，但问题的关键是，人们对大房子的适应是完全的，而对通勤时间延长的适应却是不完全的。研究表明，即使经过很长的时间，大多数人还是会感到在交通拥挤中驾车压力很大（Koslowsky et al.，1995）。

事实上，交通拥挤给人带来的痛苦同噪音一样。对于稳定、持续的噪音，人们不会感到很大的痛苦，人们会逐渐适应，关键在于能否完全适应，也就是能否回到先前的幸福感。研究表明，对于噪音、整形手术，人们的适应是不完全的，其经历对于幸福感具有持续的作用（Frederick & Loewenstein，1999）。不仅如此，如果是长期处于噪音之中，还会引起血压持续的升高（Glass et al.，1977）。如果处于音量大且间歇性的噪音之中，即使人们已经适应了，也会保持高度的警觉，由此会加重中枢神经系统的紧张症状（Glass et al.，1977）。研究发现，生活在新开通高速公路旁的居民，在开通 4 个月之后，有21%的居民认为未受到噪音的打扰，然而，1 年之后，接受调查的同样居民中仅有 16%的认为如此。

在各种噪音中，对人们影响最大的是那些音量大、间歇性且不可预期的噪音。在实验室中，将被试置于这种噪音之中，结果，他们不仅感受到了压力，而且影响到行为。这些人在解决令人沮丧的问题时，或在需要细心和专注的任务中，表现出极度的缺乏耐心。

不可预期的噪音给人带来的压力非常大，它可让人感到失去控制。大卫·格拉斯（David Glass）等运用实验巧妙地证明了这点。他们将两组被试置于大且不可预期的噪音中，一组被试可以控制开关停止噪音，这组被试被告知，他们随时可以按动开关停止噪音，但实验希望他们不要这样做，并且大多数被试也同意如此。而另一组则不能控制开关。结果能够控制噪音的被试，他们在校对工作中所犯的错误方面，比另一组要少 60%，在解决困难问题的努力程度方面，比另一组要高 4 倍（Glass et al.，1977）。

在交通拥挤的状况中上下班，非常类似于暴露在不可预期的噪音中，而不是持续的背景噪音中。不仅时间的延误难以预期和控制，而且对一个非常珍惜时间的人来说，他是很难适应浪费时间的，时间是人的终极资源，生命的存在是用时间表示的，浪费时间就是浪费生命。

有一个大型研究表明，交通拥挤和耽误时间给人带来的压力很大。城市公交司机感受到的交通拥挤压力，要比大多数上下班人的大得多。与其他的职业员工相比，公交司机的缺勤次数更多，其主要原因是，他们容易患肠胃疾病，以及头疼和焦虑等与压力相关的疾病

（Long & Perry，1985）。很多研究都表明，同其他控制群体相比，同司机开车录用前的体检相比，公交司机患高血压的比率要高得多（Ragland et al.，1987；Pikus & Tarranikova，1975；Evans et al.，1987）。这些研究还发现，城市公交司机的肾上腺素和皮质醇等压力激素会增高，而且肾上腺素的增高与城市公交司机面对的交通密度存在着很强的正相关（Evans & Carrere，1991）。由于身体原因，超过一半的司机会过早的退休（Evans，1994）。

虽说在交通拥挤中驾车上下班，感受到的压力要比城市公交司机的小，然而，这只是程度上的区别而非种类上的区别。研究发现，在交通拥挤中驾车上下班，常常会引起感情和行为上的缺陷（Glass & Singer，1972；Sherrod，1974）。相对于一路畅通的状态而言，在交通拥挤的状态下驾车常常有更多的易怒感觉。驾车距离、时间、速度与心脏收缩压和舒张压的增加，两者之间呈现出明显的正相关（Stokols et al.，1978）。

长期承受交通拥挤导致的压力，还会抑制免疫功能，缩短寿命（Delongis et al.，1988；Stokols et al.，1978）。甚至在驾车途中交谈15分钟，也会引起血糖和胆固醇的升高，并且降低血凝结的时间，而所有这些都会引起心血管疾病。可能是由于过度暴露在废气当中的原因，驾车上下班与各种癌症特别是肺癌的发病率呈现出正相关。而且在驾车上下班的人中，以上疾病的发病率随驾驶距离的增加而增加（Koslowsky et al.，1995）。与此相反，乘车或乘地铁上下班的人，他们的发病率明显要低一些（Taylor & Pocock，1972；Koslowsky & Krausz，1993），而不乘车人的发病率更低（European Foundation for the Improvement of Living and Working Conditions，1984）。最后，在交通事故中死亡或受伤的风险也与驾驶距离呈同向变化，并且开车人的风险要高于乘坐公共交通人的风险。

综上可见，在交通拥挤的状况中长距离和长时间的驾车，需要承受持续和显著的成本。神经生理学家会认为：生活在 A 社会中的人，他们会有更高的皮质醇、去甲肾上腺素、肾上腺素和其他压力激素。因而，我们有理由推测，相对于 B 社会中的人而言，A 社会中的人幸

福感要低一些。因此，一个理性的人理应选择生活在 B 社会，而非 A
社会。

然而，在这方面，残酷无情的事实却反映出人们缺乏理性。在
现代社会中，随着人们住房面积的增加，上下班的平均距离也在增
加。在美国 1982～2000 年间，高峰路段出行人的时间损失，由每
年 16 小时狂飙至 62 小时；出行人遭受的堵车时间，由 4.5 小时上
升为 7 小时；交通拥挤路段，由 34% 增加到 58%（Schrank &
Lomax，2002）。

显然，住房面积大而交通时间长所致的时间资源错配，不仅妨碍
了幸福感的增进，而且浪费了大量的时间。

二、住房面积与锻炼身体时间

假设以下 A 社会和 B 社会没有其他差别，仅在住房面积和锻炼
身体时间方面存在差别，请问你会选择在哪个社会生活？

A 社会：每个人都住在 100 平方米房中，但每天都没有时间
锻炼；

B 社会：每个人都住在 80 平方米房中，但每天却有 60 分钟时间
锻炼。

B 社会的人原本也可住在 100 平方米房中，但他们却选择房子住
小点，每天工作时间也少一些，以便将节省下来的时间用于锻炼。

假设生活在 B 社会中的人，他们并没有因为居住面积小一些幸
福感下降很多，那么，问题就成了每天多出 60 分钟的时间用于锻炼，
能否显著的提高幸福感？在这个问题上，证据是确实的、充分的。

大量研究表明，有氧运动对人的生理和心理有着积极的影响
（Plante & Rodin，1990）。运动能给人带来更强烈、更频繁的积极体
验（Fontane，1996）。让人拥有更高的寿命，并且很少受心脏病、中
风、糖尿病和大量其他疾病的折磨（Blair，1989）。指导患有中度压
抑症的人进行有氧运动，其康复率与心理疗法的康复率相当，并且生
活满意度得到明显提高（Greist et al.，1979）。即使强度较小的运动，

也会对生理和心理产生显著的影响，例如散步。实验表明，对一些更年期的妇女进行散步指导，经过一段时间锻炼后，她们的心率和血压会得到明显的改善，而且相对于没有散步的人，她们的自尊心也得到了显著的提高（Palmer，1995）。

然而，以上证据并不能让人选择在 B 社会生活，大多数人不喜欢运动，特别是年龄较大者，他们没有了年轻时的兴趣和精力。人们往往认为运动体验到的是痛苦，如气喘吁吁、大汗淋漓、浑身发软……。其实，长期坚持运动的人都知道，在一个人适应了运动的痛苦后，不仅不会感到痛苦，而且会体验到精力旺盛、精神饱满的感觉，进而上瘾，欲罢不能。对于那些想锻炼但又总是觉得没有时间的人来说，如果他们工作时间少一点，或者住房面积小一点，就肯定会有时间运动。有了时间后，制定一个锻炼计划，哪怕每天只锻炼一小会儿，只要坚持下来就会逐渐地适应痛苦，进而感受到运动的愉快，运动时间就会增加，运动也会成为一件离不开的生活必需品。尽管运动让人健康、长寿、幸福，然而，无情的现实却是，普通美国人的锻炼时间少于过去，工作时间却长于过去（Frank，2005）。

工作过多，住的房子大但运动时间少，这种时间错配的结果，就是失去了金钱投入少，幸福产出高，且不易适应的积极体验。不仅如此，这种时间错配也反映在现代人与朋友交往的时间方面。

三、住房面积与朋友交往时间

现代人与朋友交往的时间少于过去，结果也妨碍了幸福感的提升。假设以下 A 社会和 B 社会没有其他差别，仅在住房面积和朋友交往时间方面存在差别，请问你会选择在哪个社会生活？

A 社会：每个人都住在 100 平方米房中，每月只有 1 个晚上时间与朋友在一起。

B 社会：每个人都住在 80 平方米房中，但每月却有 4 个晚上时间与朋友在一起。

生活在 A 社会中的人，一方面由于工作时间更长，挣钱更多，因而住房也更大；另一方面却没有太多的时间与朋友交往。然而，住房大一点产生的幸福感，要远远小于与朋友广泛深入交往带来的幸福感。因为前者容易适应，所以产生的幸福感是短暂的，而后者不易适应，带来的幸福感是长久的。有广泛社会活动关系网的人，更有可能认为自己是幸福的，也更有可能被他们的朋友认为是幸福的（Argyle，1999）。一项针对 800 名大学毕业生的调查表明，看重高收入和职业威望的人，他们感到的"比较不开心"或"十分不开心"是其他人的 2 倍（Perkins，1991）。

特别值得注意地是，亲密的人际关系网与身体健康的联系。缺乏关系网的人，身体常常也不太健康，而且还面临着更高的死亡风险。一项针对白血病患者接受骨髓移植的研究发现，得到家庭和朋友强烈情感支持的患者，他们的存活率为 54%，相反，得到较少社会支持的患者，他们的存活率仅为 20%（Colon et al.，1991）。

对此还有进一步的证明。在 1965 年进行的一项调查研究中，研究者研究了社会关系与死亡率间的联系。社会关系包括了婚姻、朋友、教会成员及其他组织等各种关系，样本为居住在加利福尼亚的 2229 位男性和 2496 位女性。结果表明，在所有年龄组中，同拥有社会关系的人相比，没有或有较少社会关系的人，在调查的 9 年期间，死亡率要高出 30% ~ 300%（Berkman & Syme，1979）。

总的来说，亲密关系能够促进身体健康和幸福感。然而，享受亲密关系同样需要时间。如果工作更多，挣钱更多，当然可以住进较大房子，就像如今的美国人的选择。但时间错配会失去很多亲密关系带来的幸福感，而且这种积极体验不易适应。

四、住房面积与休闲度假时间

假设以下 A 社会和 B 社会没有其他差别，仅在住房面积和休闲度假时间方面存在差别，请问你会选择在哪个社会生活？

A 社会：每个人都住在 100 平方米房中，每年只有 1 周假期。

B 社会：每个人都住在 80 平方米房中，但每年却有 4 周假期。

如果我们都住在较小房子里，那么，我们每年就会有更多的假期。休假可让人游览新地方，探望远方亲友，躺在沙滩上，野外徒步旅行，以及其他任何你想做的事。定期休假带来的生理和心理健康是确定无疑的（Argyle，1996）。研究表明，同其他时间相比，人在休假时很少感到疲劳、生气和焦虑。休假还可减少消化不良、便秘、头痛和失眠等压力疾病发病率（Rubenstein，1980）。而且休假结束后，美好的回忆还可给人带来记忆效用，就如美国火车旅行作家泰鲁（Theroux）所言："旅行只有在回味时才是迷人的。"返回工作岗位后，精力也会更加充沛。德国立法就规定，休假是一个独立、不被打扰的时期，除非公司或雇主迫于压力必须分开休假。如果法定的 24 个休假日必须分开，那么，"其中的一部分应至少包含 12 个连续的假日"（Weiss，1991）。

尽管休假增加的幸福感大于搬进较小房子降低的，或者说低年薪长假期组合可以增加幸福感，然而，在美国，却很少有公司提供 1 年中多于 10 天的带薪休假。在这方面的时间错配，也是美国人的整体幸福感没有欧洲人高的一个重要原因。

以上分析是在两种不同类型的消费中进行比较，这两类消费在前面已经提到，一种是可用于炫耀的明显性消费，它更多的是物质方面的消费，一种是没有炫耀作用的非明显性消费，它更多的是精神文化方面的消费。这里明显性消费用更大的住房表示，非明显性消费用免于交通拥挤、锻炼身体、与家人朋友在一起、长假期表示。

至此，大量的证据证明了这样一个结论：一个社会非明显性消费越多，人们的幸福感也越高。

非明显性消费的例子可以大量扩展。如果牺牲一点住房面积，但却可换来图书馆、美术馆、科技馆、体育馆、文化宫、音乐厅、剧院、公园……更多，犯罪、污染、疾病和死亡……更少，面对这些替代性的选择，如何增进幸福感可谓不言自明。

以上问题实际上可表现为这样一个问题：所有人都住在稍小一点的房中，幸福感几乎没有什么损失，但由此节省的资源如果得到更有效的运用，幸福感却可得到大量的增加，而且对于这些幸福的体验人们还不会适应，至少是不会完全的适应。由此，也回答了幸福感与绝对收入间的关系问题。大量证据证明，为了住更大的房子，开更贵的车子，人们必须工作更长的时间，但这些明显性消费产生的幸福感并不比过去增加很多。相反，如果房子住小一点，人们就会有更多的时间陪伴亲人、锻炼、睡眠、旅行或从事自己喜欢的活动，有更好的生活环境和治安环境。

总而言之，考虑到适应效应，如果人们能对时间和金钱进行重新分配，完全可以过上更健康、更长寿、更幸福的生活。对此，公共政策可以发挥很大作用。莱亚德（Richard Layard，2005）就认为，对非明显性消费的征税就应大大低于明显性消费。毫无疑问，如此政策将起到一个很好的导向作用，将极大地增加社会福利。

第三节　幸　福　启　示

知晓了适应效应，就可为增进人们的幸福感提供帮助。简单说，就是要减少对积极事件的适应，增加对消极事件的适应。或者说，增加对积极事件适应不完全的活动，减少对消极事件适应不完全的活动。

一、通过变化减少适应

前面说过，对积极事件的适应会降低幸福感，因此为了减少和避免适应就应保持一定变化。生活要出新，艺术要推新，产品要更新，科技要创新，这些都在一定程度上说明变化可以减少适应，否则一成不变、沉闷枯燥、无趣乏味的生活让人感到的是死水一潭、暮气沉沉。研究表明，脉冲式的积极体验带给人的刺激，可避免对积极体验感觉的迟钝，让人保有一种新鲜感、新奇感、活力感，进而让人拥有幸福感（Scitovsky，1976）。即使一个人生活优越，但如果生活长期保持一成不变的状态，他也会感到生活枯燥、乏味甚至是窒息。从长期看，舒适并不是决定幸福的重要因素，即使一个人的生活水平不高，但如果存在舒适的脉冲式变化，他的幸福感也会较高。

如此说来，幸福其实很简单，并不需要多少钱，多大权，多有名，只需要变化一下子，家里摆设变一下，菜谱变一下，发型变一下，穿着变一下，音乐变一下……穷快活也是快活，而且是一种性价比很高的快活。

二、从事难以适应活动

不容易适应的积极事件可让人获得长久幸福，因此需要增加这方面的活动，这些活动往往是非明显性消费，大多数是精神文化方面的消费，如社会交往、探索未知、夫妻感情、兴趣爱好、旅行度假、宗教信仰，特别是社会交往，如与亲朋好友聚在一起，喝个小酒，聊个小天，叙个小旧，玩个小牌……卡尼曼对德克萨斯州900名妇女的调查表明：在15项日常活动中，幸福感排名最高的前四项分别为：性爱、社交、放松、祈祷/礼拜/冥想。由此可见，作为一种社会性动物的人，社交对其幸福感的影响是多么的重要。

笔者曾对幸福通识课上的400名学生做过调查：面对"到目前为止，你认为最幸福的事是什么？"，结果显示68%的学生认为与父母在一起（其中女生占56%）。这里谈到最多的是，高中时期一天繁忙的学习结束后，与家人在一起其乐融融共享晚餐，其次是大年三十与父母在一起吃着热腾腾的年饭时，期间能够感受到父母的爱和家庭的温馨（熊毅，2012）。家庭组织带来的幸福感极高，它可让成员共同面对生活，共分痛苦和共享快乐，这是婚姻家庭带来的幸福之一。通过温馨的家庭组织还可建立起一个广泛的社会支持网络，这个网络可以包括朋友社区和宗教等组织。大量的生物学研究证明，获得社会支持可以改善健康状况，相反，处于社会孤立中则不利于健康（Berkman & Glass，2000）。

如果人们关注短期效果，忽视适应速度，那么，就会认为物质财富能够带来幸福。然而，博文和吉洛维奇（Boven & Gilovich，2003）

的调查和实验证明，积极体验主要是与社交相关的体验，它带给人的幸福感更高。按照著名幸福经济学家莱亚德（2005）的观点：幸福研究并不限于经济因素对主观幸福的影响。事实也的确如此，幸福研究最重要的成果之一，就是人们生活中的非物质方面因素——特别是存在于家庭成员、朋友和邻居之间的社会关系——对于幸福是非常重要的。有关"关系商品（relation goods）"（Bruni & Porta，2007；Gui & Sugden，2005）也被称为社会资本（Putnam，2000），非常重要，较丰厚的这种资本可在相当大的程度上增加生活满意度（Helliwel & Putnam，2005；Björnskov，2003；经济合作与开发组织，2001；Powdthavee，2007）。

卡尼曼等人（2003）的研究也表明，与朋友交往是最令人愉快的时刻，它超过了与同事和子女的交往。而且最深的感情不一定产生最愉快的感觉。人们往往认为与子女关系是生命中最重要的，但研究却发现，同一位年龄相仿的一般朋友聊天，要比同自己十几岁子女的聊天更愉快（Robert Sugden，2005）。原因可能是，父母与子女之间存在年龄和经历方面的差异，造成他们之间对日常琐事的情感和谐程度要比朋友间低一些。

与作为非明显性消费的社交不同，明显性消费很容易适应。因此，无孔不入的广告总是诱导人们要消费得更多，在美国，广告费用占了 GDP 的 2.5%，这实际上是在制造痛苦（Yew-kwang Ng，2004），就如一家大的连锁店经理所言："我们的工作就是让女人不满足目前拥有的东西"（Walsh & Gillespie，1990）。在生活中，物质产品增加带来的幸福感通常只是昙花一现，那些评价物质产品比其他东西价值更高的人，他们往往拥有相当少的幸福（Sirgy，1997）。与此相反，拥有内在目标的人（换言之，自己定义自己价值的人），他们常常比那些追求外在目标的人（即以追求外在奖励为目标的人，例如，财政上的成功或社会上的赞许）更加幸福（Kasser & Ryan，2001；Kasser，2002）。

三、工作与生活再平衡

工作与生活平衡是一个非常重要的问题，因为明显性消费也好，非明显性消费也好，两者都需要消耗时间，在时间是最终极稀缺资源的情况下，这些时间不能来自休息和睡眠时间的减少，而只能来自工作时间的减少。仅仅减少工作时间就可增加幸福感，卡尼曼对德克萨斯州 900 名妇女的调查表明：在 15 项日常活动中，幸福感排名最低的三项分别为：做家务、上班、通勤。其中后两项就与工作有关。

在大多数富裕国家，人们变得富裕以后，就会选择工作少一些。换句话说，放弃一些可以获得的收入，经营自己丰富多彩的私人生活。在过去的半个多世纪，欧洲人一直实行的就是这种模式，工作时间迅速减少，而美国却并非如此。在富裕国家中，美国人的平均工作时间最长，比欧洲人的还要长。莱亚德（2005）认为，这或许是美国人的税负较低，增加了工作报酬，也可能是私人生活满足感较少。尽管美国人与法国人每小时的产值相同，但由于美国人的工作时间长，加之美国的工作人口多于法国——在法国，更多的妈妈和年龄较大的员工决定待在家里，失业率由此也比美国要高出 3 个百分点，因此，美国的 GDP 要比法国的高出 40%。然而，美国人的每小时产值与欧洲人的一样，而且增加速度也相似。德国人的每小时工资与美国人的基本相当，但美国人的工作时间长一些，因此收入也比德国人的要高一些。然而，经济学家会认为，两个国家人的实际收入其实是一样的，因为他们的实际购买能力是相同的，只不过是美国人购买的商品比德国人多，而德国人购买的闲暇比美国人多。在欧洲，当美国经济学家就欧洲人较短的工作时间与较长的休假说三道四、喋喋不休时，欧洲人特别反感。大多数欧洲人都非常满意自己的工作时间，尽管工作时间长一些，自己的收入会更高一些，国家的 GDP 也会更高一些（Layard，2005）。

或许局外人很难说清孰好孰坏，然而，有一点是必须要强调一下的，就是工作的价值必须同其他的价值相比，如家庭生活。而且自 1975 年起，美国人的幸福感就再也没有增加了，而欧洲情况正好相反，这是否与欧洲人的工作与生活平衡有关呢？或者说与美国人的工作与生活失衡有关呢？无论如何，时间配置对幸福感的影响都是极大的。

第七章

公 平 偏 好

标准经济学的核心假设之一是利己假设，尽管也有研究表明，经历过生活富裕、变动、都市化和大众传媒后，个人主义会迅速膨胀起来（Triandis，1994；Freeman，1997）。然而，行为经济学实验却表明，在公平分配方面，人们的实际行为与利己假设还是存在着系统性偏差。毫无疑问，公平问题非常重要，绝非可有可无，绝非简单的效率高于公平，公平是人们的一种普遍心理需求，也是人类社会的一个崇高追求，社会公平与否对于人们的幸福感影响极大。

第一节　公平偏好显示

在行为经济学的实验当中，公平分配偏好属于一个极为重要的内容，众多实验结果也显示出人们具有公平偏好。下面就介绍几个有关这方面的实验，这些实验堪称经典，它们充分、有力地证明了人们对于公平的企求。

一、最后通牒博弈实验

最后通牒博弈实验非常著名，它是年由古斯、施密特贝尔和施瓦茨（Guth et al.，1987）首先提出的。该博弈实验是在两个陌生人之间进行的，由提议者和反应者双方共同决定如何分配一定数量的金钱。实验内容也很简单，首先由提议者提出一个分配 10 美元的方案，然后由反应者决定是否接受该方案。如果反应者接受方案，则按照方案进行分配；如果反应者拒绝方案，则双方将一无所获。

根据标准经济学的利己假设，即使提议者贪得无厌，分配给反应者的收益极少，但只要收益大于 0，反应者就会接受该方案。然而，大量的行为经济学实验却表明，结果并非如此。提议者平均出价在 4 美元或 5 美元左右，并非极低。如果提议者的出价低于 2 美元，50% 的反应者就会拒绝接受。反应者认为，如果低于 10 美元的一半太多，就是非常不公平的，因而为了追求心中的公平，牺牲自己的收益也在所不辞，也就是采用拒绝的方式惩罚对方，结果双方都将一无所获。

显然，最后通牒博弈实验揭示出了人们的公平偏好，为了追求心中公平的梦想，人们情愿放弃一些收益。随后更深入、详细的研究也再次证明了这点。大量实验给出的统计数据表明，提议者出价的众数和中位数一般在 40%～50% 之间，平均数为 30%～40% 之间；在 0～10% 和 51%～100% 这两个区间内，出价百分比出现的较少。统计数据还表明，出价在 40%～50% 之间的，很少遭到拒绝，而出价低于 20% 的，一般则会遭到拒绝。

最后通牒博弈实验基本上反映出人们对公平的追求。公平是自己对他人行为和行为结果的一个判断，而这种判断又会影响自己的行为和分配偏好。公平偏好来自人类的进化，进化过程使得人类的大脑、认知、情感反应机制会做出适应性调整，当遭到专横、欺负、凌辱、剥夺、歧视等不公平对待时，这种机制就会燃起人们心中愤怒的火焰，就会激起人们强烈的抗争。在进化过程中，愤怒作为一种生存优势得以保存。

在最后通牒博弈中，人们是理解自己利益最大化的最优策略的，而之所以没有选择最优策略，实为情感、社会因素所驱使。在有些时候，人们宁可牺牲自己的经济利益，也要追求精神方面的满意，如基本尊重、公平对待、自由选择。

上面介绍的最后通牒博弈实验，是一个非常经典的博弈实验。这个实验是发生在陌生人之间，而且是一次性博弈。后来学者又以该博弈为基础做了一些调整，这就是独裁者博弈。

二、独裁者博弈实验

独裁者博弈实验属于最后通牒博弈实验的一个变异，安德瑞尼和米勒（Andreoni & Miller，1993）以及福塞斯等（Forsythe et al.，1994）、凯莫勒和塞勒（1995）等学者对此进行了多次重复实验。

在独裁者博弈实验中，还是由提议者提出分给反应者的钱数，与最后通牒博弈实验不同的是，反应者必须对提议者分配给自己的钱数无条件接受，换言之，反应者无权拒绝提议者的分配方案。按照标准经济学的利己假设，在提议者知道反应者没有否决权的情况下，提议者分配给反应者的数量应当为0。然而，多个实验结果证明并非如此。安德瑞尼和米勒（1993）的实验结果为，40%提议者分配给反应者的数量为0，20%提议者分配给反应者的数量为0~50%之间，40%提议者分配给反应者的数量为50%。福塞斯等（1994）的实验结果是，接近20%提议者分配给反应者的数量为0，60%提议者分配给反应者的数量为0~50%之间，20%提议者分配给反应者的数量为50%。事实上，不同经济学家共进行了上百次实验，这些实验对象分布于不同国家、不同时期、不同群体。他们的实验也得出了与上面两次实验类似的结果。尽管实验结果的数值存在一些差异，但是，在提议者当中，很大比例的人分配给反应者的数量都远远大于0。

毫无疑问，独裁者博弈实验结果与标准经济学的利己假设不同，对此，行为经济学的解释是，行为人除了追求自身利益之外，还有追求公平的偏好，这种偏好会让行为人宁愿放弃一部分自己利益，也要追求收益分配的公平。如果提议者分配给反应者的数额过低，就会形成一个明显不公平的分配结果，一个具有公平偏好的提议者，是不会提出公平程度过低的收益分配的，他会分配给反应者一个较高的数量。另外，独裁者博弈实验在一定程度上还可解释人们不图回报的一些行为，例如，无偿捐赠、乐善好施、志愿服务等行为。

在最后通牒博弈中，提议者提出的慷慨分配数额，可能是出于内心公平的诉求，也可能是担心低分配数额会遭到拒绝，还可能是两种心理兼而有之，具体原因难以区分开来。不过，在独裁者博弈中，却可很容易的区分开来。在独裁者博弈中，由于反应者无权拒绝分配方案，因此，只要提议者提出的分配数额大于0，他就没有追求收益最大化，由此就可证明提议者的慷慨与内心深处的利他考虑有关，而非出于策略上的考虑。

三、礼物交换博弈实验

礼物交换博弈实验最早是由费尔、克切斯蒂格和瑞德尔（Fehr et al. ，1993）设计的，随后霍夫曼、麦凯布（McCabe）和史密斯（1998），以及弗克（Falk）、费斯巴赫（Fischbacher et al. ，2001）等学者进行了多次重复实验。

该实验有两方，提议者（代表企业）和反应者（代表员工）。首先提议者提出一个工资水平，然后由反应者决定是否接受该工资水平。如果反应者拒绝，则双方受益都为0；如果反应者接受，则会考虑付出多少水平的努力。按照标准经济学的利己假设，博弈过程将是这样的：如果自私的提议者决定了一个工资水平，那么，自私的反应者付出的努力越多，获得的收益就越少。因此，无论提议者提出什么水平的工资，反应者都会付出最低的努力水平。提议者也估计到反应者会付出最低的努力，因而也只会提供最低的工资。经过如此这般的互动，最后博弈的结果只能是，提议者只提供最低的工资，反应者也只付出最低的努力。在这个博弈过程中，工资和努力之间没有任何相关性，特别是没有正相关性。然而，实验的结果与标准经济学利己假设的结果相反，提议者提供的工资远高于最低工资，反应者付出的努力也明显高于最低努力，而且工资和努力之间呈现出明显的正相关。

对此，行为经济学家提供了自己的解释，反应者具有公平偏好，当提议者提供的工资水平较高时，实际上是牺牲自己的收益增加反应者的收益。为了维护双方收益的公平，具有公平偏好的反应者自然也会增加自己的努力，否则就会破坏收益分配的公平。而提议者知道反应者会以高水平的努力回报高的工资水平，因此，一开始就会提供一个高水平的工资。由此表明，人们会对友善行为给予报答，在礼物交换博弈实验中，就是提议者首先提供一个较高水平的工资作为礼物，反应者也会对此礼物给予回报，甚至在减少自己收益的情形下，具有公平偏好的反应者也会义无反顾，这就是常说的投桃报李、礼尚往来。

上面的礼物交换博弈实验揭示出了这样一个道理，具有公平偏好的行为人，例如，实验中的反应者，他们的公平行为可以在一定程度上减少其他人的利己行为，由此可极大地增进收益分配的公平程度，最终还可实现社会福利的帕累托改进。

四、信任博弈实验

信任博弈实验最早由伯格、迪克哈特和麦克卡伯（1995）设计，后来，由费尔和艾伦巴赫（Erlenbach，2000）、考克斯（Cox，2000）等进行了重复实验。

在信任博弈实验中，首先，实验主持人支付提议者一定数量的钱；随后，由提议者决定将多少钱赠送给反应者，数量可以为0，也可以是全部钱；然后，实验主持人将提议者赠送的钱数乘以3，再交给反应者，如此反应者就可得到3倍于赠送的钱。这一点提议者是知道的，也就是自己赠送的钱数将被乘以3，由实验主持人交给反应者。但是，这一点反应者并不知道，因此，反应者就会以为自己得到的这3倍钱，全部是由提议者赠送自己的。最后，再由反应者决定返还多少给提议者，可以是0，也可以是得到的全部钱数。

按照标准经济学的利己假设，反应者不会返还任何数量的钱给提议者，而且提议者也知道反应者不会返还任何数量的钱，因此，他也不会赠送任何数量的钱给反应者。然而，实验的结果表明事实并非如此。实际情况是，提议者赠送了一定数量的钱以后，反应者也返还了一定数量的钱给提议者。而且赠送的钱数与返还的钱数之间还呈现出显著的正相关。

上述的实验结果显然与标准经济学预测的结果全然不同，对此，行为经济学家是这样解释的，反应者具有公平偏好，当提议者赠送的钱数较多时，实际上是牺牲自己的利益增加反应者的利益。因此，为了维护双方利益的公平，反应者会以善报善，增加返还的钱数，使得双方收益的分配趋向公平。提议者知道反应者会以高返还回报自己的高赠送，并且还知道主持人会将赠送的钱数扩大 3 倍，因此，提议者会形成这样一种预期，具有较强公平偏好的反应者所返还的钱数，会大于自己赠送的钱数，因而提议者开始提供的赠送数量也相当高，实验事实上也证明了人们的公平偏好相当强。

以上关于信任博弈实验的介绍，同样告诉了我们这样一个道理，具有公平偏好的行为人，他们的公平行为可能会约束其他人的利己行为，进而极大地增进收益分配的公平程度，最后可能实现社会福利的帕累托改进。

五、公共品博弈实验

截止到目前，在博弈实验中，公共品博弈实验的影响仅次于最后通牒博弈实验。最早的公共品博弈实验是由马维尔和阿蒙斯（Mar-well & Ames，1981）进行的，他们研究了公共品消费中普遍存在的"搭便车"问题。此后，许多经济学家进行了很多类似的重复实验研究。

在一个标准的公共品博弈实验中，首先，实验主持人给予每个参与者一定数量的钱。然后，参与者要决定自己对公共品的投资数量，与此同时，每个参与者都看不到其他参与者的投资。实验结果表明，75% 的参与者对公共品的投资为 0，25% 的参与者投资非常少。不仅如此，随着实验进行了多轮以后，公共品的投资还会逐渐减少，最后直至趋近于 0。

瑞格和特勒（2001）也进行过公共品博弈的实验，他们的实验与标准的公共品博弈实验只有一个区别，就是每个参与者能够看到其他人对公共品的投资。实验结果表明，社会认可能够显著的增加公共品投资。

在费尔和格特（2000）进行的公共品博弈实验中，他们研究了社会惩罚对公共品投资的影响。在设计实验时，他们在标准实验的基础上增加了两个阶段：阶段1——也就是所有参与者完成了公共品投资之后，再让他们去看每个人的实际投资数量；阶段2——由所有参与者同时决定是否实施惩罚。惩罚的对象可以是投资多的人，也可以是投资少的人。众所周知，惩罚一方面会降低被惩罚者的收益，另一方面惩罚也会增加惩罚者的成本，从而降低惩罚者的收益。当惩罚对象为投资少的人时，按照标准经济学的利己假设，由于惩罚会增加惩罚者的成本，减少其收益，因此，每个参与者都不会实施惩罚，而如果不投资不会遭到惩罚的话，自然也就不会有人投资了。然而，实验的结果却表明，平均75%参与者的公共品投资显著大于0，而且几乎每个参与者都对投资较少者实施了惩罚，并且投资越少，惩罚越重。

对于这种与标准经济学利己假设不同的结果，行为经济学的解释是，具有公平偏好的行为人，他们为了提高收益分配的公平程度，会放弃自己的收益，惩罚那些恶意的显失公平行为，在阶段2，投资较多者会惩罚投资较少者，虽然这样减少了自己的收益，但是却可在更大程度上减少被惩罚者的收益，进而缩小投资多者和投资少者之间的差距，在实施惩罚前，投资少者会由于"搭便车"行为得到较多的收益，如此也就降低了收益分配的公平程度。因此，为了维护收益分配的公平，投资多者不惜牺牲自己的一部分收益，对投资少者实施惩罚。由于每个参与者都知道投资少了会遭到惩罚，因此，在阶段1中就会有较多的投资。

第二节　影响公平偏好因素

为了更好地理解人们的公平偏好，学者对上述博弈实验的条件进行了一些扩展。这些条件主要包含了5个方面的因素：方法论、人口统计、文化、描述性、结构性。下面就对这些因素分别加以介绍。

一、方法论因素

方法论因素是对实验方法进行调整，包括重复进行、奖金数额、匿名、沟通、赋权。这些因素对于博弈实验的影响，有的已经得到了确定性的结论，而有些还处于模棱两可的不确定状态，以下就对这些影响因素加以简单介绍，从中也可看出学者的分析问题思路和方法。

（一）重复进行

在最后通牒博弈中，陌生人间的重复博弈过程中是否存在学习效应，对此存有争论，博尔顿和茨威格（Bolton & Zwick，1995）认为不存在。然而，也有学者研究发现，无论是提议者分出的钱数还是反应者拒绝的钱数，两者都会随着时间的推移呈现出一些微小的下降（Roth et al.，1991；Knez & Camerer，1995；Slonim & Roth，1998；List & Cherry，2000）。当被试知道分出的钱数和其他被试的最小可接受分出钱数时，学习效应就可能发生。哈里森和麦凯布（Harrison & McCabe，1996）的研究表明，在被试知道分出的钱数和最小可接受分出钱数情况下，当博弈进行到第 15 轮时，两者降到了总钱数的 15% 左右。威尔金森（Wilkinson，2008）推测其中可能的原因大概如下：（1）当反应者看到其他反应者不再惩罚不公平的提议者时，自己也就不再实施惩罚了；（2）如果被试的惩罚仅仅只是满足感情的冲动，那么，被试就会对持续的惩罚感到"厌倦"；（3）被试对公平的判断可能发生变化。

在信任博弈和公共品博弈中，在陌生人间的重复博弈过程中，信任、合作、捐赠水平都会随着时间的推移出现下降（Fehr & Gächter，2000）。然而，当存在惩罚的威胁时，三者又会随着时间的推移出现上升（Andreoni & Miller，1993）。对此，学者一般认为，当人们处于一个与他人频繁互动的环境时，如果能够知道互动的结果，并且能够通过背叛或拒绝博弈（得不到任何支付）惩罚他人，那么，最优的策略就是选择"友好"和"合作"。由于每一个人都可能被排除在博弈之外，从而得不到任何支付，因此，为了赢得他人的信任，我们必须表示友好，选择合作。

对于重复博弈和学习效应来说，还有一点值得说明。在博弈中，学者暗含着假设参与者必须拥有足够的智力，能够计算出每种策略的结果。然而，威尔金森（2008）认为这点是不必要的。博弈论有一个生物学方面的分支学科，也就是由梅纳德 – 史密斯（Maynard – Smith，1976；1982）提出的进化博弈论（evolutionary game theory）。该理论认为，博弈参与者并不需要具备一般的智力水平。据此有学者分析了蝙蝠（Wilkinson，1984）和鱼类（Milinski，1987；Dugatkin，1991）的行为。里德就曾经说过："实际上，依据进化博弈论，博弈中不需要鱼儿明白自己究竟在做什么。当鱼儿与一种自动装置进行重复的博弈时，互惠行为可从完全无意识的自发互动中进化出来——这点与计算机模拟证明的一样。鱼儿不需要计算出什么是最优策略，这些是由进化机制完成的，由该机制向鱼儿发出行动指令。"在进化生物学中，博弈均衡不是由具有计算能力的个体有意为之，而是由自然选择下的黑箱机制所为。

进化心理学对于我们理解社会行为大有裨益。当人类最初从事狩猎—采集活动时，大脑便开始得到发展。在这种原始的生产活动中，人们之间非常频繁的重复互动，使得合作显得特别重要。对于提供公共品来说，合作也是非常必要的，如从大规模狩猎活动中获取食物。惩罚背叛者和"搭便车"者，如将其驱逐出群体或流放出去，也强化了合作意识。进化心理学可以解释社会偏好最初是如何形成的，并且认为有关公平的判断和博弈策略的计算能力也是得自天生，而非后天文化的作用。对此，威尔金森（2008）以人的性欲过程为例做了说明。现在心理学家大都同意这一点，人类的性欲产生始于青春期（不过弗洛伊德主义会有异议）。然而，将性欲归结于社会文化的影响而不是天生的，那就贻笑大方了。由此可知，人的许多本能并非出生时就具备，有些本能需要假以时日才能产生。

（二）沟通

在独裁者博弈实验中，如果提议者与反应者之间能够进行沟通，例如，让他们相互之间做一些介绍，如此提议者分出的数量可能就会增加（Frey & Bohnet，1995；Bohnet & Frey，1999）。平均分出的数量可以增加至全部钱数的一半，并且40%提议者分出的钱数超出了一半。然而，在只有1名提议者和2名反应者博弈的情况下，如果提议者只与其中一名反应者进行沟通，那么，提议者就只会对该名反应者显出慷慨大方，具体为分出的钱数可以达到另一名反应者的两倍左右。由此表明，沟通可以引起提议者对沟通过反应者的同情感，但不会引起对未沟通过反应者的慷慨（Frey & Bohnet，1997）。

（三）赋权

赋权对于提议者的行为影响非常大。在独裁者博弈和最后通牒博弈中，如果提议者感觉得到了某种权力赋予，例如，金钱是自己通过竞争获得的，那么，他们的慷慨程度就会降低（Hoffman et al.，1994；List & Cherry，2000；Cherry et al.，2002）。在霍夫曼等人的研究中，由于一些人比其他人能够回答出更多的常识问题，因此，他们被赋予了分配金钱的权力，结果，这些得到赋权的提议者，他们分出的钱数也减少了。在最后通牒博弈中，得到赋权的提议者分出的钱数降低了10%。在独裁者博弈中，分出的钱数大约降低了一半。在彻丽、弗里克布鲁姆和肖格伦的独裁者博弈实验中，分出钱数为0的提议者人数，由17%上升到了80%左右。当实验改成双重匿名时，一毛不拔的提议者人数甚至会上升到96%左右。

（四）可得信息

在进行博弈实验中，参与者可得信息的多少也会对实验的结果产生较大的影响。在最后通牒博弈中，依据反应者对于可分配的总钱数情况了解的不同，将可得信息分为三种：（1）完全信息。反应者对于可分配的总钱数无所不知；（2）不完全信息。反应者知道可分配的总钱数可能会是多少以及概率分布；（3）完全无信息。反应者对于可分配的总钱数一无所知。多数研究表明，在不完全信息和完全无信息的情况下，反应者倾向于接受一个较小的数额（Mitzkewitz &

Nagel, 1993；Straub & Murnighan, 1995；Croson, 1996；Rapoport et al. , 1996）。

在实验中，提议者以前分出的钱数或其他提议者的相关行为也是一种信息，这种信息可以成为评判是否公平的一个参考点。在最后通牒博弈（Knez & Camerer, 1995）和独裁者博弈（Cason & Mui, 1998）中，提议者分出的钱数与其他提议者分出的钱数存在正相关，这表明提议者的分配方案受到了社会的影响。

（五）多人博弈

在前面的博弈实验中，参与者通常只有两个人。然而，如果我们在实验中增加参与者的数量，我们就会对互惠与公平产生一些新的认识。在增加了反应者人数后，实验往往会呈现出这样一种结果，反应者常常是依据自己的收益与提议者的收益比较结果评判公平程度的高低，也就是反应者将公平与否同相对收益的增减相联系，而非与绝对收益的多少相联系，并且反应者不会考虑第三方当事人收益的多少。在一个三人博弈中，也就是包括了提议者、无权力反应者、有权力反应者的博弈当中，提议者仅仅向无权力反应者分出总钱数的 12% ~ 15%，他似乎没有考虑有权力反应者的感受；而有权力反应者的拒绝率大约为 5%，由此表明他也不在乎无权力反应者受到了怎样的对待（Guth & Van Damme, 1998）。在一个三人信任博弈中，被试愿意投资和偿付的数量都降低了，并且每位被试的选择都或多或少受到了这样两种人的影响——最缺乏信任感的被试和最不值得信任的被试（Cox, 1999）。

（六）意图

在人类社会中，人们不仅注重行为的结果，而且也注重行为的意图。如果一个伤害结果是由行为人无意为之，那么，对行为人的惩罚就不会太重，反之，如果一个伤害是行为人故意所为，那么对行为人的惩罚也就会非常严厉。甚至是只要有了伤害的意图，即使没有出现伤害的结果，也要实施惩罚。在最后通牒博弈中，当提议者不是人，而是一台随机值发生器时，最小可接受额就会降低（Blount，1995）。由此表明，面对不均等的结果和不公平的对待，人们的态度是截然不同的，相对于得到一个不均等的结果而言，遭到一个不公平对待的人，更容易燃起心中的万丈怒火。这里需要特别记住一点地是，人非机器，而是一个有思想情感、会报复惩罚的情绪化动物。

（七）惩罚成本

惩罚是维护社会规范的一种重要手段，对于互惠合作行为来说更是如此。在最后通牒博弈当中，反应者拒绝提议者就是一种惩罚。许多研究已经证明，在一次性博弈中，40% ~66%的被试表现出互惠行为（Berg et al.，1995；Fehr & Falk，1999；Gachter & Falk，1999；Abbink et al.，2000）。还有一点特别重要，就是人们惩罚有害行为的欲望要比奖励友好行为的欲望更加强烈（Offerman，1999；Charness & Rabin，2002）。这种心理会对多人博弈的结果产生重要的影响。

在前面介绍的公共品博弈当中，可以很容易地看出背叛和"搭便车"行为的存在。然而，菲尔和盖希特（Fehr & Gächter，2000）的研究表明，如果参与者行为是可预期的，对参与者惩罚又是可行的，那么，公共品博弈的结果就会截然不同。

在菲尔和盖希特的研究中，依据参与者和惩罚组合的不同，区分了四种境况并进行了具体的分析，这四种境况分别是：

（1）每次博弈面对的都是陌生者，不可实施惩罚。
（2）每次博弈面对的都是陌生者，可以实施惩罚。
（3）每次博弈面对的参与者相同，不可实施惩罚。
（4）每次博弈面对的参与者相同，可以实施惩罚。

上述四种境况中的实验结果完全不同。第一种境况中，对手为陌生者且不可实施惩罚，结果，在博弈进行到后几轮时，达成合作的比例降至很低，平均捐赠数量为可用筹码的10%，而且75%的被试选择"搭便车"。即使是相同参与者进行的重复博弈，合作率也呈现出下降，在10轮博弈的后5轮当中，平均捐赠数量只占到可用筹码的30%。然而，当存在惩罚时，捐赠数量会随着博弈轮次的增加而增加。捐赠数量由最初占可用筹码的50%，逐渐上升至65%，在10轮博弈的最后1轮，上升至90%。这些结果清楚而又有力地证明，惩罚的存在可有效地促使利己者选择合作。菲尔和施密特（Fehr & Schmidt，1999）的研究也证明，即使只有少量的互惠被试参与，也足以促进大量的利己被试选择合作。

（八）奖金数额

在最后通牒博弈实验中，随着奖金总数的上升，反应者拒绝的数量也会随之上升。但是，拒绝的数量占奖金总数的百分比会下降。例如，相对于从10美元中得到4美元，反应者更可能拒绝从50美元中得到4美元，但是，相对于得到10美元的20%，反应者却更愿意得到50美元的20%。然而，大多研究表明，关于奖金总数和拒绝数量的正相关关系，呈现的证据并不充分（Roth et al.，1991；Forsythe et al.，1994；Straub & Murnighan，1995；McCabe & Smith，1996）。在凯莫勒（1999）的研究中，尽管奖金总数高达1个月的工资，但奖金总数和拒绝数量的关系并不显著。

（九）匿名性

在博弈研究中，会经常遇到这样一个问题，就是缺乏匿名性会影响到被试的行为。如果被试知道研究者和其他被试知道自己的身份，那么，该被试或许就会取悦研究者，会表现"友好"的姿态。霍夫曼等（Hoffman et al.，1994）发现，在双重匿名独裁者博弈中，独裁者平均只会分出总钱数的10%，这一数字要明显低于非双重匿名独裁者博弈的数字。霍夫曼等（Hoffman et al.，1998）的研究也得到了类似的结果。不过博尔顿等（Bolton et al.，1998）的研究却没有发现双重匿名与其他情形存在差异。在最后通牒博弈中，匿名性只是略微的减少了拒绝次数（Bolton & Zwick，1995）。

（十）竞争

竞争也可以成为影响公平判断的一个因素。在最后通牒博弈中，提议者之间的竞争还可显著的增加分出的钱数。罗斯（Roth et al.，1991）曾经做过一次市场博弈实验，实验中有 9 名提议者（相当于卖家），他们可以各自决定分出的钱数，有 1 名反应者（相当于买家），他有权拒绝最低的分出钱数。最后反应者只能接受一个分出的钱数，这相当于买家最后只会到一个卖家那里购买。经过 5 ~ 6 轮博弈之后，提议者分出的钱数收敛于 100%，这相当于全部交易的价值都转移到了买家。同样在一项关于反应者的研究中，古斯马钱德等（Güth et al.，1997）也发现了一个相似的结果，不同之处在于竞争发生在反应者之间。实验中，当一个提议者（相当于卖家）向多个竞争的反应者（相当于买家）分出钱数时，在第 5 轮博弈之后，最低可接受分出钱数下降到了总钱数的 5% 以下，提议者平均分出的钱数下降到了总钱数的 15%。

在进行最后通牒实验时，还有一些学者加入了一个局外选项，也就是即使提议者分出的钱数遭到拒绝，提议者和反应者仍然可以获得一个非零收益（Kenz & Camerer，1995）。例如，提议者在分配 10 美元时遭到拒绝，提议者仍可得到 2 美元，反应者得到 3 美元。在加入了局外选项之后，实验结果表明，提议者与反应者无法达成协议的比率呈现出明显的上升，高达 50% 左右，远远高于其他实验中的 10% ~ 15%。由此说明，改变博弈的结构可以影响受试者对于公平的判断。

二、描述性因素

框架效应在博弈实验中也广泛存在，表现为对策略的表述不同，可以影响人们对策略的态度，进而影响到人们的行为。

霍夫曼（Hoffman et al.，1994）研究发现，将最后通牒博弈的表述方式改为"一次性交易"——"先由卖者对商品制定一个价格，再由买者决定买或不买"，实验结果表明，虽然拒绝比例没有变化，但出价却降低了 10%。后来，拉瑞克和布朗特（Larrick & Blount，1997）将最后通牒博弈的表述方式改为"索取"一词，结果发现，出价更为慷慨，拒绝行为发生更少。上述两例表明了框架效应的作用，将最后通牒博弈表述为卖者和买者的交易行为，则会导致利己程度的上升；而将最后通牒博弈表述为资源共享的索取行为，则提议者会变得更加慷慨。

在公共品博弈中，也可发现框架效应的存在。如果博弈不是描述为"投资"博弈，而是表述成"社会活动"博弈，则参与者更愿意达成互惠合作（Pilutla & Chen，1999）。由此似乎可以认为，表述方式的不同，使得参与者对他人行为的预期也会不同，进而促使参与者选择互惠合作。

三、人口统计学因素

在博弈实验中，学者还考察人口统计学因素对公平偏好的影响，其中，研究最多的是性别、年龄、大学专业和文化，这里只介绍前三个。

（一）性别

在不同性别之间，公平偏好存在着显著差异。不过，这些差异并未呈现出明显的规律性，而是与其他因素存在着复杂的关系，下面介绍一些主要发现：

（1）在最后通牒博弈中，女性反应者的拒绝率较低。

（2）无论是男性还是女性参与者，都倾向对女性提议者索取更多，对男性分配更多（Solnick，2001）。

（3）女性参与者往往会更多的实施惩罚（Eckel & Grossman，1996）。

（4）女性参与者非常在意实施惩罚的成本，当惩罚成本较低时，女性比男性实施的惩罚更多；相反，当惩罚成本很高时，女性比男性实施的惩罚要少。

（5）男性参与者不会对漂亮的女性更加慷慨，但是，女性参与者却会对英俊的男性更为慷慨，常常会比相貌平平的男性多分配

5%。事实上，根据斯威彻尔和索尔尼克的研究（Schweitzer & Solnick，1999），女性参与者向英俊男性平均分配了总额的 50% 以上，其中，5% 的女性甚至送出了全部总额。这一点非常有趣，它证明了实际调查的结果，人们的相貌特别是身高，与收入呈现正相关，美国学者研究就曾发现，身高与年收入呈现出一定正相关，具体为平均身高每增加 1 厘米，年均收入约增加 150 美元。

（二）年龄

目前，针对年龄因素研究的并不多，其中有研究表明，儿童的公平偏好大概经历了三个发展阶段（Damon，1980；Murnighan & Saxon，1998）。在 5 岁以前，儿童是高度利己的。在 5 ~ 7 岁期间，为了避免冲突，开始变得偏好等额分配。在 7 岁以后，逐渐变得更加注重公平。他们往往会将投入与收益联系起来考察分配的公平性。

哈博等（Harbaugh et al.，2000）进行过类似最后通牒博弈的研究，研究对象为对俄勒冈州的 2、4、5、9 年级的学生。结果证明，在年龄最小的 2 年级学生中，分配数额最低，而且 2 年级的学生还很容易接受最低价；在较大年龄的学生中，分配数额呈现出稍微的慷慨，平均值分别为 35%、41%、44%。

（三）大学专业

经济研究中，有一个有趣的现象，就是经济学家经常喜欢选取经济学系的学生作为研究对象。卡特和艾恩斯（Carter & Irons，1991）在最后通牒博弈实验中发现，经济学专业的学生比其他专业的学生分出钱数要低 7%，而最小可接受的分出钱数要高 7%。由于这种专业间差异在新生和毕业生中都存在，因此，二人认为，同其他专业的学生一样，经济学专业学生的利己是天生的，并非专业影响所致。还有研究表明，无论是从分出的钱数还是从最小可接受的分出钱数来说，经济学和商学专业的学生与其他专业的学生都不存在差异（Eckel & Grossman，1996；Kagel & Moser，1996）。甚至还有研究证明，经济学和商学专业的学生在分出钱数时要更慷慨一些（Kahneman et al.，

1986；Frey & Bohnet，1995）。

经济学专业的学生是否更利己一些？对此，经济学家耶芝等（Yezer et al.，1996）在华盛顿大学进行过一项研究，主要是想通过实验了解两个问题：（1）经济学专业的学生在学过经济学课程后，与非经济学专业学生相比，是否变得更加自利；（2）观察经济学专业学生的实际行为，是否表现为更加自利。

对于第一个问题研究，采用的方式是问卷调查。问卷要求学生回答：如果自己得到的一张远远低于购物价格的账单，自己是否愿意按购物价格付款。该问题在课程开始时（前）和结束时（后）各问一次。实验结果为，两个经济学班级学生回答"是"的分别为53.4%（前）和50%（后），而两个非经济学班级学生的分别为52.5%（前）和53.8%（后）。数据说明，经济学教育所致的自利并不显著。

对于第二个问题研究，采用的方式是"丢失信件"的实验。将装有10美元现金的信封"丢失"在经济学班级和非经济学班级的教室里。信封上写有收信地址，贴有邮票，附有说明——此钱是用来归还贷款的。由于信封上有地址和邮票，看过信后，利他的学生就会封上信封，投入邮箱，而利己的学生则会神鬼不知，据为己有。实验在经济学班级和非经济学班级的教室分别放置了32个信封，结果归还和不归还信封的个数情况如下：经济学班级归还了18个（56%），不归还为14个（44%）；非经济学班级归还了10个（31%），不归还为22个（69%）。由此实验说明，当涉及真实的金钱决策时，经济学学生自利的并非很多。这里的实验与前面的调查结论相反，或许只能说明经济学专业的学生更加坦诚，勇于承认自己会做出自利的行为。

第三节 政 策 启 示

前面有关公平偏好的讨论，不仅证明了标准经济学存在的不足，而且对于制定政策具有非常重要的启示。

（一）市场出清

依据标准经济学模型，如果市场出现了短缺和过剩，价格必然会发生变化，引起市场对供给和需求的调节，进而实现市场出清或均衡。例如，在一场大雪之后，雪铲市场出现短缺，雪铲价格也会上升，据此，卖家就会充分利用这一有利的市场时机，趁机提价赚取额外的利润。然而，事实并非完全如此。经验证据表明，卖家提价行为常常会被视为不公平的。在卡尼曼等（Kahneman et al.，1986）进行的一项实验中，82%的被试会对此行为做出反应。买家会将这种趁机提价行为视作"敲诈"，认为这是非常不公平的，表示将来会抵制卖家的产品。这是由于人们认为，这些趁火打劫的卖家剥夺了自己支付参考价格的权利，进而感到不满和愤恨。

与此类似，美国可口可乐的 CEO 曾经试图运用超级自动售卖机出售饮料，这种机器能够自动根据外界温度变化调整价格，天气热价格高。经济学家对此会举双手赞成，价格的调整能够保证真正需要的人得到产品。然而，大多数消费者都表示反对，认为此举是借机涨价，而且一瓶 3 美元的价格简直就是漫天要价，极端的不公平，并且机器的运营成本夏天与冬天一样，为什么夏天价格要高？最后迫于消费者的压力，公司放弃了运用该机器，其说辞是，CEO 的这一想法只是假设。

在美国的一些州，对于关乎生活的基本产品，例如汽油，往往会通过立法来制止上述的"敲诈"行为。实际上，如果卖家能够预见到公众的不满和愤恨，往往也不会轻率的提价。对此，奥姆斯特德和罗德（Olmstead & Rhode，1985）曾以加州标准石油公司为例做了说明。1920 年，加利福尼亚州出现了严重的石油短缺。当时，加州标准石油公司作为一个主要供应商，并没有趁机提价，而是采用了配给和定量供给的方式销售，结果使得加州的油价还低于汽油并不短缺的美国东部。由此表明，加州标准石油公司管理层非常关注自己的公众形象，希望尽可能表现得公正一些。

相反，当市场出现过剩时，我们也可做一个类似的分析。例如，生产过多或季节性因素可能导致市场出现暂时性的过剩。当然，如果是耐用消费品，卖家可以召回转为存货，但这样做的成本非常高。此时，卖家也不愿意降价，因为降价会导致参考价格下降。在这种情况下，卖家惯常的做法就是对价格打一个折扣。当市场过剩消除时，自然也就可以取消折扣。取消折扣引起的消费者不满情绪要轻一些，因为取消折扣只是恢复原价，而不是超过以前的参考价格，因而引起的损失厌恶程度相对要低一些。

另外，降低工资也存在公平的问题，只有当竞争使得厂商的生产经营面临危机时，降低工资就被认为是合理的，除此之外的降低工资就会遭到工人的抵制（Kahneman et al.，1986）。

（二）公共品

公共品消费中存在的一个主要问题就是"搭便车"现象。因此，标准经济学认为，一个纯粹的利己者是不会供给公共品的，公共品需要通过税收来供给。在博弈中，如果一个"纯粹"的利己被试选择背叛，其他"纯粹"的利己被试也会选择背叛，而且由于惩罚"搭便车"者需要付出一定的成本，因此，他们会不约而同的选择不对"搭便车"者实施惩罚。然而，引入了社会效用的行为模型分析，可能要更合理一些，该模型从两个角度分析了公共品的供给问题：

（1）人们实施捐赠，或许是出于"纯粹"或"不纯粹"的利他动机；或许是预期到他人会捐赠，此时，人们捐赠的目的是为了达成积极互惠。

（2）人们也许会对不捐赠的人实施惩罚。惩罚的方式可以是向权威机构"告密"，如骗取社会救济；也可以表现为社会排斥，例如当面斥责。尽管实施惩罚会付出成本，如耗费时间或者引起恶意对抗的威胁，但积极互惠带来的社会正效用可能会补偿惩罚付出的成本。许多学者的研究都强调了社会规范（social norms）对于公共品供给的重要影响。菲尔和盖希特（2000）认为，社会规范是一种社会公认的个人应当如何行为的信念和准则，这些信念和准则可以通过非正式的社会制裁得到强化。

社会规范对于公共政策有着的重要启示，一个富有成效的政策就是点名羞辱。在美国，一些城市为了打击卖淫活动，常常通过互联网或电视台发布嫖客和妓女的照片。正如《魔鬼经济学》的作者所言："究竟哪项惩罚更为可怕：要么因为招妓罚款 500 美元，要么想象一下你的朋友和家人在网站浏览你的照片？"

对于公共政策的另一个启示是，尽管"告密"机制可能有效果。但是，依赖"告密"可能会导致一个"家长式"政府的产生，可能引起邻里之间暗中相互监视。

（三） 内生激励的挤出效应

关于外在激励是否会挤出内在激励的问题，行为经济学也给出了与标准经济学不同的答案，内在道德激励与外在经济激励相抵触。或按艾瑞里的说法，关于社会规范（人们之间的友好请求）和市场规范（交易）的关系问题，社会规范与市场规范并存时，前者就会失败。对此，格尼茨和拉斯提基尼（Gneezy & Rustichini，2000）的研究证明了这点。

他们对以色列的 10 个托儿所进行了考察，发现家长在接孩子时经常迟到。按照托儿所的规定，家长应在下午 4 点钟接孩子。家长若来晚了，不仅会引起孩子的焦虑，而且也会造成老师苦苦地等候。研究进行了 20 个星期，在前 4 个星期中，他们记录了迟到家长的人数。每个托儿所每个星期平均有 8 人迟到。在 4 个星期后，他们建议其中的 6 个托儿所实施罚金制度，如果家长迟到时间超过 10 分钟则需支付 2.5 美元的罚金。其他 4 个无罚金制度的托儿所则作为对照组，家长晚接孩子的次数不变。最后，实验结果表明，在实施罚金制度的 6 个托儿所中，晚接孩子的次数还增加了，时间持续了 4 个星期，每星期迟到人数平均达 18 人次，这一数字是实施罚金前的两倍。

蒂特莫斯（Titmuss，1971）也研究了内在的道德激励与外在的经济激励的抵触。他考察的是献血行为。大部分人献血是出于利他的考虑，不会要求任何报酬。然而，当对献血者支付少许报酬后，人们献血的数量比无报酬时还降低了。

如何解释上述研究发现呢？有一种解释认为，罚金制度使得博弈中各方的可得信息量发生变化。面对数量较少的罚金，孩子们家长会推断，迟到给托儿所增加的成本很少。献血者会认为，支付的任何报酬都相当于献血数量的价值，如果这一价值很小，他们就会失去献血的动力。

还有一种解释认为，在引入罚金和奖励制度后，博弈各方对行为属性的看法发生了改变。罚金和奖励使得行为具有了商品交换的属性，行为是出于货币价值的考虑，而不是出于道德动机的驱动。而且在没有激励的情况下，被试也不会将货币性的惩罚和奖励作为选项。然而，一旦存在外在激励，被试据此就会调整自己的想法，进而影响到自己的行为选择。这点在格尼茨和拉斯提基尼研究中得到证明，托儿所在 16 个星期停止罚金制度后，家长迟到的人数依然保持在一个较高的水平。

当然，针对上述发现，我们也不应该简单地认为货币激励缺乏效率。在托儿所的例子中，惩罚未能有效地发挥作用，与罚金过低不无关系，罚金太低让家长感觉晚接孩子的成本很低。如同违章停车和随地丢垃圾，惩罚太低意味着违规成本很低，违规行为也就难以减少，货币激励需要达到一定程度才能发挥作用。威尔金森（Willkinson，2008）认为，货币激励的作用可能不一定令人满意，它只是引导人们的行为朝着预期的方向调整。莱维特和达布纳（Levitt & Dubner，2005）指出，在献血的例子中，支付较高的报酬并不一定会带来更多的献血量，相反，还会产生很多人们不愿看到的副作用，如胁迫他人献血、用动物血冒充人血等。这些副作用在器官移植市场上已经得到证实。

威尔金森（2008）认为，在很多情形下，不完全契约（incomplete contracts）可能要优于完全契约。不完全契约没有明确的规定惩罚和奖励，它是依赖道德或社会激励引导人们行为朝着预期的方向转变。如在以色列托儿所的例子中，最初的契约就是不完整的，它没有对晚接孩子的家长实施任何制裁，结果，晚接孩子的家长数量比实施制裁的还要少一些。

第四节　不平等痛苦

人作为一个喜欢比较的动物，天生就厌恶不平等。不平等厌恶模型分析也证明了这点。

一、不平等厌恶模型

不平等厌恶模型有时也被称作不公平厌恶模型，后者的说法有些不大合适。不平等是一个反映收入差距大小的中性词，它是一种客观状态，不涉及价值判断。而不公平则是一个涉及价值判断的主观看法。在最后通牒博弈中，如果分出的钱数低于50%，那么，反应者的拒绝则可能是出于对不平等的厌恶，也可能是出于对不公平的厌恶。要区分反应者的厌恶，可用计算机充当提议者，在这种情形下，反应者的拒绝则证明了对不平等的厌恶。不平等厌恶模型揭示出人们对于不平等的厌恶。

（一）FS 模型

菲尔－施密特（Fehr & Schmidt，1999）提出过一个"内疚/嫉妒"模型，简称 FS 模型。他们对于不均等的定义是，对公平的判断是基于某个中性的参考点。模型假定；除了纯粹利己的被试外，有些被试也不喜欢不均等的结果，包括收入低于他人和高于他人两种情形。因此，一个人的效用函数不仅依赖于自己的收入，而且也依赖于自己的收入与他人的差距。如果自己的收入高于他人，就会感到内疚，反之，自己的收入低于他人，就会感到嫉妒。

（二）BO 模型

博尔顿－奥肯菲尔斯（Bolton & Ockenfels，2000）也提出过一个不平等厌恶模型。该模型与 FS 模型很相似，人们不仅在意自己的收入，而且也在意自己与他人比较后的相对收入。模型假定人们希望自己的收入与平均收入相等，这意味着自己的收入高于平均收入，人们都愿意做出一定的牺牲，以使自己的收入接近平均收入。

BO 模型与 FS 模型差异表现在：

（1）BO 模型涉及的是相对收入多少，而 FS 模型涉及的是绝对收入差异。

（2）BO 模型中，人们是将自己的收入与平均收入相比，而 FS 模型中，人们是将自己的收入与最高和最低收入相比。

（3）BO 模型假设人们的嫉妒感与内疚感引起的效用相等，而 FS 模型假设嫉妒感要比内疚感更大。

相对而言，FS 模型更符合常人的心理，也更加符合经验事实。威尔金森（2008）运用了一个三人博弈对此进行了证明。假设甲、乙、丙三人的收入为（x，x−ε，x+ε）。根据 BO 模型，甲的偏好与 ε 无关，由于三人的总收入为一定，因此，甲的收入在总收入的比例不受 ε 的影响。然而，根据 FS 模型，当 ε 上升时，甲对丙的嫉妒感和对乙的内疚感都会上升，这会引起甲的效用下降。

二、平等与效率关系

平等和效率都是人们追求的目标，它们有一个共同之处，就是两者都是服务于人们幸福生活的工具，因此，孰轻孰重的判断都应以能否增进幸福感，增进多少幸福感为准。

（一）分享福利实现社会平等

社会平等是一种美好愿望，也是人类社会所特有的一种意识，且是现代社会所才有的意识。在充满兽性的弱肉强食、地位严明的动物世界，甚至在人类的近亲猴子、狒狒、猩猩这些等级森严的灵长类动物中，都不可能存在社会平等的意识，同样在封建社会，人生来就有高低贵贱之分，地位权利之别，自然也不存在社会平等。所以，社会平等如同婚姻制度一般，是人类进化和社会进步的产物。基于此，社会平等在社会科学中多有体现，在道德哲学中它意味着一种自然法则；在社会学中它意味着消除群体特权；在政治学中它意味着保护公民人权；在经济学中则意味着公平和再分配。

社会平等观念具有的人性温情和社会进步要求，使其同时强调机会和结果的平等（Kvist et al.，1995），机会平等是一种事前平等，用来保证个人的起始公平，结果平等是一种事后平等，用于调节充满风险的社会过程造成的结果差异过大。蒂特马斯的"我们同坐一条船"是对这一风险形势的标准化描述，所有有能力的公民都应该共同承担责任，满足由这些风险暴露引起的福利需求（Titmuss，1968）。因此，一个追求社会团结、同舟共济的平等社会，自然也会注重结果平等，因为只有机会平等，而没有结果平等，由于风险造成的结果差异增大，产生绝对贫困或相对贫困，必然导致社会分层，正如社会学家罗西兹的五阶层划分，或如马克思经济学的无产阶级和资产阶级划分，如此最终还是难有社会平等。

而要实现结果平等，就要对风险造成的自然结果差异进行管控，为此就须借助政府的再分配，就如安德森所说：福利国家的基本理念是进行经济再分配，从而消弭社会不平等（Goul et al.，2001）。瑞典社会学家帕尔梅也认为：所有社会平等的政策都可归结于再分配（Korpi & Palme，1998）。需要强调的是：一方面，出于激励方面的考虑，结果平等只是着眼减少收入差距，并非消除收入差距；另一方面，再分配也是政府的一种政治义务，绝不能成为反对政府干预的理由，按照经济学神童穆勒的二分法：即生产的经济法则受自然法则支配，分配的社会法则受社会意愿和制度支配（Robert，1997），分配问题具有的极强规范属性说明，政府负有政治义务依据社会意愿进行再分配，以便消除垄断带来的财富、缩减世袭和运气累积的财富。否则，没有再分配或没有反映社会意愿的再分配，也就不可能有社会平等。运用再分配手段实现结果平等，对风险造成的自然结果差异进行控制，主要方法就是提供收入保障，这种收入保障表现在提供教育、医疗、养老、托幼等社会福利，按挪威社会学家波罗奇曼说法：收入保障是实现社会平等的支柱 (Brochmann et al., 2005)。正是政府运用再分配，提供的人人享有的高社会福利，可极大地减小人们的收入差距，减小权利地位差距，最终实现社会平等，如此又可极大地增加人们的平等感、安全感、幸福感，由此可以说，无社会福利，无社会平等，也无幸福生活。

（二）实现平等无损经济效率

分享普遍的社会福利实现社会平等，往往受到偏执经济学家的批评，他们武断地认为，效率优先兼顾平等，这种观点意味着平等与效率呈负相关。然而，无论是现实观察还是理论分析，都证明这种观点是错误的。

首先，从现实中观察，平等和效率并无相关性。世界上有高平等高效率国家，如北欧国家；也有低平等低效率国家，如南美的哥伦比亚、非洲撒哈拉以南的国家，以及名义平等实际并不平等的计划经济国家；还有众多平等和效率皆不高的国家。因此，仅从归纳的角度，无法看出平等和效率之间具有相关性。许多教条主义经济学家错误地认为：社会福利导致工作激励降低，经济增长缓慢，失业和通胀加剧，然而，现实的铁证是，北欧国家的生产率和就业率都超过了欧洲和美国 (Kuhnle et al., 2003)。美国《福布斯》杂志"最勤奋国家"评比显示：冰岛第一，丹麦第三，瑞典第五，挪威第六。如此，从实证方面看不出平等和效率间负相关。

其次，从理论上分析，效率优先之说也难以成立。经济分析的核心就是边际分析法，该法的精妙之处在于，任何事物的优先性、重要性都是具体、相对的，其重要、优先与否取决于拥有多少。按照研究幸福的经济学家弗雷的观点：社会目标是实现国民幸福最大化 (Bruno S. Frey, 2008)，平等和效率作为两种不相关的投入，它们都是国民幸福的增函数，如果增加1%的效率，只能增加2%的国民幸福，但如果增加1%的平等，却能增加3%的国民幸福，那么，此时平等的带来边际幸福更高，社会平等也就比经济效率重要，这是毋庸置疑的。同理还表明，即使平等和效率作为两种负相关投入，也无效率优先兼顾平等之理。如果社会牺牲 1% 的效率，能够获得 3% 的平等，那么，此时平等就比效率重要，因为牺牲效率增加平等国民总体幸福会增加。

可见，平等和效率孰重孰轻皆是具体、相对的，取决于具体的社会情境，笼统说效率优先有悖于边际分析法，自然就是荒谬至极。其荒谬类似于说生命是最重要的，生命是最重要的吗？若是，要想健康长寿，请问：你多长时间体检一次？你为什么不到经济文化落后的长寿之乡生活？你为何不出门戴口罩防雾霾？……类似的错误在经济学家中也存在，典型的就是认为失业比通胀危害大。其实，大可不必过于纠缠这种孰重孰轻的判断，科学的态度是，平等和效率作为国民幸福函数的投入，依据等边际原理，当各自带来的边际幸福相等时，就可实现国民幸福最大化。

另外，社会平等和经济效率本身也不属同一个层面的范畴，社会平等具有更多的目的性，而经济效率则仅具有工具性，社会不是为效率而提高效率，而是效率隶属于一定的社会目的，如此说来，社会平等属于比经济效率更高层面的范畴，不属一个层面的事物缺乏可比性，也就无所谓孰重孰轻的问题。

可以说，社会福利是社会平等的衍生物，实现社会平等也无损经济效率。不仅如此，社会福利还具有稳定经济的功能。按照福利国家的经济学家观点：社会福利本身就是"企图调节和缓和难以驾驭的市场力量所带来的残酷后果的政治雄心中产生的（Kuhnle，2010）。"并且"公共部门的扩张以及支出的扩大，不仅是解决宏观经济问题的手段，而且也是实现更为平等社会分配福利的方法（埃里克·阿尔贝克，2005）。"

值得注意的是，即使经济方面起点、过程是公平的，如果结果差异长期过大，最后也会引起人与人间的社会不平等。

三、不平等痛苦

不平等对幸福感的影响非常大，研究表明，工人的幸福感取决于与自己同事相比，报酬分配是否公平（Yuchtman，1976）。平等造就幸福的典型就是北欧国家。北欧国家号称"人间天堂"，通过对北欧国家的研究，学者总结出了幸福国家具有的几个特点：社会安定、社会团结、社会压力比较小。而不平等的社会恰恰不具备这几个特点，因而人们感到了极大的痛苦。

（一）引起社会不安

犯罪不仅使得受害人痛苦，而且也使所有人生活在不安之中。虽然人们一生中不一定会遭遇到暴力犯罪的侵害，但是，生活在一个暴力盛行的社会，人们对于暴力的恐惧就足以导致极大的痛苦，尤其是社会弱者妇女、老人、穷人。妇女不敢晚上外出，不敢夜晚回家；老人不敢给陌生人开门，甚至不敢出门⋯⋯。大约 1/3 的英国人认为，天黑之后在外行走不安全。英国和美国的民意调查一致显示，犯罪为国家面临的首要问题之一。

在一个不平等的社会，社会地位非常重要，人们具有强烈的冲动实现和维持较高的社会地位。因而地位竞争也十分激烈。在这种竞争中，被剥夺了获取社会地位和成功机会的人更多，社会生活遭到失败，相应地感受到羞耻和凌辱的人更多，因而暴力犯罪也会更多。进化心理学表明，人的社会地位决定了在性竞争中的成败。在性竞争中，对于女性而言，外表和身体的吸引力非常重要，而对男性而言，则是社会地位非常重要。心理学家戴维·巴斯发现，女性对潜在伴侣经济地位的重视程度是男性的两倍。当女性通过穿衣打扮增加性吸引力，男性则要拼命地获取社会地位。这就解释了感觉未被尊重和被凌辱是引发暴力犯罪的重要原因，还解释了暴力犯罪常常发生在男性之间，因为社会地位就是男性的身价。

研究已经表明，不平等与暴力犯罪两者之间存在着正相关（Pew Research Center，1993）。其中，凶杀和攻击犯罪与不平等相关性最高，抢劫和强奸次之。不仅如此，在联合国的《犯罪趋势与刑事司法体系运转情况调查》中，也发现收入不平等与凶杀案呈现正相关。2007 年，联合国儿童基金会关于富裕国家儿童幸福状况的报告表明，在不平等较严重的国家，儿童被欺负、参与斗殴和冲突的事件也更多。儿童时的暴力是对成年暴力倾向的最佳预测。

（二）导致社会分裂

一个国家贫富差距越小，社会也就越团结，也就会有更多的信任和合作，人们的幸福感也就越高。正如战争期间领导人知道的，一个社会要想同仇敌忾，政府政策就必须是公平的，收入差距也必须是小的。在"二战"期间，英国实行的就是平等主义，只有公平的分担责任，才能在战争中赢得公众的合作。相反，在一个不平等的社会里，社会关系质量较差，社会分裂成马赛克，人际冲突、争斗不断，由此也极大地影响到人们的幸福感。心血管系统压力源的研究表明，比起工作压力、担心金钱以及其他困难，最重要的是"与他人发生冲突和紧张关系是日常生活中最令人压抑的事情"。不平等的社会里，当人们选择朋友时，往往是与自己经济地位相近的人交往，而与自己经济地位相差较大的人交往较少，因而彼此也就难以产生信任与合作。不平等严重的削弱了社会团结。正如托克维尔所言，人们与非同一阶层的共鸣减少，物质差异使人们在社会中发生分裂。在一项关于欧洲和世界价值观调查中，社会平等与信任呈现出正相关。在具有较大平等的荷兰和斯堪的纳维亚国家，人们的信任水平也非常高，最高的是瑞典，有66%的人认为可以信任他人，而葡萄牙的信任水平最低，只有10%的人认为可以信任他人。在挪威，咖啡馆外的桌椅上常常摆放着毛毯，这是为人们喝咖啡时感到寒冷准备的，没有人担心顾客或路人会偷走毛毯。

马里兰大学的政治学家埃克里·尤斯兰纳（Eric Uslaner），在其《信任的道德基础》一书中认为，不平等影响信任。在与同事共同进行的一项研究中，尤斯拉纳运用统计分析再次揭示，不平等影响信任，但信任对不平等没有任何直接影响。信任不可能在不平等的世界中繁荣发展，收入不平等是信任的"主要杀手"。尤斯拉纳的分析还表明，收入不平等比失业率、通胀率、经济增长率对信任的影响都要大。信任他人的人比较乐观，并会强烈地感到自己就是生活的主人。

而且在美国，信任他人者更可能付出时间和金钱帮助他人。

信任不仅影响到个人幸福，同时还会影响到他人的幸福。高信任会增加安全感，消除疑虑，彼此之间也更容易成为合作者而非竞争者。信任与健康也有关联，信任他人者的寿命也更长。

在一个等级分明、缺乏信任的社会，亲密的关系和家庭生活也将受到影响。弗兰克的研究表明，在美国收入差距大的县，离婚率也是最高的。

不平等促使人们要向上爬，结果又导致歧视和阿谀奉承。一个社会不平等状况越严重，向下歧视和向上奉承现象也就越强烈。这也被灵长类动物学家沃尔克·萨默形象地称之为"自行车反应"，对上级点头哈腰，对下级脚踢腿蹬。这种人多了，社会团结无从谈起。生活在等级森严社会中的动物，一方面必须满足头领动物的需要，一方面又无情地攻击地位低下的动物。心理学家吉姆·西丹尼亚斯和弗雷西亚·普拉托认为，人类社会发生的冲突和压迫，如种族主义和性别歧视，它们的根源就是社会不平等。在一个不平等的社会，人们都想成为主宰者，而在一个平等的社会，更多的人们富有宽容和同情心。早在19世纪中叶，托克维尔就认为，人与人之间物质生活水平的巨大差异，为阻碍人们产生同情的因素。正是物质条件的差异阻止了法国贵族对农民苦难的同情，同样的原因导致美国奴隶主对他们奴隶的痛苦无动于衷。

（三）增加社会压力

在一个不平等的社会，社会评价显得非常重要，当一个人社会地位较高时，他也更容易感到自豪、自尊、自信。反之，当一个人社会地位较低时，他就会感到焦虑和抑压，感受到极大的心理压力。研究表明，在等级制度中所感受到的压力与所处地位负相关（Seeman & Crimmins，2001）。

自古以来，人们就相信大脑影响身体，现代研究则进一步证明社会压力可增加患病的风险。人的精神会影响神经系统和免疫系统，压力会扰乱人体的平衡，当人们感到压力、抑郁和愤怒时，身体也就容易生病，包括心脏病、传染病、肌体老化。当人们处于严重的压力之下时，人体就会发生应激反应。此时，人体就会释放能量因子，血管就会收缩，凝血因子进入血液，心肺工作加速。人体的感官和记忆力增强，免疫系统激活。以上都是身体面对压力时的应激反应。如果压力持续仅几分钟，那么，这种反应对身体是健康的、有益的保护。但如果压力持续几个星期，应激反应就会造成伤害。

社会地位对人的精神健康也非常重要，这可反映在人的大脑中的化学物质。复合胺和多巴胺是调节人类情绪的两种重要物质，当一个人感觉快乐和自信时，多巴胺的释放有益于大脑，有助于提高记忆力、注意力和解决问题的能力。复合胺能改善情绪，肾上腺激素可帮助人表现出最佳状态。当一个人感觉到威胁、无助和压抑时，身体分泌的皮质醇会妨碍思维和记忆。复合胺和多巴胺水平低，就容易引起抑郁和精神紊乱。北卡罗来纳州维克森林医学院的研究人员，通过实验证明，在等级森严的猴子群体中，处于主导地位的猴子脑部多巴胺活动增加，处于从属地位的猴子的脑部的化学活动则没有增加。

有研究表明，公务员职务高低与死亡率成反比，最底层公务员的死亡率比最高层的高出3倍。理查德·威尔金森和凯特·皮克特运用世界精神卫生委员会的资料，研究发现，在不平等的国家，罹患精神疾病的人口比例也要更高。何以如此？心理学家奥利弗·詹姆斯认为，这要归属于富裕社会的一系列价值观，包括重视金钱的获得和拥有，希望在他人眼中显得体面，急于成名。这些受到人们压抑情绪侵害的价值观，更容易让人抑郁、焦虑和人性扭曲。

一个充满竞争的等级社会，金字塔式的等级结构决定了大多数人处于社会地位的底端，因此，大多数人也就会感到焦虑和压抑，两者好似孪生兄弟，压抑的人常常感到焦虑，而焦虑的人往往觉得压抑，精神病理学家对焦虑和压抑采用了相似的治疗方法。社会焦虑和不安全感是社会压力的最主要的原因。

对大多数人来说，社会地位低下是令人非常痛苦的。可以预测，在不平等的社会中，使用违禁药品也会很多，如大麻、可卡因、海洛因、安非他明。事实上，理查德·威尔金森和凯特·皮克特研究表明，在不平等较为严重的国家，毒品的使用也更为广泛。在美国，不平等程度高的州，违禁药品的使用，以及使用过量致死的人数更多。

不平等引起和增强了地位竞争压力，人们必须不断努力的向上爬。富人们一掷千金的购买奢侈品，并非完全是欣赏产品的"细节"和"手工"，他们的一个主要目的是借此表明自己的优越地位。然而，富人的骄奢淫逸降低了他人对自己拥有东西的满意度，因为自己的东西不如富人的，不是最好的。莱亚德（2009）将这种不满意视作富人给他人制造的代价。广告支出与不平等状况呈正相关，在不平等程度高的国家，广告支出占国内生产总值的比重也较高，美国和新西兰的比重就是挪威和丹麦的2倍。不平等滋生了人的攀比心理，广告则对人们的这种心理大加利用，鼓励嫉妒性的攀比，使人们不满足于自己拥有的一切，而消费上的攀比结果只是一场负和博弈。

不平等增加了消费压力还有一个标志，就是工作时间随不平等状况变化而变化。马萨诸塞州立大学经济学家萨姆·鲍尔斯研究表明，在经合组织国家中，不平等的国家不仅工作时间长，而且工作时间长短随不平等状况变化而变化。在不平等的国家中，人们的工作时间要比其他国家的人们多两三个月。这个8~12周的休假损失是不平等带来的一个昂贵代价。

广告支出和工作时间的证据表明，不平等增加了消费压力。生活在不平等的社会中，人们往往利用占有物品显示自己的体面，留下正面的印象，避免自己在他人眼中显得竞争力不够和能力不强。

在较平等的社会，基于人性中的平等诉求，人们接受彼此平等的状态，随着社会地位差距扩大，相对评价就会变得尤为重要。心理实验表明，在人们相遇的最初几分钟，就会对彼此的社会地位进行评价。社会不平等状况加剧，往往激发更为强烈的地位竞争，激起更高水平的焦虑感。人们相互评价时，会更加注重社会地位。调查证明，不平等的国家的人选择配偶时，要比平等国家的人更多地考虑经济发展前景、社会地位和个人野心等因素，较少考虑浪漫关系。

总的来说，在一个不平等的社会中，社会不安、分裂，压力让人很难感受到长久的幸福，因为人们对这些问题很难适应，因而它们就会不断地对人们的认知、体验、记忆产生负面的影响。社会不平等往小讲是个人痛苦，往大说是社会危机。因此，社会应高度重视收入不平等导致的社会不平等问题，无论何时、无论何地皆应如此。

第八章

跨 期 选 择

跨期选择是权衡不同时期成本和收益的决策，在现实中，这种决策无处不在、非常重要，无论是个人还是厂商、政府都会面临这种决策，例如，借钱买房、用钱购车、花钱度假、参加健身俱乐部；建造新工厂、开发新产品；斥资修建公路、学校、公园。这种决策不仅可以影响个人的健康、财富、幸福，而且能够决定一个国家的经济繁荣。

1973 年，萨缪尔森提出了贴现效用模型（discounted-utility model，简称"DU 模型"），这一模型曾被经济学家广泛采用。模型中假设人们具有单一的贴现率，而且在不同时期贴现率都是相同的。然而，模型的假设没有得到研究和经验数据的支持。对于跨期选择中不同于标准经济学的异象，以下将一一加以介绍。

第一节 双曲线贴现

针对 DU 模型不能解释的异象，双曲线贴现模型（hyperbolic discounting）进行了最为充分的论证。DU 模型的指数函数具有固定的贴现率，双曲线贴现函数则具有递减的贴现率。双曲线贴现表明了一个人的时间偏好率是下降的，也就是一个事物现在的价值，后来，再后来，再再后来……会不断地贬值，但贬值的速度会下降，这一结论被许多实验所证明。

塞勒（1981）曾经做过一个实验证明了这点。被试要求回答这样一个问题，1 个月、1 年、10 年后分别得到多少美元，才能与现在得到的 15 美元没有区别。得到的货币值分别是 20 美元、50 美元、100 美元，由此贴现率分别为 345%、120%、19%。其他学者的研究也发现了相似结果（Benzion et al.，1989；Chapman，1996；Chapman & Elstein，1995；Pender，1996；Redelmeier & Heller，1993）。

学者研究还发现，人的偏好在两个未来奖励之间还会出现反转，人们更偏好最近的奖励。在 31 天后的 110 美元与 30 天后的 100 美元之间选择时，人们会偏好前者，但是，在明天的 110 美元与今天的 100 美元之间选择时，人们又会偏好后者。这种"偏好反转"不仅存在于人类之中（Green et al.，1994；Kirby & Herrnstein，1995；Millar & Navarick，1984；Solnick et al.，1980），而且在鸽子行为中也表现出来（Ainslie & Herrnstein，1981；Green et al.，1981），这些都与双曲线贴现函数相一致。

不仅如此，在人的一生当中，贴现率也会发生变化。有证据表明，贴现率随着年龄的变化而变化。米歇尔和梅茨纳（Mischel & Mentzner，1962）研究发现，随着年龄的增长，人们推迟享乐的意愿会增强。然而，贴现率与年龄的关系还需更加具体的区分。在针对 19～89 岁人群的实验中，学者发现，老年人的贴现率比年轻人的高，而中年人的贴现率又比老年人和年轻人的低（Read & Read，2004）。哈里森、劳和威廉姆斯（Harrison，Lau & Williams，2002）的研究也证明了这一结论。如此说来，年轻人的贴现率比他们父辈的高，但又比他们祖辈的低，老年人的未来更加变化莫测。

双曲线贴现函数表明，人们的时间偏好不是一致的。大量证据已经证明了偏好的动态不一致性。

第二节　DU 模型异象

在 DU 模型中，不仅假设贴现率不变，而且还假设跨期选择中不同情况的贴现率相同，例如，收益与损失、小额收益与大额收益、推迟得到收益与提前得到收益。然而，这种假设也与经验证据不相符。

一、贴现异象

大量的证据已经证明了 DU 模型存在的问题，下面将介绍一些违背 DU 模型的异象。

（一）符号效应

符号效应（sigh effect）指的是人们对于收益的贴现率要大于损失的贴现率。这可以由前景理论解释。塞勒（1981）曾在一项实验中询问被试，如果你们的交通罚单可以推迟 3 个月、1 年或 3 年支付，那么，你们分别愿意支付多少？结果，在上述情形中，被试的回答表明，他们的贴现率比得到货币收入时的贴现率低。

还有许多研究表明，在极端情形下，人们倾向于尽快遭受损失，而不是推迟遭受损失（Mischel et al., 1969; Yates & Watts, 1975; Loewenstein, 1987; Benzion et al., 1989; MacKeigan et al., 1993; Redelmeier & Heller, 1993）。由此表明此时人们对于损失的贴现率为 0。损失带给个人的痛苦分为两部分，一个是由时刻惦记产生的痛苦——负期待效用，一个是由损失发生导致的痛苦——负效用。尽快遭受损失可以避免负期待效用。人们不喜欢损失持续存在带来的痛苦，相反，人们希望快刀斩乱麻，尽快遭受损失，尽早结束痛苦，尽量减少痛苦，以便将遭受的痛苦忘到九霄云外，这就是所谓的长痛不如短痛。

（二）程度效应

程度效应（magnitude effect）意为人们对大额收益的贴现率要低于小额收益的贴现率。

在许多实验中，实验数额改变，贴现率也随之改变。实验证明，人们对大额收益的贴现率要低于小额收益的贴现率（Thaler, 1981;

Ainslie & Haendel, 1983; Loewenstein, 1987; Benzion et al., 1989; Holcomb & Nelson, 1992; Raineri & Rachlin, 1993; Shelley, 1993; Green et al., 1994; Kirby, Petry & Bickel, 1999)。在塞勒的实验中，被试分别认为现在的15美元与1年后的60美元无差异；现在的250美元与1年后的350美元无差异；现在的3000美元与1年后的4000美元无差异。在上述三种情形中，被试的贴现率分别为139%、34%、29%。显然，随着数额的提高，贴现率出现逐渐降低。

值得指出的是，程度效应的作用与边际效用递减规律的作用正好相反。在塞勒的研究中，贴现率是基于货币收益计算的，而不是基于实际效用计算的，如果依据实际效用计算贴现率的话，那么，在边际效用递减规律的作用下，则大额收益的贴现率与小额收益的贴现率的差异会更大。

（三）递增时序偏好

递增时序偏好指的是人们偏好逐期改善的结果序列，而厌恶逐期变差的结果序列。

在DU模型中，当各期效用之和保持不变时，由于人们会偏好一个递减的时序，而非偏好一个递增的时序。因此，面对两个消费时序（30，20，10）和（10，20，30），人们会偏好前者。然而，众多学者的研究表明，人们偏好递增消费时序。现实生活中，人们喜欢先苦后甜，或者喜欢渐入佳境就是最好说明。

洛文斯坦和西奇曼（1991）的实验结果表明，当工作的其他条件相同时，面对收入时序模式的选择，被试偏好一个递增的收入模式，而不是一个固定或递减的收入模式。奚、埃布尔森和塞洛维（Hsee et al., 1991）研究也发现，一个呈现递增的时序工资总额（例如1000美元），可与一个总额更高的（例如1200美元）但是呈现递减的时序工资等价。

弗兰克和赫钦斯（Frank & Hutchens, 1993）考察了影响工资时序递增的因素，这些因素与生产率的提高无关。他们特别考察了飞行员与城际大巴司机的情况。这两种人员在他们职业生涯的大部分时间

中，生产率都是相对稳定的。然而，当他们退休时，得到的收入分别
要比刚工作时的高出 600% 和 50%。对于这种工资增长，一般人认为
是由以下四个因素所为：一是公司投资；二是法律保护劳动合同；三
是风险厌恶；四是逆向选择。而两位研究者排除了这些因素，他们提
出了一个预先承诺理论。该理论认为，一些行业的从业者在其职业早
期，必须承诺接受一个与生产率无关的较低收入，并且当从业者的大
部分生产活动必须与其同事合作完成时，这种预先承诺就很有必要。

洛文斯坦和普雷勒克（Loewenstein & Prelec，1991）发现，被试
面对连续的周末或月末所对应的两种或多种时序事物选择时，例如，
宴会或旅行度假，往往偏好于将较好的事情留到最后。

除了针对收益时序的研究外，一些学者还对损失时序进行了研
究。瓦瑞和卡尼曼（Varey & Kahneman，1992）的实验发现，被试非
常偏好一个递减的痛苦时序，厌恶一个递增的痛苦时序，哪怕各期痛
苦之和在其他方面相同也是如此。查普曼（chapman，2000）也做过
一个实验，被试假想自己有一个持续的头痛，头痛时间会随着时间推
移而逐渐减轻或加重。头痛的持续期包括分别为 1 小时、1 天、1 月、
1 年、5 年和 20 年。实验结果表明，高达 82% ~ 92% 被试偏好一个
递减的头痛时序，也就是绝大多数喜欢随着时间推移头痛减轻。罗斯
和西蒙森（Ross & Simonson，1991）的研究也证明了类似的结论。

上述研究结论与前面介绍的一些效应是一致的，如期待效用、参
考点。特别是凯茨、瑞戴尔梅耶和卡尼曼（1997）对于肠镜检查所
作的研究，其中，被试的记忆效用以及由此决定的决策效用与瞬时效
用不同。根据峰终定律，记忆效用或负效用主要与时序末期的效用有
关，而不是与时序初期的效用有关。

（四）推迟与提前不对称性

推迟与提前不对称性（delay-speedup asymmetry）指的是这样一
种情形，对于给定一个时点获得的回报，人们推迟获得该回报要求得
到的补偿，要高于提前获得该回报愿意付出的代价，由此反映出人们
对于延期的贴现率更高。在跨期选择中，学者探讨了获得收益的时间

变化后，如推迟或提前获得收益，贴现率是否会发生变化。

洛文斯坦（1988）的研究证明，相对于给定的时间来说，推迟或提前获得收益的时间对贴现率的影响很大。在实验中，那些不愿明年获得一台录像机的被试，为了提前获得一台录像机，他们愿意为此支付 54 美元，因为提前获得是一个可感受到的收益；相反，那些本可立刻获得一台录像机的被试，如果出现意外的推迟，那么，他们就此要求得到的补偿为 126 美元，因为推迟获得是一个可感受到的损失。显然，获得收益的时间推迟或提前，对于贴现率有着很大影响。本泽恩、拉普波特和亚基尔（Benzion et al.，1989）、谢雷（Shelley，1993）的研究也得到了相同结论，其中有的研究与上面的研究不同，被试面临的是支付而不是获得，支付属于负收益，而获得为正收益。在这种情形中，被试对于提前支付比推迟支付要求得到更多的补偿，由此反映出被试更愿意推迟支付，而不愿意提前支付，因为提前支付是一个可感受到的损失，而推迟支付是一个可感受到的收益。

对于推迟与提前不对称性，也可运用前景理论来解释，具体说就是运用参考点和损失厌恶进行解释。

（五）日期与时间跨度效应

日期与时间跨度效应（date/delay effect）意为同一件事情的时期表述不同，贴现率也会不同。

里德等（Read et al.，2005）和勒伯夫（LeBoeuf，2006）研究都发现，对于任何一个给定的时期，如果运用期末日表示该时期，而不是运用时间跨度表示该时期，那么受试者的贴现率就会减小。里波乌夫曾经做过一个实验，证明了日期与时间跨度效应的存在。实验中，被试需要回答下面两个问题：

A. 你认为现在得到 100 美元与 8 个月后得到多少钱等价。

B. 你认为现在得到 100 美元与 10 月 15 日得到多少钱等价。

显然，上述两个问题的内容并无差别，只是时期表述的不同，但是，实验结果却显示，被试对于问题 A 索要的金额更高，由此表明，运用时间跨度表述获得收益的时间，被试的贴现率也更高。在实验中，如果收益换成损失，结果也得到了类似的结论。在损失实验中，发生损失的时间范围从 2 个月到 2 年不等。

勒伯夫运用前景理论和心理账户，对上述实验结论提供了一个心理学的解释。他认为，如果一个时期采用日期表示，那么，消费者就会将这个日期理解成一个相对抽象的时间点，由此消费者也就难以算出这个时期究竟有多长。但是，如果一个时期采用时间跨度表示，那么，这个时期的长度就被明白无误地显示出来……于是，消费者知道了时间跨度，也就会更加在意时期的长度。

如果被试觉察到的时间越长，使用的贴现率也就越高，那么，这一结论可以引发很多政策启示。

二、消费非独立性与结果分散偏好

行为经济学研究表明，人们的消费选择并非独立的，而且人们更偏好于结果的分散。

（一）消费非独立性

消费非独立性指的是这样一种情形，在同一时点上，有两个消费选择，尽管这两个选择的消费特征相同，但人们的偏好却会不同。洛文斯坦和普雷勒克（1993）的实验证明了这点。

当被试面临一个"简单"的选择时：

A. 下周末享用法国餐厅梦幻晚餐。

B. 下下周末享用法国餐厅梦幻晚餐。

大部分人会偏好 A 选项，也就是下周末享用法国餐厅梦幻晚餐，这很正常，因为一个事情越晚发生，该事情的贴现效用也就越低。然而，当被试面对一个"复杂"的选择时：

C. 下周末享用法国餐厅梦幻晚餐，下下周末在家吃饭。

D. 下周末在家吃饭，下下周末享用法国餐厅梦幻晚餐。

结果就与前面的"简单"选择不同了，在面对"复杂"的选择时，大多数被试又会偏好 D 选项。然而，究其实质来说，"简单"的选择 A 和 B 与 "复杂" 的选择 C 和 D 实际上是相同的。这也说明，"复杂" 的选择中存在着框架效应，该效应的作用使得被试出现了偏好反转。当然，也说明了被试的递增时序偏好。

（二） 结果分散偏好

洛文斯坦和普雷勒克（1993）的实验还发现人们具有分散结果的偏好。在实验中，被试得到两张虚拟的享用法国大餐优惠券，那么，在下两种情形中：

A. 优惠券使用期限为两年。

B. 优惠券没有使用期限。

被试何时使用这两张优惠券呢？实验结果表明：在优惠券存在使用期限的情况下，被试计划享用法国大餐的时间较晚，分别为 8 周和 31 周。在优惠券不存在使用期限的情况下，被试计划享用法国大餐的时间要早一些，分别为 3 周和 13 周。由此表明，当不存在时间限制时，被试计划享用大餐的时间跨度短于两年的时间。当存在两年时间限制时，被试反而计划将享用大餐的时间安排得更加分散一些。当然，运用锚定效应也可对此加以解释。

（三） 收入分散偏好

前面说明了人们偏好消费的分散，其实，人们也偏好收入的分散，这也被称之为 "收入的平滑性"。

有一个现实例子可对此作出很好的说明。在美国的加利福尼亚州，接近一半的联邦学区为教师领取年薪提供了两个选择：

A. 分 10 个月领取年薪。

B. 分 12 个月领取年薪。

按标准经济学的观点，教师会选择 A，早点领完年薪，然后储蓄起来还可以获得利息收入。但是，实际情况却是大约 50% 的教师选择了 B，虽然这样做损失了可观的利息收入，但他们还是愿意分 12 个月领取年薪（Mayer & Russell，2005）。对此学者的解释是，分 12 个月领取年薪可使自己的收入更加分散，由此可以更好地控制自己支出。后来对教师的调查结果也证明了这一解释。

上面所述的违背 DU 模型异象，通常并非被试所犯的错误所为。研究表明，比较被试群体内部与被试群体之间的结果，符号效应在前者中表现得更加明显。与被试分别面临收益或损失相比，被试同时面临收益与损失的贴现率差别更大。如果符号效应为被试的错误所为，那么，被试群体内部的实验结果应是收益与损失的贴现率差别不大，甚至为 0，因为被试此时能够直接比较收益与损失。同样，弗雷德里克和里德（Frederick & Read，2002）的实验表明，与被试分别面临大额或小额收益相比，被试同时面临大额和小额收益时的贴现率差别要更大，由此再次证明实验中被试并未犯错。因为被试同时面临小额和大额收益时，锚定效应会发生作用。在洛文斯坦和西奇曼（1991）的实验中，告知被试，一个递减收入时序（27000 美元，26000 美元，…，23000 美元）比一个名义上等价的递增收入时序（23000 美元，24000 美元，…，27000 美元）更利于每期多消费一些。然而，告知并未影响被试的选择，被试仍然偏好递增收入时序。

显然，学者进一步的研究证明了这点，DU 模型的异象并非是由人的思维错误或判断失误所为。

第三节　跨期贴现模型替代

为了说明不符合 DU 模型的跨期选择现象，学者提出了一些其他的模型。其中，有的模型通过放松固定贴现率的假设；有的模型试图在瞬时效用函数中加入其他因素，例如，期望效用；有的则彻底的背离了 DU 模型，例如，包括对于未来效用的系统性预测偏差。下面就对这些替代模型加以简单的介绍。

一、双曲线贴现模型

第一个正式提出双曲线贴现模型的是丘恩和赫恩斯坦（Chung &

Hermnstein，1967）与菲尔普斯和波拉克（Phelps & Pollak，1968）。后来，模型得到了进一步的发展，其中，以安斯利（Ainslie，1975；1986；1991；1992）和莱布森（Laibson，1996；1997；1998）的贡献最为突出。

安斯利和哈斯拉姆（Ainslie & Haslam，1992）的实验显示，"绝大多数被试表示，他们更偏好于可马上兑换的 100 美元支票，而不是两年后可兑换的 200 美元支票；与此同时，他们又表示更偏好 8 年后可兑换的 200 美元支票，而不是 6 年后可兑换的 100 美元支票。"在两个选择中，被试出现了偏好反转，较短期的贴现率要高于较长期的贴现率。在实验中，无论是对于真实的或虚构的现金奖励，还是对于其他的选择，如健康、食物、电子游戏等，学者都发现了这种情况。

莱布森等研究了消费储蓄中的双曲线贴现，结果发现，在双曲线贴现的情形下，人们消费更多而储蓄更少。莱布森（Laibson，1997）分析了非流动性资产（如住房）的作用，该资产可以充当一种不完全的承诺工具，通过将财富和该资产捆绑在一起，人们可以限制自己的过度消费。莱布森、列柏图和托巴克曼（Laibson et al.，1998）与安格里托斯等（Angeletos et al.，2001）通过比较研究证明，双曲线贴现可以更好地解释消费储蓄文献中的各种经验发现。安格里托斯等（2001）运用双曲线贴现解释这样一种情形，人们在退休前，财富较高、低流动性持有（相对于收入水平和非流动性资产持有）和高信用卡负债三种情况同时存在。

二、损失效用模型修正

如果在损失效用模型中加入一些新的变量，就会得到一些附加了其他变量的跨期选择模型，下面对此一一加以介绍。

（一）习惯形成模型

在经济学中，习惯形成模型具有悠久的传统，它最早可追溯到杜森贝利（Duesenberry，1952）。他认为，目前效用不仅取决于目前消费，还与过去消费有关。大多数习惯形成模型认为，如果人们过去消费得越多，那么，目前只有消费更多才能获得更多的效用，由此导致人们更加愿意目前消费。习惯形成模型也被认为反映了人们的递增消费组合偏好。

习惯形成模型被用来广泛的分析各种现象。贝克尔和墨菲（Becker & Murphy，1988）运用习惯形成模型分析了上瘾行为，特别是上瘾产品过去和未来价格对目前消费的作用。卡洛尔、奥弗兰德和韦尔（Carroll et al.，2000）的研究表明，在习惯形成后，经济增长率高，人们储蓄也会增加。

（二）前景理论模型

在前景理论中，一个特别重要的概念就是参考点。如果将过去的消费当做目前消费的参考点，那么，参考点模型就与习惯形成模型完全相同。然而，参考点模型中的目前消费不仅与过去有关，而且还与社会比较、未来预期有关。

前景理论的另外两个重要概念就是损失厌恶和边际敏感度递减。洛文斯坦和普雷勒克（1992）运用这些特征，解释了程度效应、符号效应、推迟—提前不对称性。在分析中，他们使用了效用函数弹性（elasticity of the utility function）的概念。这一概念"抓住了这样一个重要特征，也就是人们对于收益的变化数量和程度都很敏感"（Frederick et al.，2002）。如此时间偏好就会出现变化，人们认为目前得到 10 美元与 1 年后得到 20 美元无差异，但是，对于目前得到 100 美元还是 1 年后得到 200 美元，人们却会偏好 1 年后得到 200 美元。由此可见，人们对于较大的数量使用了较小的贴现率。即使时间偏好不变，相对于 10 美元与 20 美元的差异，人们对于 100 美元与 200 美元的差异也会更加敏感。

洛文斯坦和普雷勒克还运用损失厌恶解释了符号效应和推迟—提前不对称性。在损失厌恶的情形下，人们对收益的贴现大于对损失的贴现。同样，在损失厌恶的情形下，无论是提前还是推迟消费，人们都不愿意接受。人们能够预期到这点，一个时期消费增加了，必然意味着另一个时期消费减少。提前消费得到的收益要小于推迟消费遭受的损失。将损失厌恶与参考点结合，还可分析持久收入说（Friedman，1957）。依据线性的持久收入说，未来收入变化了，它会影响消费的水平，但却不会影响消费的增长率。未来各期的消费会以相同的比例增加或减少。然而，就如鲍曼、迈因哈特和拉宾（Bowman et al.，1999）指出的那样，由于损失厌恶的原因，未来收入水平的下降不会使得目前消费水平下降得很多，但是，由于人们必须重新安排各期消费，因此未来消费也可能会出现较大的下降，因此，消费增长可能对未来收入下降要比对未来收入上升更加敏感。谢伊（Shea，1995a；1995b）的两项研究也证明了这一假说。

（三）期待效用模型

好事的结果可让人幸福，好事的期待过程也可让人幸福。洛文斯坦教授进行的来自好莱坞明星亲吻的实验就说明了这点。相对于一会儿就能得到亲吻的学生来说，一周以后才能得到亲吻的学生要更加幸福，因为在这一周的时间里，他们会经常想象自己与心仪明星接吻的情景，每想象一次犹如亲吻一次，因而会有持续的幸福感。

洛文斯坦（1987）的模型认为，目前消费只有消费效用，而未来消费既有消费效用，又有期待效用。人们往往偏好消费的改善，愿意很快熬过一段低消费的苦日子，而不是推迟苦日子。期待效用会使人一再推迟消费，本来为了获得期待效用，人们会推迟了消费，当推迟消费日子到来之时，人们为了获得快乐的期待，就有可能再次推迟消费。当然也有例外，等待一个好的结果可能是令人难耐的，或者情愿推迟一个坏结果的到来，以免破坏了现在的美好时刻。期待效用模型还可解释为什么不同事情的贴现率不同。期待效用的存在，会使人们低估贴现率，期待效用越大，人们低估的贴现率也就越多。例如，如果人们对未来苦日子的恐惧高于对未来好日子的享受，就像现实中常见的那样，那么，期待效用的存在就会产生符号效应。

在未来结果不确定的情形下，分析就会更加复杂一些，卡普林和莱希（Caplin & Leahy，2001）指出，很多期待的情绪是由未来不确定性引起的，如渴望和焦虑，这些情绪会影响人们对未来的判断，他们的模型融合了期待效用与期待情绪。

（四）本能效应模型

本能效应模型融合了饥饿、疼痛、睡意、性欲等本能因素。洛文斯坦（1996，2000b）就认为，经济学应更认真地对待这些临时波动体验的意义。

本能因素对跨期选择有着重要的影响。增加一些事情吸引力，就可引起人们的急躁和冲动。本能的作用也可解释偏好逆转。时间临近可以刺激人的本能，一份临近的报酬就可刺激人的食欲（Laibson，2001；Loewenstein，1996）。空间临近通过景象、声音、气味也可以刺激人的本能。由于人们往往不能完全意识到这些刺激对本能的作用，因此，人们也就不能对这种作用做出最优反应（Loewenstein，1996，1999，2000b）。例如，当本能的影响很大时，人们常常会高估这种状态持续的时间；反之，当本能的影响较小时，人们常常又会低估这种状态对未来的影响。更为重要地是，人们往往偏好于对一些强烈的本能不做出反应，甚至还会顺从这些本能，例如，对于愤怒、害怕、性欲这些本能就是如此。对此，可以运用卡尼曼对体验效用与决策效用的区分，解释这种情形。体验效用反映了人们获得的福利，决策效用反映了一个选择的吸引力。如果决策效用提高了，超过了体验效用，那么，在本能因素的作用下，人们就会做一些并非让自己幸福的事。

三、激进模型

行为经济学家认为，下面介绍的几个模型对 DU 模型的偏离更远。

（一）投射偏差

人们在预测自己的偏好变化时，常常会低估偏好变化的程度，这就是投射偏差（projection bias）的含义。

人们的口味是随着时间变化而变化的，但是，人们常常低估了这种变化的程度。本能改变、习惯形成、参照点变换都会导致人们低估偏好的改变程度。洛文斯坦、奥多诺修、拉宾（Loewenstein et al.，2000）列举了大量证据证明了投射偏差的广泛存在，同时提出了投射偏差模型。他们分析了人们习惯形成中存在的投射偏差，投射偏差越严重，人们就越倾向于低估未来效用，这与短视行为很相似。投射偏差对于行为和福利有着重要的意义。例如，人们会低估目前炫耀性产品消费对自己未来消费水平的影响程度，从而过多地消费炫耀性产品，从而就会降低未来消费产生的幸福。当跨期消费受到投射偏差的影响时，就会扭曲对时间偏好的估计，过多地贴现未来消费。

（二）心理账户

前面的心理账户理论表明，不同账户中的钱并非可以相互替代，人们会用不同心理账户的钱支付不同类型的支出（Thaler，1999）。人们往往将少量的钱记录在零花钱账户，将大量的钱记录在储蓄账户。人们更喜欢花零花钱账户中的钱，由此表明，人们对于零花钱账户的贴现率较高，对于储蓄账户的贴现率较低。依据这种心理账户管理规则可以推知，人们在购买小件商品（例如，一双新鞋子）时非常大方，而在购买大件商品（例如，一个新柜子）时又会精打细算。

普雷勒克和洛文斯坦（1998）也分析了心理账户对跨期选择的影响。人们在购买有些商品时，由于负债消费会影响人们的效用，因此，有时人们就不喜欢分期付款消费，而偏好于采用预先支付全部价款的方式，如此可以避免消费完毕面临的"付款痛苦"，这就是负债规避。负债规避是洛文斯坦发现的，它也是对心理账户中分期付款消费的证明。

假设你不堪工作的枯燥，正计划前往享有人间天堂和伊甸园之称的塞舌尔群岛去度假，价格为6000元，现有两种方式可供选择：

A. 度假前：一次性付款6000元。

B. 度假后：分期付款，在随后的6个月中，每月付1000元。

洛文斯坦的实验结果表明，大多数人选择了 A 方式，然而，按照标准经济学的观点，资金是有时间价值的，因此，一个精打细算、斤斤计较的理性人应该选择 B 方式才对。这种与标准经济学不同的选择，就是负债规避心理作用的表现。计划旅游度假时，一次性付款与分期付款相比，前者在享受美好时光的同时，没有任何付款的牵挂，可以尽情地、恣意地、全身心地游玩；而后者在游玩时，心里不免会有不快，我现在玩得高兴，将来回去以后还得不断掏腰包，如此玩兴不免会大打折扣。

假设你不喜欢洗衣服，正准备买一台带有烘干功能的洗衣机，洗衣机价格为 6000 元，现有两种付款方式可供选择：

A. 一次性付款 6000 元。

B. 分期付款，在随后的 6 个月中，每月付 1000 元。

洛文斯坦的实验结果表明，84% 的人选择了分期付款。

上述两者情形中，支付的价格都一样，按照标准经济学的观点，人们的选择也应相同。然而，为何第二种情形中，人们又选择了分期付款呢？其实，这也可以运用心理账户理论进行解释。人们在管理心理账户时，喜欢将消费的成本与收益对应起来，也就是一手交钱，一手交货。分期付款的方式可让洗衣机消费的成本与收益对应起来，洗衣机作为耐用消费品，可以带来长期的收益，因而人们也愿意为此不断的付出成本。而旅游度假则不同，它的消费成本与收益是分开的，旅游度假完了以后还要付款，此时，收益没有了却还要付出成本，结果人们自然就会感到很是不快。

此外，人们还偏好工作完成之后领取报酬，而不是工作完成之前领取报酬。普雷勒克和洛文斯坦（1998）的研究还表明，支付痛苦的程度受到个人之间异质性的影响，而不是受到时间偏好的影响。吝啬鬼不愿享受丰盛的晚餐，不是因为他考虑到享受晚餐具有未来消费的机会成本，而是因为他认为支付晚餐的痛苦会极大降低享受晚餐的乐趣。以上这些都与贴现效用模型不同。

洛文斯坦和里克教授还研究了个人消费之间的异质性。他们设计了一个 ST－TW（挥霍－吝啬）调查问卷，以便了解人们花钱习惯的个体差异。问卷要求被调查者对自己是吝啬还是挥霍进行打分，打分标准分为 1～11 等级。在 31 个月的时间中，一共有 13327 名被调查者回答了问卷。依据问卷的回答情况，他们将被调查者分为三类：吝啬型、中间型、挥霍型。结果发现，总体说来：

（1）男人比女人要吝啬得多。

（2）年轻人比老年人要挥霍得多。

（3）接受的教育程度越高，人也越吝啬。

（4）吝啬的人比挥霍的人要多得多，两者的比例为 3:2。

（5）吝啬的人对价格更敏感，而挥霍的人则对产品品质和购物带来的乐趣更在意。

非常有趣的是，对已婚人士的调查表明，越是花钱抠门的人，越喜欢花钱大手大脚的人，而越是花钱挥霍的人，越希望找一个节俭的对象。

另外，除了前面两个模型外，还有学者提出了多重自我模型。该模型假设短视的自我与长远的自我存在冲突，并且两个自我轮流的控制行为。跨期选择也就是多重自我相互冲突的结果（Winston，1980；Schelling，1984；Ainslie & Haslam，1992）。目前，对于多重自我模型还存在着一些争论。

第四节　社会政策启示

前面介绍的一些跨期选择模型，在政府公共政策制定中也会提供不少的帮助。

一、社会保障

社会保障的发放形式就与收益形式有关。现金通常是按周发放，在美国，食品券却是按月发放。与现金相比，采用食品券的形式发放收益有一个优点，就是可以避免人们购买与公共保障无关的产品。但是，按月发放食品券也有一个缺点，就是可能导致人们起初几天消费过多。夏皮罗（Shapiro，2005）的研究表明，在食品券发放的一个月中，人们的消费呈现出逐渐减少，表现在人们的卡路里摄入量逐渐降低 10% ~ 15%。因此，如果政府的公共保障政策能够做出一些调整，将食品券的发放时间由按月发放改为按周发放，则能实现均衡膳食，提高人们的福利水平，当然，这也会增加公共保障发放的交易成本。

二、社会工程

社会提供的工程包括道路、公园、学校、医院、水厂、电厂等，这些基础设施往往是由政府的公共投资建设的。政府在计算公共工程成本和收益时，必须确定一个合理的贴现率，以便制定出最优的投资决策。

埃文斯和赛泽尔（Evans & Sezer，2004）的研究表明，不同国家在确定贴现率时，方法差异非常大。例如，德国根据资本市场数据确定的实际利率为 3%；法国根据资本边际产品确定的实际利率为 8%；英国 2003 年放弃了根据资本成本确定利率的方法，根据社会时间偏好确定的实际利率为 3.5%。埃文斯和赛泽尔认为，英国确定的实际利率是合理的。人们或许会认为，政府公共投资不存在时间偏好不一致性和自我控制问题，然而，政府往往会将短期的选举利益置于长期的预算问题之上，因此，政府常常就会确定一个较高的官方贴现率。埃文斯和赛泽尔对一些国家的官方贴现率和社会时间偏好率进行了估计和检验，这些国家包括澳大利亚、法国、德国、日本、英国、美国等。结果表明，只有德国的官方贴现率是低于社会时间偏好率的，其官方贴现率为 3%，估计的社会时间偏好率为 4.1%。法国的官方贴现率与社会时间偏好率差异最大，其官方贴现率为 8%，估计的社会时间偏好率为 3.5%。

政府贴现率的确定可非儿戏，它对未来社会的影响极大。如果政府的贴现率大大高于社会时间偏好率，那么，就会导致一个严重的问题，也就是对于后代人来说，会出现社会公共投资严重不足的问题，影响后代人的幸福感。

三、社会环境

社会学家将经济活动中的贴现率推广到社会活动之中，提出了社会贴现率概念（social discount rate）。社会贴现率越高，也就意味着现在越重要，社会越容易出现"短期行为"，人们也就越容易"及时行乐"。社会贴现率越高也意味着人们对未来失去了信心，社会道德、操守、风气会不断恶化，社会也会出现动荡，人们幸福也就无从谈起。如果依据错误的社会贴现率制定的社会环境政策，同样也会损害后代人的利益。很多研究已经表明，由于各国的时间偏好不一致，有些国家的社会贴现率很高，使得在实施和推广《京都议定书》的过程中遇到了很大的阻力（Winkler，2006）。这些国家的短视造成的环境负外部性，将来会对人类社会的总体福利产生极大的消极影响。

第九章

过 度 自 信

本杰明·富兰克林曾经说过:"有三样东西极其坚硬,钢铁、钻石以及认识自我。"

传统经济学假设人是理性的,而行为经济学研究却证明,过度自信导致人们在评断事物时往往呈现出非理性,表现为过分的相信经验、信息、理论,自以为是,自尊自大,顽固不化,其结果就是很难正确的认识自我。可以说,过度自信或者说自负在生活中很常见,无论是普罗大众,还是达官贵人,甚至英雄豪杰,说话做事皆易信心满满。

第一节　过度自信表现

过度自信(overconfidence)意为人们过分相信自己拥有的经验、信息、理论,结果常常高估了自己的能力。它是一种常人的常见病。戴夫·巴里(Dave Barry,1998)指出:"无论人们的年龄、性别、信仰、经济地位或种族是多么的不同,有一种东西是相同的,就是在每个人内心深处都确信——自己比他人要强。"人们都相信自己在主观的、令人向往的特质方面都强于他人,这种偏见在现实中大量存在。

一、道德伦理

大多数商人都认为自己比同行要更道德（Baumhart，1968；Brenner & Molander，1977）。在美国的一次调查中，有这样一个题目："在一个百分制的量表上，你对自己的道德和价值评价为多少分？"结果 50% 的人给自己的评价都在 90 分以上，只有 11% 的人给自己的评价为 75 分以下（Lotett，1997）。

二、工作能力

90% 的经理对自己的成就评价高于自己对同行的（Freneh，1968）。在澳大利亚，86% 的人对自己的工作业绩评价高于平均水平，只有 1% 的人对自己的评价低于平均水平（Header & Wearing，1987）。大多数外科医生认为自己的患者死亡率要低于平均水平（Gawande，2002）。

一项针对 10000 名高中三年级学生的调查显示，在领导能力方面，70% 的学生认为自己高于平均水平，只有 2% 的学生认为自己低于平均水平。在人际交往能力方面，所有学生都认为自己在平均水平之上，60% 的学生认为自己的能力处于前 10% 的水平，25% 的学生认为自己的能力处于前 1% 的水平。或许有人认为高中生的心智还未完全成熟，调查结果不一定具有说服力。随后研究者又针对大学教授进行了调查，结果显示，94% 的被调查者认为自己的工作能力比普通同事强。由此证明，拥有较多知识的教授也和普通人一样，在自我评价时容易出现夜郎自大。

三、自己优点

在荷兰，大部分高中生认为自己比其他的高中生更诚实，更友善，更可靠，更有恒心，更有独创性（Hoorens，1993，1995）。

四、驾驶技术

瑞典斯德哥尔摩大学欧拉·斯文森（Ola Svenson）教授的研究发现，在针对瑞典驾驶员的调查中，69%的认为自己的驾驶水平要"高于社会一般水平"。而在针对美国样本的调查中，则有高达93%的人认为自己的水平要"高于社会一般水平"。甚至大部分出过车祸住过医院的司机，也认为自己比其他司机驾车更安全、更熟练（Guerin，1994；McKenna & Myers，1997；Svenson，1981）。

五、聪明才智

大部分人觉得自己比周围的人更聪明，更英俊，更没有偏见（Wylie，1979）。当有人超过自己时，人们又往往倾向于将对方看成天才。美国北卡罗来纳大学心理学家马克·埃里克教授（Mark Alicke）的研究发现，在衡量自己的各方面品质时，70%以上的人都会给予过高评价。即使那些平日板着脸不会笑的人，他也会认为自己的幽默感比普通人强。

六、赡养父母

多数人认为自己对年迈父母的赡养要比兄弟姐妹多（Ierner et al.，1991）。

从道理上讲，在这个世界上，怎么可能每个人都高于平均水平？从原因上说，其实也就是过度自信心理作祟。大部分普通人都认为自己更聪明、更公正、更漂亮、驾车技术更高等，这种心理被称为"乌比冈湖效应（Lake Wobegon effect）"，该效应源于美国作家盖瑞森·凯勒（Garrison Keillor）的小说《乌比冈湖的日子》。在小说虚构的乌比冈湖："所有的女人都很强壮，所有的男人都很漂亮，所有的孩子都超乎寻常的聪明。"

过度自信虽可让人感觉好，但结局却可让人非常惨。

第二节　过度自信教训

由于过度自信犯下的错误和造成的损失现实中非常多，无论中外，事例可谓信手拈来。

一、大话窘境

1899 年，时任美国专利局局长的查尔斯·杜埃尔（Charles Du-ell）就断言，所有可以发明的东西都已经发明出来了。然而，现在给我们带来极大幸福感的洗衣机、冰箱、电视、手机、互联网等产品的诞生，就是对此公过度自信的最好回应。

1964 年，20 世纪福克斯制片公司创始人达里尔·扎努克（Darryl Zanuck）自信满满的认为，电视机不会有任何市场，有谁愿意每天晚上盯着一个盒子看。结果事实证明，长期以来，很多人主要的娱乐方式就是看电视，甚至沉溺其中难以自拔，由此不仅导致缺乏运动，影响健康，而且大量的观看电视还影响到人际交流和沟通，进而减少了长期幸福感。

1965 年，耶鲁大学教授对一位学生毕业论文如此评说，快递这个主意听起来还有点意思，但是分数只能得 C，因为它根本就行不通。然而，正是这份毕业论文的作者弗雷德·史密斯（Fred Smith），凭借着天才的构想，创建了闻名遐迩的联邦快递公司。结果这一事例成了对自以为是，只会纸上谈兵的大学教授的绝妙讽刺。

1968 年，全球销量最大的商业杂志《商业周刊》如是说，日本车想在美国市场占有一席之地？白日做梦！结果事实是，日本车凭借新颖的外观，契合了美国消费者看重外观的偏好，在美国市场攻城拔寨，长驱直入。直到 2008 年，将美国多个汽车企业逼得破产重组，日本的丰田公司也取代了美国的通用公司，成为了全球最大的汽车企业。

或许外国的事例离我们有些遥远，下面我们看看发生在身边的、最近的、狂妄自大的事实。

2010 年年初，独立经济学家谢国忠如是说，中国房价已经见顶，2010 年大城市房价将大跌一半以上。结果铁的事实是，2010 年的数据表明，北上广深呈现出普遍大幅上涨。其中，涨幅最小的广州为 23%，涨幅最大的北京为 42%。此事引起了民众的调侃——与专家预测的相反才是正确的。

无独有偶，同样是在 2010 年，中信建设证券发布报告，2010 年中国股市指数最高将达到 5000 点。结果事实却是，2010 年上证指数全年下跌 14%，收报于 2808.08，成为当年全球表现最差的股市之一。可以想象，一份由一群自负的人所写的研究报告，它会误导多少涉世未深的股民，又会增加多少人对所谓专业人士的轻蔑。然而，胆大的预测并未停止，相反是长江后浪推前浪，一浪高过一浪。

二、"布朗旋风"谬误

美国地球政策研究所所长莱斯特·R·布朗，是一位著名的环境学家，被《华盛顿邮报》誉为"世界上最有影响的一位思想家"。曾先后荣获美国麦克阿瑟天才学术奖、日本蓝色星球奖、联合国环境奖、世界自然基金会金奖等。其 1984 年创刊并发行至今的《世界现状》年度报告，则被誉为全球环保运动的《圣经》。1994 年 9 月，布朗先生出版了报告《谁来养活中国》，结果引起了国内外媒体的广泛关注。布朗提出了一些令人惊讶的预测。他认为，到 2030 年，中国粮食供求将出现几亿吨的缺口，这个缺口相当于预期未来消费量的四成左右。由于 20 世纪 90 年代国际粮食出口量大约在 2 亿吨左右，因此，中国每年进口几亿吨粮食，这将引起世界粮食市场极度紧张，其他许多需要进口粮食的地区，会因为买不起粮食而发生饥荒，布朗的这番分析在国内掀起了巨大波澜，被称为"布朗旋风"。

然而，对于布朗充满自信的预测，世界银行、联合国粮农组织、美国农业部、世界食物政策研究所的研究表明，在比较可能的假设条件下，中国在 21 世纪 20 ~ 30 年代人口高峰时期的粮食进口量，最多几千吨，而非几亿吨。其实数字准确与否已不重要，重要的是布朗在分析方法上犯了一个天大的错误，就是忽视了一个基本、简单的经济学常识，价格不仅影响需求量，也会影响供给量。即使中国从国际粮食市场大量进口粮食，引起粮价上升，也不会引起世界饥荒。因为伴随着国际市场粮价上升，在这个过程当中，供需双方也会同时做出调整，从需求看：一是中国粮食的进口量会减少；二是国内工业用粮会减少；三是国内饲料用粮会减少；四是国内粮食浪费会减少。从供给看：一是刺激国内粮食生产的增加；二是刺激世界产粮大国粮食生产的增加；三是刺激农业科技的发展；四是刺激寻求替代食物来源，如马铃薯主食化、如南极磷虾。南极磷虾被誉为"最后一个宝藏"，蕴藏量十分惊人，南极磷虾蕴藏量为几亿吨甚至数十亿吨，被认为是"世界未来的食品库"。显然，"布朗旋风"是杞人忧天、错误满篇，其分析方法犯了一个重大的错误，就是忽视了价格的作用，也就是价格变动对供求双方的调节作用，换句话说，就是没有考虑到供求的动态变化过程。

三、畅销书作家惨败

无独有偶，犯类似错误的还有一位名人。1968 年，生态学家、畅销书作家保罗·奥利克（Paul Ehrlich）出版一本《人口爆炸》（Population Bomb）的畅销书。他在书中做出了许多惊世骇俗的预测。该书开篇的第一句话就声称："我们已经输掉了养活所有人的战争。到 20 世纪 70 年代，将有成千上万的人会饿死"。然而，事实证明奥利克的预测完全错了，而且错得一塌糊涂。尽管在 20 世纪 70 年代中期和末期，发生了两次"石油危机"，但在这 10 年间，经济仍然保持了持续增长。不过，这位喜欢危言耸听的作家依然不断获得好评。他在一些系列备受瞩目的著作、文章、演讲中又大胆的预言，很多矿产供给将在 1985 年濒临枯竭。

这一次，对于奥利克语不惊人死不休的预测，经济学家朱利安L. 西蒙（Julian L. Simon）实在看不过去了，站了出来。他的预言与奥利克的截然相反，他认为，20世纪70年代和80年代，人类的福祉将持续改善，原材料的价格将不断下降。西蒙以此向奥利克提出挑战，奥利克接受了挑战。1980年，两人专门就资源价格问题进行了打赌，5种重要金属（铬、铜、镍、锡、钨）的实际价格在1990年是升还是降，输者将向赢者支付576.07美元，经济学家让生态学家挑选金属种类。结果事实再次证明奥利克的预测错了。在20世纪80年代的经济繁荣期，原材料价格出现了持续10年的下跌。至此，生态学家只能认赌服输，将一张576.07美元的支票送给经济学家。

奥利克的预测错误在于他不懂经济学，只看到了世界人口增长的一面，也就是只考虑了需求的增加——要吃饭的嘴。显然，西蒙对经济学有着深刻理解，他还考虑到了世界人口的增长的另一面，也就是供给的增加——要干活的手和会创造的脑。而且西蒙还考虑到了经济自由和国际贸易对经济增长的巨大推进作用。其实技术进步对资源价格和经济增长也有非常大的影响。

即使如此，奥利克仍然继续出版他那些大受欢迎的书，一如既往地错误预测未来环境末日。而西蒙依然继续他严谨的分析和正确的预测，直至1998年辞世。他的预测结集为《没有极限的增长》（Ultimate Resource）（第2版，普林斯顿大学出版社，1998年），但他的书没有一本是畅销书。

现实何以如此匪夷所思？一个可能的经济解释是：两位学者提供的是不同商品。西蒙提供的是正确的经济分析，而奥利克从事的则是一个完全不同的行业，具有娱乐性的消遣行业，类似于恐怖小说。显然，对普罗大众来说，恐怖小说的需求远远超过严谨、枯燥的经济分析。

后来丹麦统计学家比约恩·隆伯格（Bjorn Lomborg）在其《多疑的环境保护主义者》（The Skeptical Envirmentalist）（剑桥大学出版社，2001年版）一书中，对资源价格问题进行了更加深入的研究，结果再次证明了西蒙结论的正确性。其实，隆伯格最初的动机是想推翻西蒙的分析，结果没有想到自己的研究反而证明了西蒙的分析，也就是尽管世界人口不断增长，人均收入却保持着持续的增加，重要资源的实际价格呈现出不断下降。耐人寻味的是，隆伯格的研究发表之后，他的人身遭到了意外和异常的袭击和攻击。有一次，他在进行公开演讲的时候，有人突然将奶油派扔到了他的脸上和衣上。他还被具有官方背景的科学团体诅咒为"知识界的败类"。最终，所有的指责和控诉都被否定了。由此，一个值得社会汲取的深刻教训是：有时候，一个正确的经济分析要比你能想象的还要危险。

四、政府建设笑柄

1957年，澳大利亚决定在悉尼兴建一座地标性建筑，也就是我们熟知的悉尼歌剧院。在开工建设之前，政府计划的工程预算为700万澳元，完工时间为1963年初。然而，无论是在工程造价上还是在完工期限上，都大大出乎政府的意料。尽管后来政府缩减了工程规模，但歌剧院还是拖到1973年才完工，而且最终造价高达1.04亿澳元，比之前预计的要高出很多，并且规模要小出很多。

无独有偶，1976年，加拿大蒙特利尔政府获得了奥运会的主办权。市政府满怀信心的宣布，整个奥运会只需花费1.2亿美元就可办成。田径比赛将在世界上第一座装有活动屋顶的体育馆举行。结果虽然奥运会如期举行，但是，体育馆屋顶直到1989年才完工，而且单就屋顶建设就花费了1.2亿美元。为此，蒙特利尔市政府欠下了大量外债，直到2007年末才得以还清。

显然，权力越大，过度自信导致的损失也越大。历史上好战的狂人给人类带来了巨大劫难。充满自信的希特勒在1939~1945年间在欧洲发动战争；自以为是的勃列日涅夫1979年指挥苏军大举入侵阿富汗；狂妄自大的萨达姆1990年指挥军队侵入科威特……结果这些好战之徒都以惨败收场，都被钉上了历史的耻辱柱，遗臭万年。

五、投资专家常败预测

众所周知，在一个不确定的市场中，没有专家只有赢家。所谓的专家在投资中表现出的过于自信，往往会给他人带来巨大损失。事实上，在华尔街工作的专业人士，往往就对自己的专有知识和能力表现出过度自信，结果做出常常令人贻笑大方的预测。

其实，高自信与正确和准确完全是两码事。美国著名经济学家阿尔弗雷德·考勒斯（Alfred Cowles）就曾对此做过全面分析，分析涉及 1928 ~ 1932 年间 16 家金融服务机构的 7500 条投资建议。结果发现，依据这些专业建议获得的收益比市场平均水平要低 1.4%。考勒斯还对 1904 ~ 1929 年《华尔街日报》上的股评建议进行过分析，结果发现，按照这些建议购买股票获得的收益，还没有高过市场平均涨幅的。在 1944 年的一项调查中，他发现 80% 的股价预测都过于乐观。

最后需要特别注意的是，千万不可小看过度自信的危害，过度自信有时是会要命的。根据日本政府所做的《国民健康营养调查》（2006 年，厚生劳动省），在 40 ~ 74 岁的日本人当中，每 3 个人中就有 1 个糖尿病患者或潜在的糖尿病患者。然而，那些体重超标的人往往对此并不以为然，认为自己不会患糖尿病。等到他们确诊后，则是大势已去，悔之已晚。

以上列举的过度自信的事例只是沧海一粟，发生在古今中外、男女老少、名人俗子的过度自信比比皆是，如果你以为过度自信只会发生在他人身上，不可能出现在自己身上，那你就已经过度自信了。

第三节　过度自信原因

过度自信的原因有二：盲目乐观、自我服务偏见和确证偏见。

一、盲目乐观

在很多情形下，人们会没有任何理由的乐观。在美国罗格斯大学，学生会认为自己比其他的同学更可能找到好的工作，获得高薪，拥有自己的住房，而对于诸如酗酒成瘾，40 岁前突发心脏病，遭遇枪击等这些消极经历，更可能发生在别人的身上而不是自己的身上。在苏格兰和美国，大部分处于青春期后期的学生认为自己感染艾滋病的可能性要比同伴小得多（Abrams，1991）。在经历了 1989 年的大地震之后，旧金山湾区的学生曾一度放弃了这样的乐观看法——"我不可能像其他人那么容易遭遇天灾人祸"。然而，仅仅过了三个月，虚幻的乐观又再度复燃（Burger & Palmer，1991）。

在商业活动中，大多创业者都对自己的创业计划充满信心。当问及自己创业成功的概率时，80% 以上的创业者认为自己成功的概率为 70%，33% 的人认为自己的企业一定能成功。然而，残酷的现实却是，在创立后的 5 年之内，60% 的企业会倒闭；在创立后 10 年之内，80% 的企业会关门。统计显示，中国大学生的创业失败率高达 97%。新浪一位中国人力资源部总监曾说过："在我接触的学生创业群中，创业的失败率是 99%。"

我们大多数人都见过这种情景，在同一个地方，商家一个接一个的关张。然而，还是不断地有新商家开张，而且每个新商家开张时，无不是信心满满、豪情万丈，似乎都相信自己能在无数人跌倒过的地方取得成功。那么，在如此高失败率的情况下，为什么还有如此众多的投资者愿意投机呢？亚当·斯密（1776）对此作了最好的解释：大部分人都过于自负自己的能力，这是所有时代哲学家和道德学家所论及的一个古老仇敌。他们荒谬地假定自己有好运气而不自知，只要多加留意就能发现，这种情况要比我们平常看到的要多得多……收获的机会总是被人或多或少地估计过了头，而损失的机会则往往被大多数人估计不足。

在一项有关婚姻的调查中，137 桩婚姻中有一半的婚姻以离婚结束，然而，在当初领取结婚证时，这些人却都认为自己离婚的可能性为零（Baker & Emery，1993）。性活动频繁而不愿避孕的女大学生则认为，与别的女大学生相比，自己不大可能意外怀孕（Burger & Burns，1993）。在赌博时，即使不断地输钱，盲目乐观者也会比悲观者更能坚持（Gibson & Sanbonmastu，2004）。

具有讽刺意味的是，能力也会促进过度自信，典型表现就是倚老卖老：我吃的盐比你吃的饭还多。克鲁格和邓宁（Kruger & Dunning，1999）指出，对能力的认识也需要能力，那些在语法、幽默以及逻辑测验中得分最低的学生，反而最有可能高估他们在这些方面的才能。那些不知何谓好的语法和逻辑的人，通常也不知道自己缺乏这方面的知识。

盲目乐观人人难免，究其原因在于以下几个方面：

（一）控制错觉

控制错觉可以产生过度自信。人们往往会对于随机事件产生一种控制错觉。甚至掷骰子和转轮盘都可增强人们的信心（Wohl & Enzle，2002）。前面讲过，在掷骰子时，当赌客希望掷出的点数大时，就会用力较大，相反，当希望掷出的点数小时，则用力轻柔。赌客自以为控制用力可以掷出需要的点数，其实，两者之间根本就没有联系。控制错觉的原因是"主动选择"，主动地做出不同选择，会让人误以为能够控制选择的结果。购买彩票时，尽管主动选择与机器选号中奖概率一样，但是，在彩票投注点，我们看到的大部分彩民依然是自己选号。彩民天真地以为，自己选的号中奖概率更高。这就是一种典型的控制错觉。误以为能控制事件的进展和结果，必然自以为是，信心高涨。

（二）信息错觉

标准经济学认为，在信息完备的情形下，人们就可据此做出最优决策，因此，在拥有更多信息情况下做决策，人们就往往会过度自信，这种情形在行为经济学中称为"知识幻觉（knowledge illusion)"。其实，对于浩如烟海的信息，有的会成为干扰决策的噪音；有的又让人缺乏甄别能力，也就是缺乏有关"知识的知识"——哪些知识可以用，哪些知识有局限，哪些知识需质疑。如果不能从众多的信息中精炼出有用的信息，在信息超载的情况下，要么无法做出决策，要么做出错误的决策。信息超载而且还会极大地增加人们后悔的机会，影响人的幸福感。

心理学家曾经做过一个实验证明，信息越多，决策并非正确，但自信却越强。在赛马中给出 88 个变量，让赌客从中选出对计算胜率有用的变量。例如，马匹过去的比赛成绩、马匹的健康指数等。开始先给赌客 10 个最有用的变量，让他们做出预测。然后，再给他们 10 个变量，再让他们做出预测。结果表明，信息的增加并未提高预测的准确性，然而，赌客的信心却大大增加。

在拥有一定专业知识的情况下，投资者和证券分析师特别容易过于自信，然而，高自信与高成功并无关系，但是，基金经理人、股评家以及投资者常常自以为有能力跑赢大盘，结果，惨败的现实常常将他们推入了一个难堪的境地。

（三）概率偏差

不能正确的判断概率，往往也会导致过度自信。概率偏差具有以下几个特点：一是高估小概率事件发生的可能性，这也是保险公司和博彩公司能够生存的基础。生活中人们同时购买保险和彩票现象被称为弗里德曼－萨维奇困惑（Fiedman－Savage puzzle，1948）。二是低估中等偏高概率事件发生的可能性。三是对于具有 90% 以上概率事件则往往认为肯定会发生，这种情形下就很容易出现过度自信。

（四）喜欢寻找解释

人们遇到一个事件往往就喜欢找原因。实在找不到原因，就会勉强找一个甚至胡编一个原因，聊以自慰，这也是人的一个本能。如果人们对世界感到茫然，这时即使虚构一个原因也可给人一些心理慰藉，这种本能正是迷信、伪科学大行其道的原因，也是过度自信的原因。

（五）喜欢寻找规律

如同人们喜欢找原因一样，人们还特别喜欢找规律。特沃斯基认为，人类的思维倾向于从无序中找出秩序，从无规律中找出规律。许多事件完全是随机和运气作用的结果，而人类却有一种表征直觉推理（representative heuristic）的心理，人的大脑喜欢有规律，有秩序，生来就爱归纳，爱总结。一旦找出了自以为是的规律，就容易盲目自信。

二、自我服务偏见

人们在加工与自己有关的信息时，往往会产生一种自我美化的偏见，这种偏见也被称为自我服务偏见。这种偏见常常表现在以下两个方面：社会比较和归因偏见。

（一）社会比较

当人们将自己与别人比较时，往往会出现自我服务偏见。相对于客观方面的评价来说（例如，守时），主观方面的评价会引起更多的自我服务偏见（例如，有教养）。在主观的、令人向往的特质方面，大多数人都会认为自己比平均水平要高。学生在"品德"方面比在"智力"方面更容易认为自己优秀（Allision et al.，1989；Van Lange，1991）。绝大多数人都认为自己比他人更"关心"环境、饥饿和其他社会问题，尽管他们并不认为自己在这些问题上比他人做得更多，花的时间和金钱更多（White & Pious，1995）。大多数人也认为自己的品德水平更高，自己的工作能力更强，自己的待人更友善，自己的表现更聪明，自己的容貌更英俊，自己的身体更健康，自己的评判更公平，甚至更具洞察力，在自我评价时也更客观。有 12% 的人认为自己比实际年龄要老，但超过 66% 的人觉得自己比实际年龄要年轻（Public Opinion，1984）。这让人想起了弗洛伊德讲的一个笑话："如果咱们俩中的一个先去世，我想我会搬到巴黎去住。"

特别值得指出的是，教育也无法消除这种根深蒂固的自我服务偏见。在美国，大多数社会心理学家就认为自己比其他的社会心理学家更道德（Van Iange et al.，1997），显然，在这方面学者也难免其俗。

（二）归因偏见

人们对于失败则要尽量找原因为自己开脱，对成功则要尽量找借口归功于自己，这就是归因偏见。人们经常将自己看做比别人要好，这可从对消极事件和积极事件的解释中看出。

众多实验已经发现，人们很乐于接受成功的荣誉，他们常常将成功归结于自己能力和努力，而将失败归结于外部因素，如"运气不佳"或者"问题本身就无法解决"（Campbell & Sedikides，1999）。

美国金融量化研究院特雷诺尔和玛泽（Treynor & Mazuy），在研究了57家基金公司的业绩之后，得出了如下结论：任何人——无论是有经验的投资顾问，还是业余投资者——都不可能比市场本身更聪明，更不可能看到市场的前面去。然而，分析师和基金经理却对自己的投资建议总是确信不疑，即使后来表现并不符合他们的预测，他们也会认为是一些偶然因素（或者所谓的运气）影响了预测的准确性，而非他们缺乏预测能力。

CEO也与此类似。CEO们过于自信就会忘乎所以，在经济繁荣时期，将盈利归结于自己的能力，而在经济萧条时期，却又将损失归结于环境。他们似乎忘记了一句箴言：乱世出英雄，只有乱世中方能显出英雄本色，在经济的世界同样如此。

在体育比赛中，运动员、教练员常将胜利归因于自己，将失利归咎于其他外在因素，诸如暂停错误，裁判失误，对手太强或者遭遇黑哨（Grove et al. 1991；Lalonde，1992；Mullen & Riordan，1988）。

在那些既靠能力又凭运气的情境中，这种偏见表现得更加明显，如游戏、考试、应聘。成功者往往认为成功是由于自己的能力。失败则是由于自己的运气不佳。哈佛大学的一位教授将此形象地描述为："在抛掷硬币时，如果正面朝上，就说自己判断准确；如果反面朝上，那就说偶然现象。"政客常常也是如此，他们往往将胜利归功于自己的勤奋工作，如为选民服务、声誉和策略，而将失败归咎于不可控的外在因素，如本选区政党组织问题、政治趋势，甚至对手的姓名（Kingdon，1967）。

人们在承担责任方面的自我服务偏见，往往成为了婚姻不和，企业员工不满，讨价还价僵局的原因（Kruger & Gilovieh，1999）。罗斯和西科利（Ross & Sicoly，1979）研究了婚姻中的自我服务偏见。研究对象为加拿大已婚的年轻人，这些人往往认为自己所承担的家务和带孩子比配偶认为的要多得多。在一个全国性的调查中，91%的妻子认为自己承担了大部分购买食品的工作，然而，只有76%的丈夫表示同意（Burros，1988）。其他学者的研究也表明了这点，妻子对自己承担家务的估计比例，也高于丈夫的（Bird，1999；Fiebert，1990）。婚姻关系破裂后，离婚者往往把破裂的责任归咎于对方（Gray & Silvel，1990）；同样，面对较低的业绩，经理常常将原因归结于员工缺乏能力或不够卖力（Imai，1994），这些就不足为奇了。而员工则更愿意归因于外在的东西——供给不足，负担过重，同事难处，目标好高骛远。与此类似，当自己得到的报酬比别人多时，如奖金、加薪，人们也往往会认为很公平（Diekmann et al.，1997）。

在教学活动中也存在着自我服务偏见。学生看到考试成绩后，成绩好的学生倾向于个人归因，将考试视为对能力的有效检验（Arkin & Maruyama，1979），而成绩差的学生则倾向于批评考试本身。与此对应，教师也倾向于将优异成绩归功于自己的教学，将失败归咎于学生（Arkin et al.，1980；Davis，1979）。

三、确证偏见

卡尼曼说过："当人们认定一个结论为真时，就更倾向于认同支撑这个结论的论据，哪怕这些论据有时并不具有足够的说服力。"面对一个事件，人们往往会先得出一个判断结论，然后，尽可能收集能够证明结论的信息，对于那些能够否定结论的信息则视而不见、有意回避，这种心理被称之为确证偏见。这种先下一个自己喜欢的结论，后选择与自己结论相符的证据信息，完全以个人主观意愿为依据的确证偏见，为过度自信的原因之一。

有一个研究能够证明人们具有寻找确认性证据的倾向，这个研究最初的目的是调查一个完全不同的问题——感知相似性的心理基础。询问两组西方人被试。一组被试被问道，是东德与西德更相似还是斯里兰卡与尼泊尔更相似？结果，大多数人回答是东德与西德。相反，另一组被试被问道，是东德与西德的差别大还是斯里兰卡与尼泊尔的差别大？结果，大多数人回答还是东德与西德。显然，两组被试的回答是矛盾的，不可能同时正确。对于这种矛盾的解释是，相似的判断是基于两者的共同点，西方被试当然对于东德和西德的了解要比斯里兰卡和尼泊尔的了解多，因而也容易想到两者更多的共同点。相反，相异的判断是基于两者的不同点，同样基于被试对于东德和西德的了解要比斯里兰卡和尼泊尔的了解多，因而很容易想到两者更多的不同点。

由此表明，人们具有找寻确认性证据的倾向。当要求评价相似性时，人们的注意力就会更多地聚集在相似方面，反之，当要求评价差异性时，人们的注意力就会更多地聚集在差异方面。换言之，验证相似性假说时，人们就会极力找寻相似性证据，忽视相异性证据；验证相异性假说时，人们的做法就会正好相反。

沃森（Wason，1960）的研究也证明，人们往往喜欢找寻那些支持自己信念的信息。你可以自己测试一下，通过呈现符合某个规律的三个数字组成的系列——2、4、6，规律只不过是以升序排列的任意三个数，如3、5、6 或20、25、29。结果证明，人们往往容易找寻支持自己信念的信息。为了保证人们能够发现这一规律，沃森鼓励每个人生成一系列由三个数组成的数字组。每一次沃森都告诉他们数字组是否符合他的规律。当人们确信已经发现了这个规律时，就可停下来并宣布出来。结果会怎样呢？几乎没有人猜对但又个个坚信不疑：29 人中，23 人发现了一个错误的规律。他们一般会形成关于这个规律的错误信念，例如，逐次加2，然后，试图找寻支持性的例证，例如，尝试 8、10、12，而不是试图证明自己的直觉不成立。与找寻证据证伪自己的信念相比，人们更容易找寻证据证实自己的信念，这就是验证性偏见（confirmation bias）。

人们常常倾向于相信自己想要相信的事物。一项有关公众对 1960 年肯尼迪与尼克松辩论反应的研究中，肯尼迪支持者认为肯尼迪赢得了胜利，与此相反，尼克松支持者则认为尼克松获得了胜利。选民还喜欢夸大自己支持的人得到其他选民青睐的程度，进而对自己支持的人获胜做出过高的估计。

2006 年，过度自信被列入美国企业主管最致命的弱点。斯坦福大学商学院的乌尔莱克·马尔门德尔（Ulrike Malmendier）教授和沃顿商学院的杰弗里·泰特（Geoffrey Tate）教授研究发现，过度自信是企业 CEO 患有的一种通病。出于对公司现金流的依赖和信心，在现金流充沛时，CEO 就会过度投资，在现金流不足时，CEO 又会轻易地放弃投资机会。此外，媒体对企业 CEO 的报道和吹捧，也扭曲了他们对自己能力的认知，致使他们对自己所做的决策报有过高、不切实际的乐观心态，甚至不知自己是谁了。

当 CEO 拥有了豪宅、豪车、私人飞机、奢侈度假时，面对别人投来的羡慕目光，他的感觉如何？当 CEO 在万众瞩目下演讲时，面对别人虔诚的恭听，他的感觉又会如何？在媒体的溢美之词和公关部门的靓丽包装之下，我们的 CEO 仿佛成了没有缺点的人，甚至缺点也被当做优点而大加宣扬。在这种情形下，CEO 还能冷静、客观、正确地对待自己吗？还能不自大自恋吗？

企业管理者为何易有确证偏见？原因有二：一是喜欢"向里看"的自恋倾向。卡尼曼和丹洛维洛（Kahneman & Dan Lovallo，2008）研究发现，人们在冒险时，往往喜欢"向里看"，只会看到自己的计划多么合理，团队多么优秀，资源多么充分。如此优越条件又怎么会不成功呢？然而，他们没有想到的是，竞争对手的计划可能更合理，团队更优秀，资源更充分。而这只有"向外看"才能知晓。CEO 只关注自己的小天地，也就很容易高估自己成功的概率。二是自我选择。管理者在面对不同的观点时，往往会选择与自己相同的观点，相反，会忽略甚至排斥与自己相左的观点。这不仅会影响到用什么样人，还会影响到决策的客观性、有效性。

另外，投射心理也容易导致过度自信。在生活中，人们常常容易将自己的心理特征（如个性、偏好、欲望、观念、情绪等）归属到他人身上，以为他人也与自己具有相同的特征，这就是所谓的投射心理。在投射心理的支配下，人们将自己的偏好当做社会的偏好，并且依据自己的偏好制定决策，如此难免不出现过度自信。

第四节　过度自信防范

过度自信很容易让人误入歧途，损失惨重，那么我们怎样防范过度自信呢？

一、保持应有谨慎

托马斯·杰斐逊说过，智者十分了解自己的弱点，因此绝不会保证永不出错，那些知之甚多的人也是最清楚自己知之甚少的人。

防范过度自信，重要的是要对自己的独断性陈述保持应有的谨慎。即使非常确信自己是正确的，自己也可能犯错。自信和能力之间没有必然的联系（Myers，2005）。可以用两种方法保持必要的谨慎：一是即时反馈（Lichtenstein & Fischhoff，1980）。在日常生活中，天气预报员和设定赌马赔率者每天都会得到清晰的信息反馈。因此，这两个群体专家的预测准确率十分出色（Fischhoff，1982）。二是设想可能出错的原因。当人们思考为什么一个观点是正确的时候，这个观点看起来往往就是正确的了（Koehler，1991）。为了避免这种错误，就需要迫使自己考虑无法证实自己信念的信息（Koriat et al.，1980）。经理可以要求所有的提案和建议都必须考虑可能导致失败的原因，以鼓励做出更符合实际的判断。

二、牢记未来不确定

过去的成功并不代表现在和将来也会成功。单凭过去成功建立起的高自信，有可能将成功变为失败之母。常胜将军的神龛往往会瞬间轰然倒下，造成的损失也远比常人要大。记住一点，未来是不确定的，现在不同于过去，未来也不同于现在。面对未来还是要心生敬畏，谨小慎微。

索罗斯作为一个伟大的投机家，以哲学为乐，言必称波普尔，经常强调自己会犯错误，而这丝毫不损他的一世英名。真正的高手不需要通过证明自己的成功提升信心，不知就不知，知道自己无知是最大的真知。1979 年，索罗斯创立了"量子基金"，以纪念德国物理学家海森伯。这位物理学家发现了量子物理中的"测不准原理"，索罗斯对国际金融市场的一个基本看法就是"测不准原理"。索罗斯认为，就像微粒子的物理量不可能具有确定数值一样，证券市场同样也是处于一种不确定的状态，不可能精确度量和估计，如此也就不可能有所谓的专家。

20 世纪 80 年代末，美国股市持续低迷，投资者对专业分析师、基金经理的能力产生了质疑，《华尔街日报》便组织了一场人兽投资竞赛。参赛一方为会掷飞镖的大猩猩，另一方则是华尔街鼎鼎大名的分析师。大猩猩通过向《华尔街日报》上的股票表掷飞镖确定投资组合。而分析师则是通过分析研究制定投资组合。比赛结果证明，分析师的成绩丝毫不比大猩猩的强。

无独有偶，2008 年，中国《投资者报》研究部的工作人员也心血来潮，决定还原国外的人兽投资大赛，以此检验国内基金经理的投资水平。"大猩猩"的角色是由 3 个没有投资经验的同事充当，待选股票都是 2007 年之前上市的股票，且将 ST 股票排除在外。这些股票被密集的打印在一张圆形纸上，再将这张纸贴在一个普通的飞镖盘上。为了让"大猩猩"看不清楚具体的股票，飞镖盘距离"大猩猩"2 米。在"大猩猩"击中飞镖盘后，就记下股票的名称。经过三轮投

掷，总共产生了 60 只股票，然后按 20 只一组，将其分为 A、B、C
三组，投资仓位与偏股型基金每季度平均仓位相同。

结果表明，按照截至 2008 年 12 月 23 日的统计，"大猩猩"飞镖
组合的平均收益率为 −37.68%，而偏股型基金产品的平均收益率为
−47.02%。"大猩猩"飞镖组合居然战胜了九成基金经理。

实际上，所谓的专家之所以能够生存、致富，靠的是人们厌恶不
确定的心理，专家从不确定中胡乱找出的所谓规律、秩序，正好满足
了人们的这种心理需要。

第五节 保持有效自信

过度自信容易让人轻率盲动，容易让人疏于危险防范。波洛弗
（Perloff，1987）就认为，虚幻的乐观会增加人们的脆弱性，由于常
常相信自己能够幸免于难，因而往往就不会采取明智的预防措施。

然而，过度自信并非一无是处，它在我们生活中扮演着复杂的角
色。美国经济学家席勒（Shiller，2010）指出，对于 2008 年的金融
危机来说，那些根植于人性深处的缺陷，如自负、自私、贪婪、虚
荣，也是推动我们经济生活前进的原动力。的确，生活中的许多重大
创新，正是那些凡人眼中狂人、疯子的成功所贡献的。一般人难有伟
业，就如莎士比亚所言：敢作敢为的血性被思前想后的顾虑害得变成
了灰色，惊天动地的事业也往往中途旁逸，壮志全消。

过度自信可以给我们提供一种精神支持，有时候这种精神力量非
常重要，它是我们应付艰辛、挫折、失败、打击的一种兴奋剂，在枯
燥、乏味、琐碎的生活中充满信心，会让我们生活得更加幸福。在增
强自我效能感方面，乐观主义者也确实比悲观主义者要强（Armor &
Tayor，1996；Segerstrom，2001）。对于天生的乐天派来说，他们中大
多都相信自己未来生活的各个方面会更幸福，这种信念也确实有助于
营造当前的快乐心态（Robinson & Ryff，1999）。相反，过多的自我
怀疑或缺乏自信的人，在需要表现智慧的时刻，是很难毫不犹豫地做

出坚定不移的决定的。

人类学家通过观察人类的长期竞争行为，也得出了一个结论：过度自信可以增加一个人的能力。著名人类学家、哈佛大学教授理查德·朗格汉姆（Richard Wrangham，2008）认为，相信自己一定能赢，这种信心不仅可让人看上去稳操胜券，更为重要地是，它可以发挥一种神奇的作用，激发出从未有的活力和能力。"试想一下，在一场比赛中，何人会表现出不容置疑的胜算？只有那种内心确信自己能赢的人才会如此。"朗格汉姆教授所称的"过度自信"心理，在赌局中称作"虚张声势"；在战斗中称为"士气"；在投资中叫做"投资者信心"。无论称之为什么，有一点是共同的，通过心理作用建立一个积极幻觉，并运用这个幻觉影响认知，促使幻觉成为现实。也就是说，只要改变人们的看法，就一切皆能成为现实。

进化心理学告诉我们，乐观、自信或说自负这些情绪潜藏在人类基因里，这些情绪不能说不重要，它帮助我们的祖先在一个充满风险的世界中存活下来。在一个时刻担心害怕被野兽吃掉的世界里，如果没有一定的自信，那么，即使没有被野兽吃掉，也会精神崩溃或患上抑郁症。

其实，过度自信和缺乏自信都不是最好的，最好地是保持一个有效自信。有效自信指的是任何时候的自信都"恰如其分"，就如戴维·迈尔斯（David G Myers，2005）所言：要想获得成功和出类拔萃，既需要有足够的乐观精神支撑希望，也需要有足够的悲观心态关注利害。

第十章

朝 宗 幸 福

小到一个人追求，大到一个社会发展，首先要解决一个基本的问题，就是朝什么方向进发，也就是要找准目的地，否则目的错了，再快的速度也是枉然，甚至是灾难。那么，个人追求和社会发展的目的是什么呢？简单得不能再简单了，就是个人幸福或国民幸福。

第一节　经济学朝宗

将幸福作为个人追求和社会发展的目的，不一定每个人都同意，然而，对于大多数人来说，则是绝对认同的，它是人们工作和生活的目的。

为什么要将幸福作为个人和社会的终极目标，而不是其他的目标？例如，金钱、权力、地位、健康、平等、自由、增长、稳定、和谐等。莱亚德说过：如果个人或社会设定很多的目标，这些目标之间往往就会存在冲突，由此就要求我们必须平衡各方面，因此，也就需要找寻一个高高在上的最终目标，通过这个最终目标统领其他目标，促进最终目标的实现。简单地说就是：幸福是主人，万事皆仆人，犹如千条江河归大海，大事小情为幸福。

在标准经济学的研究中，微观经济学声称研究资源优化配置，而宏观经济学则号称研究国民经济稳定。其实，无论是研究资源优化配置还是国民经济稳定，它们都只是手段而不是目的，在此绝对不能本末倒置，喧宾夺主。试问资源优化配置或国民经济稳定的目的是什么？恐怕我们不会为研究这些手段而研究吧。其实经济活动的目的很简单，就是实现人们幸福最大化。离开了这个终极目的，经济学也就成了仅供观赏的一个花瓶、仅供卖弄智力水平的一个游戏。如果说上一个问题还需给予回答的话，那么，为什么人生的目的是享受幸福，这个问题则根本不需要回答，它是不需要证明的，或者说是人的本性，或者如美国宪法所言是不证自明的公理。

事实上，标准经济学在研究法上，过度依赖于数学推导的结论，发展出一个"形而上"的精致理论结构，其结果只能是自言自语，自娱自乐，进而遭到大众的嘲笑、学者的质疑。

典型的就是美国长期资本管理公司（LTCM）的故事。公司拥有一个"梦幻组合"，掌门人梅里韦瑟被誉为能"点石成金"的华尔街债务套利之父，操盘顾问有1997年诺奖得主默顿，他和斯科尔斯凭借期权定价公式荣获桂冠，还有前财政部副部长及联储副主席莫里斯；操盘手为前所罗门兄弟债券交易部主管罗森菲尔德。这个精英团队荟萃职业巨星、学术巨人、公关明星，可称之为"黄金搭档"。然而，他们在一个只有赢家没有专家的市场中，运用诺奖成果指导操作，信心膨胀，自大狂妄，以为数学是获胜的骏马，可以驰骋市场，模型是制胜的宝刀，可以所向披靡。结果却是天有不测风云，人算不如天算，成事在天，即使身披如此华丽数学外衣的诺奖理论，也难免让LTCM彻底消失在破产的深渊之中。据此，斯科尔斯和默顿的理论也遭到了学者的公开批评，遭到了大众的无情嘲笑。

其实，在研究方法上，经济学还是要更多的借鉴一些心理学的方法，脚踏实地的多做一些实验或测试，如此经济研究才会有更多的人情味，由此经济理论才会有更大的现实性，据此经济政策也才有更高的有效性。1981年4月，法国财长J. 德洛尔谈到西方国家经济政策时，就如是说道："一项经济政策，其中的心理成分和经济成分各占50%。"

在明确了这两个问题之后，研究方法——多采用心理实验，研究目的——致力于增进幸福感，行为经济学和幸福经济学也就自然的孕育而生了。

行为经济学中很多体现了对幸福的追求，这从前面的介绍中可见可感。它的创始人卡尼曼就提出，要建立国民快乐账户（National Well-being Account）替代传统的GDP，以此表明经济发展的目的是增进快乐。他还说："政府的公共政策制定应更多考虑社会福利以及公众的'幸福感'。"他在中国接受采访时也说："我将用黄昏时光追求'幸福'。"他为幸福所下的定义为："人们对自己生活的正面评价，包括积极的情绪，全心的投入，满意度和意义感。"幸福经济学研究更是以直接增进人们的幸福为己任，并获得了不少有益的成果。

然而，作为两个新兴的学科，行为经济学和幸福经济学还有很多问题需要研究。截至目前，两者还缺乏一个完整的理论体系，今后是否会发展出一个完整的体系也还是一个未知数。不过，这并不妨碍他们的致用性。凯莫勒和洛文斯坦（Camerer & Loewenstein，2004）就认为：行为经济学并不具有统一的理论，它只是工具和见解的集合。他们还声称：行为经济学更像一个电钻，运用不同的钻头可以完成不同的任务。

无论如何，行为经济学和幸福经济学闪耀的真理光芒，可以照亮人们奔向幸福的康庄大道。

第二节 幸福启示

如何增进幸福？这是一个一言难尽的问题，按照幸福经济学家莱亚德（2005）的观点：幸福的秘诀有两个。其一，是享受事物的原本样貌，不要同其他更好的事物进行比较。其二，找出那些能够让你真正幸福的事物，也就是你永远不会适应的事物。据此，我们可以得到一些启示。

一、少做社会比较

当今国人的幸福感提升空间巨大，这可从澳大利亚莫纳什大学的黄有光教授提出过一个"东亚幸福缺口假说"中看出。所谓"东亚幸福缺口假说"是指东亚国家和地区不仅有高水平收入而且具有高增长率，但却比其他地区的幸福水平低。"东亚幸福缺口假说"事实上是"幸福悖论"在东亚的体现。对于这一现象，黄有光提出了五种可能的原因：（1）由高增长和高消费所引致的拥挤、污染和其他形式的环境破坏；（2）正如"寻求幸福生活是直接通向不幸的道路"所启示的那样，无论在个人水平上还是在社会水平上，非常高的竞争程度可能有害于幸福；（3）东亚人的教育方法和普通文化影响可能有害于真实创造以及个人和社会的幸福；（4）东亚文化过分强调一致、秩序和集体利益而有害于个人主义、自由和幸福；（5）东亚文化太强调外观，强调不丢面子，而较少重视真实内容和真实情感。黄有光的有些观点或许具有一些主观性，但他身为华人，对东亚人的了解应该还是较为充分的，特别是社会或个人喜欢比较的面子观，为了面子可以不择手段，可谓是害人害己。

怎么在比较中胜出，那就得靠显摆或炫耀。生活方面缺乏品味、格调，忽视修炼、养性，却追求象征地位的奢侈品，其目的就是为了高人一等。殊不知，如此心态和言行既让人感到不快，又让人觉得俗不可耐。现如今外国人很是惊叹国人的购买力，出境游玩时，一方面是疯狂的扫货，扫了香港扫日本，扫了亚洲扫欧洲，买奢侈品就像买大白菜般的随意，另一方面不少人吃住又非常节俭，将就的住郊区的小旅店，简单的吃便宜的方便面，以便省下尽量多的钱到奢侈品店血拼。这与具有深厚文化传统，讲究精致生活的欧洲人恰恰相反，他们重视生活的浪漫、乐趣和技巧，喜欢享受旅游、度假、艺术和咖啡馆中的交流。因此，他们旅游时，总希望住一流的宾馆，吃最好的食物，他们认为旅游度假是不能省钱的。显然，这种中外消费差异与心理账户有关，也与好面子有关。国人旅游时，心理账户中游玩的开支很少，购物的开支很多，其中又以奢侈品的开支为多，而外国人则相反。

俗话说，人比人气死人。比较会坏人的胃口，坏人的心态。眼睛朝上看，总是山外有山，人上有人，只要没有站在人群之巅，你就会有焦虑、紧张、压力、挫折感。特别是不要在收入方面比较，衣食住行无忧了，大可只管自家的小日子，休管世上名人明星的自我炒作。其实，所谓的名人很多是自我卖弄、营销出名，与你的幸福生活毫无关系，他有他醉生梦死的空虚生活，如演艺圈的吸毒，你有你穷快活的美好时光，如青山绿水间的发呆。上帝对你对他都是公平的，王建国的《公平的畅想》（《读者》2007 年第 7 期）就是很好的诠释：

人间有各式各样的公平，例如机会均等、结果上的均等、贡献上的均等等。然而这每一种均等都有它不可克服的不公平的一面，并且带有一定的负面效果。机会均等，其结果就不会均等。就像买彩票，每人中奖的机会是均等的，但最终结果却只有少数人赢得巨款。市场经济的竞争是机会均等，但结果却只产生少数富人。同时，机会均等的机会性质与游戏规则有关，而游戏规则总是只对适用规则者有利。因此，机会均等已包含不公平的一面。结果均等就绝对公平吗？也不！结果上的均等掩盖了成本上的不均等。投入不同成本的人得到相同的结果，这种均等也必然会影响人们的效率。那么，起点上的均等又怎样呢？人们在同一个财富起点上起步，由于能力和机遇不同，在结果上就一定不会均等。因此这也不能说是真正的公平。贡献上的均等可看成为多贡献多得，等贡献均得。其结果仍是不均等的。人间的公平充满了不公平。那么，来自上帝的公平又如何？

你富有吗？你们同一个感受便需要更多的金钱才能获取。上帝让你富有，但不会让你比别人更幸福。

你追求财富递增吗？那么，上帝就让你的感受递减。你贫穷吗？上帝就让你的感受递增。福与富不可兼得。这难道不是上帝的绝对公平吗？

你只享受而不劳动吗？那么，即使是山珍海味，吃起来也无味发腻，变得与粗茶淡饭并无差别。你劳动而缺乏享受吗？劳作而饥饿时，粗茶淡饭也如同人参燕窝。你贫穷而必须劳作吗？其结果是你因被迫"锻炼"，而获得了健康。你富有不劳作而整天锦衣玉食吗？过分的营养积在身体中，便成疾成病损害你的健康。

享受与健康不可兼得；不劳与胃口不可兼得。这难道不是上帝的绝对公平吗？

你贫穷吗？上帝让你知足。你富有吗？上帝让你贪婪。你劳作吗？上帝给你胃口，让你健康。你享受吗？上帝让你乏味，给你肥胖。追求幸福者上帝让你感觉命短，遭受痛苦者上帝让你感觉寿长。

上帝的公平，是真正的公平，绝对的公平。在上帝面前，这才是人人平等啊！

读了上面的文章，你是否能正确的理解富与福的关系，从社会比较的痛苦中解脱出来？你是否能意识到上帝赋予每个人的时间资源是公平的。你的财富不及富翁的亿分之一，但你的寿命呢？谁会更感叹生命短暂？

二、多想适应效应

适应效应和边际敏感度递减能够让你知道，无论是福是祸，它们对你生活的影响时间都不会太长。人类对很多事物都具有强大的适应能力。这就告诉人们，不要遇福就欢天喜地，否则可能乐极生悲，也不要遇祸就哭天喊地，否则可能祸不单行，保持平和的心绪本身也是身体健康的一部分，况且时间还能熨平各种情感的影响。

很多人都追求高收入，我们肯定不能说收入不好，但一定不要将高收入与高幸福感等同起来。卡尼曼从盖洛普调查中发现，人的感觉会随收入的多少而变化，年收入低于6万美元的美国人不快乐，但当收入超过6万美元时，人的感觉就是一条标准的水平线。无独有偶，1958～1987年间，日本人的人均GDP增长了5倍，但日本人自我评价的幸福感则几乎没有增加。也就是说一国人均GDP达到1.2万美元时，金钱几乎不再带来幸福了。

帕金斯（Perkins，1991）对800名霍巴特和史密斯学院的毕业生调查表明，具有"雅皮士价值观"的人，也就是追求高收入、事业成功和声望的人，而不是追求亲密的朋友和婚姻幸福的人，描述自己为"相当"或"非常"不幸福的人数，是他们原来同学的两倍。

卡塞特（Kasset，2008）认为，当人们感到不确定、不安全、贫困时，物质主义会比较流行。当人们缺乏安全感时，得到一些财物往往也能获得一些的满足，然而，这种体验不会长久的存在。衣食有忧可能不幸福，但当衣食无忧持续一段时间后，你也不会感到幸福，这就是适应效应的作用，除非收入持续增加，但在边际敏感度递减的作用下，增加的收入带来的幸福感又很少，而这很少的幸福感又会随时间的推移被适应效应吞噬，又需要增加更多的收入保持先前的幸福感。

适应效应和社会比较给人们一个深刻的启迪：追求物质成就带来的满足感，需要自己的物质财富不断地增长，然而，财富的增长仅仅只是维持这种满足感，而非增加满足感。

三、重视精神快乐

林肯说过，大部分人的幸福都是自己追求来的。那么，追求什么可带来持续的幸福呢？奚恺元认为：真正的幸福并非来自物质，而是来自精神。原因何在？

其一，精神产品不容易引起比较。

物质产品的外在属性特别强，如穿金戴银，住豪宅开豪车，容易引起人们攀比，也容易让人嫉妒、愤恨。而精神产品的内在属性很强，如交往、运动、文艺、求知、探险、养花、游戏、DIY、信仰宗教（礼拜、祈祷、冥想）等，前面的介绍表明，人们不大喜欢在这些方面比较。不仅如此，精神产品给人带来的幸福感还非常大，英国教育家斯宾塞就说过："没有油画、雕塑、音乐、诗歌以及自然美所引起的情感，人生乐趣就会失去一半。"此言不虚，此言极是，不信可试试。大量的研究一致表明，宗教信仰可帮人应对危机，可给人带来幸福。自1972年以来，美国民意调查中心对42000人的调查发现，在很少或从未参加过礼拜的人当中，只有26%的人宣称自己非常快乐，而在经常参加礼拜的人当中，有47%的人认为自己非常快乐。作为慈善之母的宗教可以给予人很多：精神安慰、亲密关系、平和心绪、心理健康……

很多研究都证实了社会交往的重要性,在人生当中,它培养了自尊,促进了幸福感(Hartup & Stevens, 1997)。最幸福的大学生是那些对自己的爱情感到满意的人(Emmons et al., 1983)。拥有亲密人际关系的人,他们能更好地应对各种压力,包括亲人去世、遭遇强暴、失去工作、身患疾病(Abbey & Andrews, 1985; Perlman & Rook, 1987)。幸福与家庭紧密联系在一起,在问道"什么东西对你的幸福是必要的?"或者"什么东西让你感到生活有意义?",结果大部分人都答道:比任何东西都重要的是同家人、爱人、朋友令人惬意的亲密关系(Berscheid, 1985; Berscheid & Peplau, 1983)。

倾诉痛苦感受不仅对人们的身体有好处,而且对人们的精神也有很大好处。众多研究表明,拥有亲朋好友支持的人,生活也要更幸福一些。"若是孤身跌倒,却无人扶他起来,此人就有祸了。"《圣经·传道书》。罗伯特·莱恩(Robert Lane)说过,人们增加财富和自由的代价就是降低了社会关系的数量和质量。人们赚的钱越多,花的钱也越多,但人们却很少有时间和家人朋友在一起,超过1/4的美国人感到寂寞,人们到邻居家串门的时间减少了,探望父母的时间变少了,更不用说远房的亲戚了。

17世纪的哲学家弗朗西斯培根认为,与可以分享秘密的朋友交流,有两个作用,它可以将欢乐变成两倍,将不幸分成两半。很多研究都表明了亲密人际关系对幸福的影响。美国民意调查中心(National Opinion Research Center)曾经对美国人调查过一个问题:"在过去的6个月时间里,谁与你讨论过重要的问题?"相对于不能写出知心朋友的人来说,那些能够写出5~6个朋友的人,他们感到"非常幸福"的数量要高出60%(Burt, 1986)。

讲到亲密关系就不能不提到婚姻。世界上每10个人当中,超过9个人的亲密关系是婚姻关系。婚姻与幸福感正相关吗?或者说,追求快乐的单身生活要比承受婚姻的"束缚"、"枷锁"、"桎酷"幸福感更高吗?

堆积如山的数据表明,有依恋关系的人,要比无依恋关系的人幸福得多。针对成千上万的欧洲人和美国人进行的调查显示出了相同的结果：比起那些单身或丧偶的人，特别是与离婚或分居的人相比，已婚者报告感到更幸福，生活满意度也更高（Gove et al. ，1990；Inglehart，1990）。一项自1972年就开始且极具代表性的调查表明，在从未结婚的成年人中，有22%人报告"非常幸福"，而在已婚的成年人中，却有40%的人报告"非常幸福"（NORC，2003）。婚姻与幸福的关系普遍存在于所有种族中（Parkei et al. ，1995）。需要特别指出的是，也是非常重要的是，与工作、收入、社区满意度相比，婚姻满意度能够更好地代表和预测整体幸福感（Lane，1998）。在未婚的成年人当中，出现自杀率和抑郁症的比例更高（Stack，1992）。美国国家心理健康协会做的心理障碍调查发现，未婚成年人的抑郁状态，要比已婚成年人的严重2~4倍（Robins & Regier，1991）。事实表明，再也没有什么能够比这些更好的预测幸福感了——伴随最好朋友之间一生的亲近、关心、平等、亲密、友谊。

与是否结婚相比，显然婚姻的质量更为重要。满意自己婚姻的人，很少报告自己不幸福，生活不满意，感到抑郁。事实上，大部分婚姻已婚者都认为婚姻是幸福的。在美国，近2/3的人认为自己的婚姻"非常幸福"，3/4的人认为自己的配偶是最好的朋友，4/5的人愿意再次与同一个人结婚。

为什么已婚的人普遍感到幸福？是婚姻促进了幸福，还是幸福促成了婚姻？事实是，与快乐的人相处也更快乐，快乐的人更加友好，更多同情心，更关注他人（Myers，1993）。与此相反，不快乐的人更容易遭受社会排斥，更容易抑郁。抑郁又常常引发婚姻压力，而婚姻压力往往又会加深抑郁（Davila et al. ，1997），因此，积极、快乐的人更容易形成幸福的人际关系。

婚姻促进幸福的原因至少有二：

一是已婚者更容易享受到一种持久的、支持性的、亲密的、人际关系。加州大学洛杉矶分校的库姆斯（Coombs，1991）的调查表明，如果医科男学生结婚的话，那么，在毕业时就会感到较少的压力和焦虑。一桩幸福的婚姻可以给予伴侣一个可依赖的同伴、情人和朋友。

二是婚姻提供了配偶和伴侣的角色，由此可以增加更多的自尊

（Crosby，1987）。一个人在社会上会扮演不同的角色，多重角色也会带来多重压力。我们的个人多重角色的大厦，来自许多不同身份基石的支撑，失去了其中任何一个，大厦仍然可以巍然屹立。例如，当一个人在工作中陷入困境时，他依然可以自豪地告诉自己，我仍然是一个好丈夫，一个好父亲，一个好儿子，而归根到底，这些才是我人生中最重要的。

其二，精神产品不大容易适应。

人们较少适应非明显性消费，因为每一次消费都会产生新的积极体验。人们不会对朋友聚会产生适应，只要同亲朋好友相聚在一起就会有新的收益，每一次与朋友的互动都可能开阔视野，提供全新的愉悦和享受。与此类似，沉浸于自己的业余爱好之中，可以体会到一种"心流体验"① （Csikszentmihalyi，1990），也就是人们的全部身心都沉浸在一种活动之中，失去了对时间和自己的知觉。享受体验不会出现适应，更不会感到厌烦。人们最幸福的时刻常常是沉浸在"心流体验"的时候。做自己喜欢做的事，在一个挑战自我且可望可及的目标引领下，往往就会达到一种身心交融的忘我境地，体验到极大的兴奋感和充实感。一项运用电子寻呼机进行的抽样调查表明，人们最快乐的体验，就是忘我的全身心投入到一项精神挑战的时候。实际上，一种休闲活动越不昂贵，人们也就越容易沉浸其中，也就越容易感到幸福。喜欢音乐比驾豪车愉悦；爱好阅读比住豪宅幸福。低消费的娱乐活动往往可带来大量的满足感。幸福经济学家弗雷（Frey，2008）认为写作就是如此：当许多学者完全浸淫在撰写论文和专著之中时，他们时常有一种想写的冲动，他们都享受到了"心流体

————————

① 心流体验是心理学中一个理论。美国芝加哥大学心理学教授米哈里·奇克森特米海伊（Mihaly Csikszentmihalyi）观察了艺术家、攀岩者、舞蹈家、职业棋手和篮球运动员的行为，探讨他们的工作与心理愉悦的关系，结果发现当研究对象投入工作时，会经历一下特定的感觉：感到个人能力足以应付工作需要，对活动回馈非常清楚，注意力集中，失去自我的知觉，感到能够掌控行为和环境，自发而不需要外在报酬等。这些感觉使得个人在没有外在报酬的情况下，也能兴高采烈的全身心地投入工作，而且工作后还想再次投入类似的活动。由于研究对象一再描述，自己的感觉如同有内在逻辑可循，顺畅无比。因此，他就将此种感觉命名为"心流体验（flow experience）"。

验"，相应效用也就不会减弱。很多资深学者撰写了大量的论文和专著，比起他们第一次写作来，当他们写出一部新的作品时，他们经历了同等或较高的"心流体验"。

与此形成鲜明对照的是，并且也有经验证据证明的是，比起非明显性消费来，明显性消费更容易适应。在一些产品和活动的例子中，人们表现出很强的适应。对此，学者已经从收入方面进行了解释（van Praag，1993；Easterlin，2001；Stutzer，2004）。当人们经历一次收入增加时，最初，他们的效用水平也会随之上升，但是，在大约仅仅一年之后，这种效用增加中的大部分会消失得无影无踪。研究估计，对于一直处于收入分配中较高阶层的人而言，他们的收入增加引起的效用增加，其中的60%会随着时间的推移而消失（van Herwaarden et al.，1977）。

四、合理配置时间

有人说，时间是终极的稀缺资源。此乃至理名言，对任何一个生命体来说都是如此，无论贫富贵贱都是如此，这是仁慈的上帝给予世人最公平的礼物，你贵为天子想炼丹长命也枉然，你富甲天下想烧钱多活也徒劳。工作赚钱的时间多了，必然享受人生的时间就少了。钱财是工具，享受是目的，工具上花费的时间多，目的上花费的时间就少，这是典型的本末倒置，得不偿失。因此，寻求精神快乐就需要在工作和生活之间求得平衡，用好上帝公平分配的时间。卡尼曼等人借用美国劳工统计局的数据研究，这组数据调查了不同收入等级的人群是怎样消费他们时间的，结果发现，高收入者的生活里充满着琐碎事务，他们将大部分时间用于工作、出差、照看孩子和购物，而且比低收入者感受到了更多的紧张感和压力。

统计还发现，年收入超过10万美元的美国男性一年只有19.9%的时间花在"被动式"娱乐活动中，如看电视和社交，而年收入不到2万美元的美国男性一年则有超过34%的时间花在"休闲"上。

富人赚钱的热情高涨，但总是觉得自己太累，而穷人反而会活得

"很开心"。原因或许是，成功人士往往追求更高的成功目标，这就意味着放弃那些触手可及的生活快乐，而这些小快乐往往是穷人们自得其乐的源泉。克鲁格说："如果你问我为什么穷人的生活其实没那么糟糕，是因为他们可以享受到比尔·盖茨无法享受到的快乐，考虑到后者在微软的工作安排。"高收入者经常为大量的琐事所累。卡尼曼和克鲁格等人认为，快乐随财富而消失的奥秘在于，有钱人的生活变得更繁忙，反而没有时间去享受简单的快乐。

最后，需要特别强调的是，人生的终极稀缺资源是时间，人生的终极目标是幸福，因此，在未必富有但衣食无忧的情况下，如果一个人将有限的时间用于那些适应效应和社会比较影响小的领域，关注家庭生活，健康状况和文化享受而不是经济收益获取，或关注非位置物品和非明显性物品的消费，那么，幸福感就能很快上升并保持在一个高水平，而且还不会对他人幸福产生负的外部性。如此社会才能真正地实现幸福与和谐。

主要参考文献

［1］布鲁诺·S·弗雷：《真实幸福探秘：一场经济学中的革命》，东北财经大学出版社 2013 年版。

［2］理查德·莱亚德：《不幸福的经济学》，中国青年出版社 2009 年版。

［3］尼克·威尔金森：《行为经济学》，中国人民大学出版社 2012 年版。

［4］Tversky, A. & Kahneman, D. , "Judgment under Uncertainty: Heuristics and Biases", Science, 1974, 185, 1124 – 1131.

［5］Kahneman, D. &Tversky, A. , "Prospect Theory: An Analysis of Decisions under Risk", Econometrica, 1979, 47, 313 – 327.

［6］Kahneman, D. , Slovic, P. & Tversky, A. , Judgment under Uncertainty: Heuristics and Biases, New York: Cambridge University Press, 1982.

［7］Kahneman, D. & Miller, D. T. , "Norm theory: Comparing Reality to Its Alternatives", Psychological Review, 1986, 93, 136 – 153.

［8］Kahneman, D. &Tversky, A. (Eds.). , Choices, Values and Frames, New York: Cambridge University Press, 2000.

［9］Thaler, Richard H. , " Mental Accounting and Consumer Choice", Marketing Science, 1985, 4（3）：199 – 214.

［10］Thaler, Richard H. , "Mental Accounting Matters", Journal of Behavioral Decision Making, 1999, 12（3）：183 – 206.

［11］Gilovich, T. , How We Know What Isnt So: The Fallibility of

Human Reason In Everyday Life, New York: The Free Press, 1991.

[12] Genesove, D. & C. Mayer, "Loss aversion and Selling Behavior: Evidence From The Housing Market", Quarterly Journal of Economics, 2001, 116, 1233 – 1260.

[13] Clark, A., & Oswald, A., "Unhappiness and UnemPloyment", The Economic Journal, 1994, 104 (424), 648 – 659.

[14] Prelec, D., & Simester, D., "Always Leave Home Without It. A Further Investigation of the Credit – Card Effect on Willingness to Pay", Marketing Letters, 2001, 12, 1, 5 – 12.

[15] Christopher K. Hsee, Elaine Hatfield & Claude Chemtob, "Assessments of the Emotional States of Others: Conscious Judgments Versus Emotional Contagion", Journal of Social & Clinical Psychology, 1992, 11 (2), 119 – 28.

[16] Christopher K. Hsee, "The Evaluability Hypothesis: An Explanation for Preference Reversals between Joint and Separate Evaluations of Alternatives", Organizational Behavior and Human Decision Processes, 1996, 67 (3), 247 – 57.

[17] Christopher K. Hsee & France Leclerc, "Will Products Look More Attractive When Presented Separately or Together?" Journal of Consumer Research, 1998, 25 (2), 175 – 86.

[18] Christopher K. Hsee, George F. Loewenstein, Sally Blount and Max H. Bazerman, "Preference Reversals between Joint and Separate Evaluations of Options: A Review and Theoretical Analysis", Chrisopher; Psychological Bulletin, 1999, 125 (5), 576 – 90.

[19] Colin Camerer, George Loewenstein, Mathew, Rabin Advances in Behavioral Economics, Princeton University Press, 2003.

[20] David G. Myers, Social Psychology, The McGraw – Hill Companies, Inc., 2003.

[21] Blanchflower, D. & Oswald, A., "Well – Being over Time in Britain and the USA", NBER Working Paper, 2000.

[22] Di Tella, R. , Layard, R. & MacCulloch, R. , "Accounting for Happiness", mimeo, London School of Economics, 2002.

[23] Diener, E. & Biswas – Diener, R. , "Will Money Increase Subjective Well – Being?", Social Indicators Research, 2002, 57: 119 – 69.

[24] Frank, R. H. , "Envy and the Optimal Purchase of Unobservable Commodities: The Case of Safety", in M. W. Jones – Lee (ed.), The Value of Life and Safety, Amsterdam: North – Hlland, 1982.

[25] Frank, R. H. , Choosing the Right pond, Oxford: Oxford University Press, 1985.

[26] Frank, R. H. , "The Demand for Unobservable and Other Non-positional Goods", American Economic Review, 1985, 75: 279 – 301.

[27] Frank, R. H. , Luxury Fever, New York: The Free Press, 1999.

[28] Frey, B. , Stutzer, A. , Happiness and Economics, New Jersey: Princeton University Press, 2002a.

[29] Frey, B. , Stutzer, A. , "What Can Economists Learn from Happiness Research?" Journal of Economic Literature, 2002b, 40: 402 – 35.

[30] Gardner, J. & Oswald, A. , "Does Money buy Happiness? A Longitudinal Study using Data on Windfalls", Mimeo, University of Warwick, 2001.

[31] Layard, R. , "Human Satisfactions and Public Policy", The Economic Journal, 1980, 90: 737 – 50.

[32] Clark, Andrew & Oswald, Andrew, "Satisfaction and Comparison income", Journal of Public Economic, 1996, 61, 359 – 81.

[33] Loewenstein, George & Frederick, Shane, "Hedomic Adapation: From the Bright Side to the Dard Side", in Kahneman et al. , 1999.

[34] Scitovsky, Tibor, The Joyless Economy, Oxford: Oxford

University Press, 1976.

[35] Easterlin, Richard A. , "Income and Happiness: Towards a Unified Throry", The Economic Journal, 2001a, 473: 465 – 84.

[36] Easterlin, Richard A. , "Life Cycle Welfare: Trends and Differences", Journal of Happiness Studies, 2001b, 2: 1 – 12.

[37] Eastlin, R. , "Income and Happiness: Towards a Unified Theory", Economic Journal, 2002, 111: 456 – 84.

[38] Ng, Yew – Kwang, "Economic Growth and Social Welfare: the Need for a Complete Study of Happiness", Kyklos, 1978, 4: 575 – 87.

后　记

艰辛之后思绪难平。我本是国有企业从事机械设计的手艺匠，而立之年，半路出家躲进象牙塔当了教书匠，一直浸淫于经济学之母——微观经济学的教学，长期热衷于宏观经济学传道，偶尔也跑一下法律经济学的龙套。至今与曼昆同样困惑地是，不知讲授经济学究竟是生产还是消费，沉醉于教学之中就已幸福满满，怎能还得不低的工资呢？这完全违背了补偿性工资原理。

年近半百，身在福中不知福的我，突然又赶起了学术时尚，对人生幸福甚感兴趣，一来想给自己的幸福添砖加瓦，二来想让大众的幸福更上一层楼。于是在学校开设了一门关于幸福的通识课，其实也就是一门纸上谈兵的黑板幸福课，没想到选修的学生还是蜂拥而至，填满了学校最大的400人教室。承蒙幸运之神眷顾，近年来，发表了些许有关经济增长与幸福的感悟，有幸得到了国家出版基金给予作品的资助，意外获得了国家社科基金对于幸福研究的相助。看到了市场需求，加之兴趣偏执和经济扶植，本人折腾起来更来劲了，不该有的野心也更大了，本书就是我将幸福经济学和行为经济学杂交的一点尝试。不过本书的尝试是极其粗浅的，更多的只是反映出一个新的研究方向的构思，其中还有很多深入、细致的工作需要以后完成。

虽说本书是一个书生的管见，是一点人生的浅见，不过，在财货有限但衣食无忧的情形下，就像现今大多人的状况，知晓两个终极倒真是很必要、很重要：一个是人生的终极目标是幸福，另一个是人生的终极稀缺资源是时间。将这两个终极结合起来考虑人生幸福，就会明白，自己不该沦为金钱的奴隶——工作赚钱是为了生活幸福；自己应该成为时间的主人——合理分配时间能够创造幸福。如此，政府的政策也有了罗盘，个人的生活也就有了指南。

　　落笔之际不应失学德，也不该负恩泽。至此，本人想表达的一点意愿：不是假意——欢迎大家深、精、尖的批评；不是虚情——感谢我的学术领路人王时杰、姚会元教授！感谢我通识课堂里聪慧的学生！与他们相识是我人生之大幸，同他们交流让我受益之终生。

　　本书借鉴、介绍了国外大量有名无名学者的成果，在此仅向这些亲爱的同行致以最崇高地致敬——敬礼！敬谢！

　　这里也要感谢国际商务专业的于晓蕾同学，她对书稿也做了非常认真、仔细的校对工作。

　　本书的写作也让本人的生活变懒变惰，幸亏有家人料理家务，让我有了清静的心境和洁净的环境，在此，要特别感谢忙于医院工作的妻子沈雅兰、远在深圳工作的女儿熊梦雅（帮助绘制了书中图形），感谢她们生活上给予的关心和孝心，精神上给予的支持和鼓励。

熊　毅

2016 年 5 月初春于武昌城